胡適與當代史學家

②

逯耀東 著

東大圖書公司

國家圖書館出版品預行編目資料

胡適與當代史學家／逯耀東著.－－二版一刷.－－臺北市：東大，2016
面；　公分.－－(糊塗齋史學論稿)

ISBN 978-957-19-3126-5　(平裝)

1. 胡適 2. 史學 3. 史學家

601.99　　105001944

著作人　逯耀東
發行人　劉仲文
著作財產權人　東大圖書股份有限公司
發行所　東大圖書股份有限公司
地址　臺北市復興北路386號
電話　(02)25006600
郵撥帳號　0107175-0
門市部　(復北店) 臺北市復興北路386號
(重南店) 臺北市重慶南路一段61號

出版日期　初版一刷　1998年1月
二版一刷　2016年3月
編　號　E 853760
行政院新聞局登記證局版臺業字第〇一九七號

ISBN 978-957-19-3126-5　(平裝)

http://www.sanmin.com.tw　三民網路書店
※本書如有缺頁、破損或裝訂錯誤，請寄回本公司更換。

再版說明

逯耀東教授為當代著名美食家、史學家，長年致力於文化、歷史研究，尤長於魏晉史學與近代史學之相關研究，善於將以往隱微不顯的歷史一一鉤沉，開展出富有見地、條理清晰的史學脈絡。

本書即是他以胡適為核心，爬梳胡適與其周遭史學家之間的互動，勾勒五四時期後胡適思想的轉折與改變；之後進而延伸至逯耀東教授，及其授業恩師的相關故事，文字質樸，情意真摯，頗為動人。

茲逢再版之際，編輯部修訂了書中些許錯漏，以使本書更加完善。誠摯邀請讀者仔細品讀，了解大時代下的史學家所闡發的文化底蘊。

東大圖書公司編輯部　謹識

現代史學轉折中的尋覓——代序

中國古今學者中，尚未蓋棺即被論定的，祇有胡適。

一九五四年十二月二日，由郭沫若主持的中國科學院與中國作家協會聯席會議，通過了一項聯合召開批判胡適思想討論會的計劃，並擬定九項批判胡適思想的內容：一、胡適哲學思想批判，二、胡適政治思想批判，三、胡適史學觀點批判，四、胡適文學思想批判，五、胡適哲學史思想批判，六、胡適文學史觀點批判，七、胡適的考據在歷史與古典文學研究工作中，地位和作用的批判，八、《紅樓夢》的藝術性與人民性，九、對歷來《紅樓夢》研究的批判。包括了胡適全部的學術研究成果，都在批判和剷除之中。

胡適思想批判的風暴，由毛澤東在幕後親自主持，郭沫若在幕前號召，最初以俞平伯《紅樓夢研究》作為祭旗的羔羊，現在終於撐著反資產階級思想的大旗展開，決定徹底清除胡適思想的遺毒。於是，大陸學術界將胡適思想置於解剖臺上，詳細析解胡適思想遺毒何在，包括胡適的門生故舊，以及其他的知識分子，都與胡適劃清界限，將胡適當成個箭垛，一致投槍過去。最後胡適成了個刺蝟。前後發表了近四百篇胡適思想批判的論文，並出版了《胡適思想批判》論文彙編八冊，作為反面教材。表面看來，胡適思想遺毒被清除了。但胡適的幽靈卻依附了這八冊反面教材，在大陸意識形態領域裡飄忽。對胡適思想不了解的後來者，可以從中認識真正的胡適。間接影響一九七九年後，胡適思想迅速在大陸復現。這是最初發動清算胡適思想的人，意想不到的。說來有趣，不論兩邊的政治情況或左或右，都會將胡適的幽靈找出來，批判或肯定一番。

當時胡適在紐約，對自己的兒子胡思杜也要和他劃清界限，感到非常痛心。但看了批判他思想的九項內容，不禁竊竊自喜。他說：「如今回想一下，我這全部工作的努力，固然不算成功，但在某方面我也做了些事。」的確，作為五四新文化運動浪濤裡的弄潮兒，他的影響是多方面的。不過，胡適在新文化運動中倡導的，不是深奧的思想體系，不是偏激的主義，祇是一種觀念，那就是重新估定一切價值，也就是對中國傳統文化作一個新的評價。後來為了落實這個觀念，又推廣一種方法，即胡適所謂的實證方法，就是經過實證的知識，才是真正的知識。這種方法既平易又清新，影響的層面是非常深遠的，尤其對傳統的中國經學。

中國傳統經學自來依附政治，高據意識形態的權威地位，一切知識都在其籠罩之下，所具有的普遍真理性，是無庸置疑的。所以對於經典意義祇可箋注闡釋，卻不容討論與駁議的。不過，經學發展到晚清已遭遇困境，現在更受到實證的檢驗，其原有的權威地位就搖搖欲墜了。於是各種學術紛紛掙脫經學絆繫，由傳統邁向現代。尤其史學與經學原有千縷萬緒的牽連，也開始脫離經學而獨立。而且由於胡適的引導，他的一個學生顧頡剛掀起《古史辨》的風潮，不僅懷疑經書的記載，而且以經書作為討論的材料，徹底斬斷傳統經學與史學的臍帶。其後胡適的另一個學生傅斯年，更組成新的青年史學研究隊伍前進。於是，中國史學終於從傳統進入現代。雖然，胡適在現代歷史場景中，扮演各種不同的角色，最終仍然認為自己是個史學家。臨老專注於《水經注》的探索，就是一個很好的說明。播種者胡適曾播下許多種子，最後豐收的祇有史學的田地。

西方學者往往認為一九四九年，是中國現代史學發展的新起點。馬克思思想在中國潛在三十年後，現在依附中共政權的建立，一躍而至權威的地位。因為馬克思思想是從革命的實際中，所取得的總結，一如中國傳統經學，是放諸四海皆準的普遍真理。所以，以馬克思思想為基礎形成的歷史解釋體系，不僅取代以往的歷史解釋體系，卻也使中國現代史學陷入另一個新經學的泥沼，歷史解釋不是為追求歷史的真相，僅是以中國歷史的材料，為馬克思或毛澤東思想作注釋。回顧過去半個世紀中國大陸史學的發展，前後經歷了最初的漢儒注經，文革後的宋明儒解經，以及文革風暴歇後的調和漢宋的三個不同的發展階段，使中國大陸史學工作者遭遇泥裡爬山難上下的困境，也使史學領域受到嚴重的摧殘。如果一九四九年是中國現代史新起點，同樣更是中國現代史學發展過程中重大的轉折。

不過，在以馬克思思想結合中國歷史材料，塑制的歷史解釋體系之初，曾遇到阻礙，那就是胡適所謂「經過實證的知識，才是真正的知識」。雖然清算胡適思想遺毒，有許多不同原因，這卻是一個比較實際的原因。因為不將胡適思想徹底清除，馬克思與毛澤東思想絕對權威無法樹立，新的歷史解釋體系也無法塑型。所以，就在批判胡適思想的同時，歷史解釋體系的五朵紅花，已在史學園地裡含苞欲放了。不過，更有趣的是，主持這次胡適思想批判的，竟然是郭沫若。郭沫若自從一九二四年，在上海酒席宴上，帶醉吻了胡適之後，就將胡適作為競爭的對手。他流亡日本寫成的《中國古代社會研究》，雖然被稱為中國馬克思史學的奠基之作，但從〈序言〉看來，實際上是對胡適提倡的「整理國故」而作，一九三七年結束流亡回國時，所寫的〈駁說儒〉，又針對胡適的〈說儒〉提出批判，卻都沒有得到胡適的回應。郭沫若如骨鯁在喉，到此時才一吐為快。

我雖以教書營生，可是存書不多，而且非常雜亂。其中關於胡適與郭沫若著作，以及關於他們的研究，搜羅得較齊整。倒不是特別鍾意他們，這些年一直警惕自己，不要崇拜或偏愛任何過往的歷史人物，以免影響對他們的觀察與評價。我搜羅有關他們的著作，為將來透過他們尋覓中國現代史學發展過程中，那個轉折點的所在。書中寫的一系列有關胡適與郭沫若的著作，祇是開始，不過是對他們的材料作初步了解與應用而已。

不論贊成或反對，都無法否認胡適對中國現代史的貢獻，當代的史學家傅斯年、顧頡剛、羅爾綱、陳寅恪、陳援庵諸先生和胡適都有故舊關係，賓四先生從開始就不同意胡適的見解，但剛伯先生卻多次向我講到胡適的為人和處世的瑣事。在探索中國現代史學的過程中，我有幸接近我的師長和前輩的先生，從他們身上察覺到許多現代史學流轉的痕跡。又是中秋，晴空無雲，一輪皓月高懸，陣陣涼風襲來，倍添對他們的感念。

丁丑中秋夜序於臺北糊塗齋

胡適與當代史學家　目次

第二輯

第三輯

第一輯

胡適身在此山中

《胡適的日記》第五冊，載他於民國十四年一月二十五日夜，在天津寫的〈一九二四年的年譜〉說：「今年做的幾首詩，最得意的是一首〈小詩〉。」又說：「今年因選詞的關係，受詞的影響很大，作詩多帶詞意。但已能脫胎換骨，不像《嘗試》第一編一路了。」〈小詩〉祇有四行，胡適特別喜歡最後兩行：

剛忘了昨兒的夢，
又分明看見夢裡的一笑。

這首〈小詩〉載於他民國十三年一月十五日的日記中。〈小詩〉前還有〈煩悶〉一首。這一天胡適的詩興不淺，一口氣寫了兩首詩。關於詩，他認為有別於傳統的舊詩而稱之為新詩。五四的新文學從新詩開始，最初新文學的問題是新詩的問題，也就是詩的文字問題。最後他選擇了白話文字配詩，形成所謂的白話新詩。他似乎有意以白話文字將新詩、新文學與新文化貫穿起來，凝成所謂的中國文藝復興運動。所以，由洗滌過的舊詩，經歷了變相的詞曲，最後蛻變成白話的新詩，成為中國文藝復興的尖兵。作為中國文藝復興運動倡導者的胡適，最初以新詩作為文藝復興運動的「嘗試」。既名為「嘗試」，就是一種實驗，但實驗是科學的。詩既是一種科學的實驗，就很難見其情韻了。所以，讀胡適的《嘗試集》如喝白水，一清到底，了無茶的回甘。至於在一九二四年前後寫的這些詩，的確「脫胎換骨」，已有詩情蘊於其中了。這是胡適新詩創作過程中，一個重要的轉變。這種「脫胎換骨」的轉變，胡適說和他這一年選詞有關。其實並不盡然，實際上，和他前一年那段山中「神仙生活」有密切的關聯。

一　伊

胡適一九二四年的詩創作中，有一首〈多謝〉：

多謝你能來，

慰我心中寂寞，
伴我看山看月，
過神仙生活。

所謂「神仙生活」，胡適〈山中日記〉民國十二年十月三日條下：

睡醒時，殘月在天，正照在我頭上，時已三點了。這是煙霞洞看月的末一次了。下弦的殘月，光本已淒慘，何況我這三個月中，在月光下過了我一生最快樂的日子。今當離去，月又照我，自此一別，不知何日再能繼續這三個月煙霞洞山月的「神仙生活」了。枕上看月徐徐移過簷角，不禁黯然神傷。

這段記敘彌漫著纏綿悱惻的離愁別緒，是胡適文學著作中，絕少見動了真情的寫作。文中「神仙生活」的引號，是胡適自己加的。和後來〈多謝〉詩中的「神仙生活」，前後相應。

胡適說的煙霞洞在杭州。一九二三年胡適向北京大學請了一年假，其間四月二十一日到十二月五日，前後七個月的時間，到南方養病。先是上海，有三個多月的時間，是在西湖南山的煙霞洞渡過。據胡適的〈山中雜記〉，他是這年的六月二十四日搬上煙霞洞的。先是六月八日，胡適和高夢旦、蔡思聰從上海到杭州，住在新新旅館，重溫他們十七年前同遊西湖的舊夢。十五日遊南山，先到龍井，過九溪十八澗，然後到理安寺，在煙霞洞吃午飯。煙霞洞的風景深深打動了胡適。胡適說煙霞洞在南高峰下，與翁家山相近，可坐看南高峰和錢塘江。煙霞洞本來是個石洞，洞中有很古的石刻像，而且雕工不錯，有幾個石像竟是佳作。因此，蔡思聰、高夢旦勸胡適在這裡過夏。高夢旦和煙霞洞主人金復三有舊，替胡適問了房價，房價不貴，胡適就決意在此渡夏了。

煙霞洞主人金復三是個還俗的居士。阮毅成《適廬隨筆》說：「煙霞洞在西湖南，洞旁有屋數楹，是金復三先生的住宅，金善於烹調，能治齋素。胡適先生在那裡養病時，曾寫了〈煙霞洞〉一首詩，送給金。」胡適在山中的生活就是由金復三照顧的。所以，金復三和胡適有了深厚的情誼。抗戰期中，金復三仍住在煙霞洞。勝利後，阮毅成到煙霞洞探訪金復三，他第一件事就是從箱子裡取出胡適當年親筆寫給他的〈煙霞洞〉詩幅來。金復三寫信託阮毅成帶給胡適，胡適回了一封很長的信，並說有空將再訪煙霞洞。但胡適始終沒有去，金復三就在盼望中過世了，死時八十歲。金復三不僅照料胡適的山居生活，有時陪胡適登臨賞桂花，是胡適山中三月「神仙生活」的見證者，可惜沒有留下任何資料。

胡適三個月的山居生活，留下兩份資料，一是〈山中雜記〉，從六月八日「再到杭州」開始，到八月十七日「那一年我回到山中，無意尋著一棵梅花樹，可惜我不能在山中久住，匆匆見了，便匆匆他去」的〈怨歌〉終結。這兩個多月的日記，的確衹能稱為雜記。其中有讀書札記，〈科學的人生觀〉的寫作大綱、漢宋清經詩異同的討論、〈一師毒案感言〉的剪貼和後來的〈山中日記〉相較，〈雜記〉字跡齊整清晰，彷彿不是出自同一人的手筆，也找不出一絲感情的痕跡。

但從九月九日開始的〈山中日記〉，就完全不同了。九月在秋季，正是西湖桂子飄香的季節，紅色的金桂又稱丹桂，黃色的銀桂綻放得纍纍滿枝。細小的花蕊在秋風裡飄盪，擴撒了漫天的花雨，花下閒坐，落花入懷，衣襟沾滿幽香。胡適山中的「神仙生活」，就在漫天花雨陣陣幽香裡，鋪展開來。

九月十一日的〈山中日記〉，胡適說桂花開了，秋風吹來到處都是香氣。窗外欄杆下有株小桂樹，花開得很繁盛。今天早晨，門外擺攤的老頭子，折了兩大枝成球的桂花來，插在瓶中，芳香撲鼻。然後胡適興起，寫下了〈煙霞洞雜詩〉之一：「山門外擺攤的老頭子，拿了兩大桿密密的桂花，一大早敲我的房門。喊道：胡先生，桂花開了。我接過這樣熱誠送來的禮物，我感謝他帶來這樣可喜的消息，前天出門不曾留意那些如此細小的花苞，想不到今天滿山都是桂花。」

〈煙霞洞雜詩〉是紀實之作，在日記裡胡適說「我們將老頭子送來的桂花插在瓶中，芳香撲鼻」，所謂「我們」，也就是當時胡適身旁還另有一個人。這個人就是胡適〈多謝〉詩中「多謝你能來，慰我心中寂寞，伴我看山看月，過神仙生活」的那個人。那個人也就是後來在〈山中日記〉出現的娟或珮聲。娟是曹誠英的小名，珮聲是她的字。曹家和胡家本來有點親戚關係。曹誠英的同父異母姐姐，是胡適的三嫂。所以，徐志摩說曹誠英是胡適的表妹。曹誠英比胡適小十歲，她稱胡適「穈哥」，胡適乳名嗣穈。他《四十自述》注穈音門。胡適結婚時，曹誠英十五歲，擔任江冬秀的喜娘。但第二年十六歲就嫁給胡冠英。石原皋《閒話胡適》說，曹誠英自幼與宅坦胡冠英訂親，長大後結婚。胡冠英自績溪縣城裡胡氏小學畢業後，就與他姐夫程仰之前往杭州考入杭州第一師範學校，曹誠英也隨夫到杭州，一九二〇年入杭州女子師範就讀。不過，曹誠英結褵幾年未育，胡冠英的母親準備為他再娶，正在鬧婚變。但胡適和曹誠英在煙霞洞看月看山過「神仙生活」時，一個「使君有婦」，一個仍然「羅敷有夫」。雖然曹誠英也算個新女性，但在當時的環境也不可能冒然伴胡適上山的。所以這段感情的發生，可能不是偶然迸出的火花。

胡適這次南來養病，四月二十二日由天津南下，二十三日到上海。二十五日至二十八日，參加在上海召開的新學制課程會議。二十九日就和任叔永、陳莎菲夫婦、朱經農、楊杏佛等一行到杭州。在杭州遊西湖時，胡適邀了曹誠英，同時也邀了在杭州第一師範讀書的同鄉汪靜之、胡冠英、程本海、任恢君。胡冠英就是曹誠英的丈夫。胡適說他這次來杭州，是為一償十七年來再遊西湖的夙願。五天匆匆逗留，然後寫下一首〈西湖〉的詩：「十七年夢想的西湖，不能醫我的病，反而使我的病更厲害了。然而西湖畢竟可愛，輕煙籠著，月光照著，我的心也隨著湖光微蕩了……。」這首詩的最後一段：

聽了許多毀謗伊的話而來，
這回來了，祗覺得伊更可愛，
因而捨不得匆匆就離別了。

〈西湖〉詩共分六段，是寫景紀實之作。但最後一段和前面的五段非常不合調，其中的「伊」，顯然不是指西湖。而且西湖早已存在，毀謗與否不干卿事。所以此「伊」，可能指曹誠英而言。當年胡適在結婚時見曹誠英祗是個亭亭玉立羞澀的少女，如今再見，已是個楚楚動人惹人憐愛的少婦了。胡適真的「覺得伊更可愛」。如果這個推論屬實，那麼胡適這次來杭州，不是專為一償十七年的舊夢，而是因為「聽了許多毀謗伊的話」而來。至於伊何以會受毀謗，可能因為胡適而惹起軒然大波，甚至婚變。

二　宮牆

曹誠英初見於《胡適的日記》，是民國十年（一九二一）入杭州女師後。案《日記》該年五月五日條下：

> 作書與曹珮聲表妹，（珮聲為《安徽旅浙學會報》乞序）我以徽浙學術史甚可研究，故允之。

也許自此以後，他們就有書信往還，漸生情愫。石原皋《閒話胡適》說：「胡、曹談戀愛時，常憑魚雁傳情。我記得胡適有首長詩，其中百仞宮牆，關不住——少年的心的詩句，就是為曹而作。」這首〈有感〉，見十一年六月六日的《日記》：

我昨晚忽然想做詩紀一件事，初稿很長，後來刪成短詩一首。

有感

咬不開，槌不碎的核兒，
關不住核兒裡的一點生意；
百尺的宮牆，千年的禮教，
鎖不住一個少年的心！

不過，胡適在三十七年後，卻為這首〈有感〉加了個自注：「此是我進宮見溥儀廢帝之後作的一首小詩，若不加注，讀者定不會懂得我指是誰。四八・十二・十二」。胡適進宮見宣統，是五月間的事。先是五月十八日，溥儀打電話給胡適，邀他第二天進宮去談談，胡適因那天有事，改在陰曆五月初二，陽曆五月三十日。進宮見溥儀，談了二十分鐘就出來。那天日記裡記載了進宮見溥儀的詳情。事隔五十日，胡適在七月二十三日出版的《努力》上，發表一篇〈宣統與胡適〉，這篇文章為了當時流傳的「輕薄言論」而寫的。把這件的真象寫出來，「叫人知道這是很可以不必大驚小怪的小事。」文中所記和當日日記略同，但卻沒有附那首為宣統寫的〈有感〉。

當然，從時間前後的順序而言，胡適在這個時候寫一首感慨宣統身世的詩，也是非常可能的。不過，胡適在寫〈有感〉之前，同一天寫了一篇《蕙的風》序。這篇序是為他的「少年朋友」汪靜之的詩集所寫。這篇序文收入《胡適文存》第二集，文末寫著「十一．六．六」。汪靜之是績溪人，當時在杭州一師讀書，也就是後來和曹誠英陪胡適遊西湖的五位同學之一。汪靜之的《蕙的風》，是五四後繼胡適《嘗試》、郭沫若《女神》、俞平伯《冬夜》、康清白《草兒》，第五本個人的新詩集。汪靜之和曹誠英的交情不錯，後來胡適和曹誠英在煙霞洞過「神仙生活」時，汪靜之曾上山拜訪，對他們這段戀情知之甚詳。所以，汪靜之的《蕙的風》可能是曹誠英推薦給胡適的，再由胡適推薦給上海的東亞書局出版，並欣然為這位「少年朋友」寫序。在為汪靜之寫序的時候，想到另一個「少年朋友」，因而才有「我昨晚忽然想做詩紀一件事」的〈有感〉。後來胡適的自注，就畫蛇添足了。

在〈有感〉與《蕙的風》序寫成的前一年的七月，胡適應商務印書館之編譯所約，到了上海。八月三十日，胡適的朋友高夢旦，請胡適在消閒別墅吃福建菜。吃飯時，高夢旦談起胡適的婚姻。高夢旦說許多人都恭維胡適不背叛舊婚約，是件最值得佩服的事，非常難能可貴。他尊重胡適，這也是個原因。不過他認為對胡適而言，是件非常大的犧牲。但胡適卻說他平生做事，沒有一件事比這件事最討便宜了。當初並不準備做什麼犧牲，不過心裡不忍傷幾個人的心而已。假如那時忍心毀約，使這幾個人終身受苦，良心上的責備，必然比什麼痛苦都難受。他又說其實他的家庭沒有什麼太過不去的地方，這已是占便宜了。最占便宜的，是社會上對此事過分稱許；這種精神的反應是意外的便宜。胡適並且說他並不怕人罵的，也不求人稱許，不過行之心所安罷了。

後來胡適又解釋他與江冬秀的婚約，最初的確出現過「危機一髮」，接著胡適費了很長的時間，說他如何化解危機。最後胡適說他對舊婚約始終沒有毀約的念頭。並且說他受了半世的教育，若不能應付這樣一點小境地，就該慚愧終身了。這次餐敘趙元任夫婦也在座，趙元任和楊步偉各自突破家庭為他們訂的親而結合。他們結婚的婚約是自己起草寫的，而且胡適是他們婚約的見證人。胡適這一席話，也似向趙元任夫婦說明，他沒有像他們斬斷舊式婚約的勇氣。正好為他一年後寫〈有感〉，留下一個很好的注腳。

如果那首〈有感〉，是胡適為曹誠英寫的，那麼胡適與曹誠英感情的發生，就非一朝一夕了。當時胡適經常南來北往，並兼任商務印書館編譯所的工作。他的朋友高夢旦就在編譯所工作，胡適到上海多由他照料，對胡適與曹誠英的這段感情知之甚詳。後來胡適隱於煙霞洞，也是由他安排的。所以，高夢旦非常為胡適的婚姻抱屈，同情他與曹誠英這份感情，才有消閒別墅的一問。說不定胡適南來「養病」，也在計劃之內。如果這個推論可以成立，那麼胡適

〈西湖〉詩最後一段「我們只好在船篷陰處偷窺著，不敢正眼看伊了」與「聽了許多毀謗伊的話而來」，就可以得到較接近的解釋了。不過，曹誠英這兩年為情受到的熬煎與憔悴，為情遭受的非議與家庭的壓力，都在胡適贈給她的〈梅樹〉與〈怨歌〉中表現出來了。

三　山月

曹誠英是七月放了暑假，上煙霞洞伴胡適看山看月的。七月二十九日，胡適寫了一首〈南高峰看日出〉，發表在《努力週報》第六十五期（一九二三年八月五日），詩前有序：「七月二十九日晨，與任伯濤先生，曹珮聲女士在西湖南高峰看日出，後二日，奇景壯觀，猶在心目，遂寫成此篇。」這是首長詩，其中有：

那白色的日輪裡，忽然湧出無數青蓮色的光輪，
神速的射向人間來，
神速的飛向天空中去。
一霎時，滿空中都是青蓮色的光輪了，

一霎時，山前的樹上草上都停著青蓮色的光輪了。
我們再抬起頭時，日輪裡又射出金碧色的光輪來了，
一樣神速的射向天空去，
一樣神速的飛到人間來，
一樣神速的飛集在山前的樹葉上和草葉上。
日輪裡的奇景又幻變了，
金碧的光輪過去了，艷黃的光輪接著飛射出來；
艷黃的光輪飛盡了，玫瑰紅的光輪又接著湧出來；
一樣神速的散向天空去，
一樣神速的飛到人間來，
一樣奇妙的飛集在樹葉和草葉上和我們的白衣裳上。

這是胡適詩作中少有的奔放。這是因感情的奔放而引發的詩情噴迸。在各種不同彩色轉換中，胡適的詩真的「脫胎換骨」了。這首詩錄在胡適的〈山中雜記〉裡，原名「七月二十九晨南高峰上看日出」，從抄錄的字跡看來，字跡娟秀而未脫稚氣，不是胡適的手稿，該出自曹誠英

的手筆。在〈山中日記〉有一首〈龍井〉，也是由曹誠英抄錄的。

曹誠英和胡適在山中相聚，最初訴不盡的相思之苦，曹誠英更向胡適訴說這幾年遭受的壓力和非議，胡適聽了，於是在八月十七日寫下〈怨歌〉：

我是不輕易傷心的人，
也不禁為他滴幾點眼淚。
一半是戀念梅花，
一半是憐憫人們愚昧。

拆掉那高牆，
砍倒那松樹！
不愛花的人莫種花，
不愛樹的莫種樹！

胡適對曹誠英的遭遇非常憤怒，覺得她更惹人憐愛了。然後，胡適在看山看月，讀書寫詩時，身旁多了個紅袖。於是他們「神仙生活」的長卷，變得更綺麗多彩了。

滿山桂花怒放，胡適和曹誠英開始出門訪花。九月十三日，胡適說今天放晴了，天氣非常之好，下午他同珮聲看桂花。過翁家山，山中桂花盛開，香氣迎人。他們過葛洪井，翻下山去，到龍井寺，在一個亭子上坐下喝茶，借了副棋子，下了一盤棋，講了一個莫泊三的故事。四點半鐘，循原路回來，下山時不曾計算時間就到煙霞山了。晚上作一詩〈龍井〉：

小小的一池泉水，
人道有名的龍井。
我們來這裡兩回遊覽，
只看見多少荒涼的前代繁華遺影。
小樓一角，可望見半個西湖，
想當年是處有畫閣飛簷，行宮嚴整。
於今只見一段段的斷碑鋪路，……
斜陽影裡，遊人踏遍了山後山前，
到處開著鮮紅的龍爪花，

點綴著那瓦礫成堆的荒徑。

十月一日，胡適他們又去翁家山看桂花王。胡適說下午與（金）復三、娟、和一位翁家山的人，同去看翁家山的桂花王。這桂花王是幾棵大幹並生的，故樹幹不粗，兩枝葉伸出，遮蓋甚佳。他每年要生三擔多桂花，真不愧「桂王」之稱了。全樹為黃花，只有一枝上生出兩小枝丹桂。娟看見了叫大家看，連那翁家山的朋友也說為奇事。他攀折下來，送給娟。

滿山是桂子的幽香，他們花前相攜，月下並坐，或讀書，或對弈，充滿了詩情畫意。（九月十二日）陰雨，晚上和珮聲下棋。（十四日）同珮聲到涉屺亭閒坐，煙霞洞有三亭，涉屺亭最高。講莫泊三《遺產》給她聽。（十八日）下午與娟下棋，夜間月色甚好。胡適說今天是陰曆初八，在月下坐甚久。（十九日）與珮聲出門，坐樹下石上，講一個莫泊三的故事給她聽。夜間月色不好，和珮聲下棋。

他們偶爾下山去杭州，或朋友上門共遊。（九月十六日）胡適說與珮聲下山，她去看師竹友梅館管事曹健之了，胡適買了點需要的文具，到西園等她，後來珮聲回來，說沒有見著健之，胡適決計到清善第二旅館，約健之晚上來談，談到深夜才去。第二天，曹健之陪他回煙霞洞。（九月十七日）胡適說早晨健之和他哥哥同來，於是約他們在山上玩了半天。胡適又說客去後，睡了一覺。醒來已是七時半，明月入戶，夜飯已吃過。山中人以為他們都下山了，當家的叫了個僕人在廳上鋪薦守夜，正要睡下去了。這兩天行路稍多，故疲倦易睡，竟至如此。

但過了幾天，他們又去遊雲棲。（九月二十二日）胡適說早晨九點，同娟及山上養病之應崇春夫人坐轎遊雲棲。胡適和娟曾來過，未進寺。但陪夫人觀賞了寺前南木林，即繼續前進。出山後，即是錢塘江。胡適說他十七年未來江上了。現在見了，如見故人，精神為之一爽。此時無潮，湖濱泥沙地平轎可行。轎子沿江行好幾里，風景很好。從江邊折入山路，又行了幾里，始到雲棲。路上兩旁都是竹林，約二里長，比韜光路上的竹林似更好些……繼至虎跑寺。四點，回到山上。

這年的中秋，他們在山上過的。（九月二十四日）胡適說今天是舊曆中秋，陰雨竟日，晚間微晴，月出不久，即為雲遮盡。中秋雖然無月，但胡適的朋友高夢旦、陶行知卻分別來到山中，和他們共渡中秋。第二天，他們同遊花塢。（九月二十六日）胡適說今天遊花塢，同行者夢旦、行知、珮聲、復三夫婦。坐船到松木場，雇人把船抬到河裡，仍上船行。兩岸竹葉青，俗名靛藍花，風致絕佳，他竟沒有想到這些小花，有如此動人的風致。——後來胡適十月六日夜裡，在旅館裡寫下「霧也似的輕綃罩靛青色的舞衣，在微風中輕輕舞著」的〈竹葉青〉。然後下船，上岸步行到定慧庵內，吃帶來的午餐。飯後胡適和高夢旦、陶行知走進花塢，一直走到白龍堆。路的兩旁全是竹林，何止萬株，其壯不如松濤，而秀逸過之。杭州名勝，多竹之地一處勝於一處，可謂漸入佳境。

然後他們又回到船上，開到西溪，在秋雪庵上岸。庵外四望盡是蘆花，當盛開時，定有真「秋雪」之奇觀……船到留下，胡適體貼地說娟的身體不好，不能坐船了。他們和高夢旦、陶行知四個人包了部汽車回到湖上，同去吃飯。飯時下雨，飯後他們雇轎回山，雨歇後月色極好。

第二天傍晚，胡適又和娟下山，住湖濱旅館，準備次日與徐志摩等人會合，到海寧觀潮。（九月二十八日）胡適說今天是八月十八，潮水最盛。他和娟，約了陶行知同去斜橋，先上了徐志摩訂好的船。上海車到，徐志摩、汪精衛、馬君武、任叔永、莎菲、朱經農、一位美國女教授同來。看潮後，任叔永和莎菲回上海了。馬、汪、徐、曹和胡適回杭州，晚上在湖上蕩舟看月，夜深始睡。胡適說，這一天很快活了。

不過，胡適對這很快活的記載不多。徐志摩〈西湖記〉十月一日條下說，乘看潮專車到斜橋，適之等已在船上，他和他的表妹及陶行知一共十人分兩船。中途集在一隻船上吃飯，十個人擠在小船艙裡，滿滿的臂膀都掉不過來。飯菜是大白肉、粉皮包魚頭、豆腐小白菜、芋艿，大家吃得很快活。……他為曹女士蒸了個大芋頭，大家都笑了。……徐志摩原定請他們看夜潮，看過後開船到硤石，一早吃錦霞館的羊肉麵，到俞家橋看了楓葉，再乘早車動身各分南北。後任叔永夫婦執意回去，結果一半落北，一半上南，他被胡適拉到杭州去了。過臨平與曹珮聲看暝色裡的山形，黑鱗雲裡隱現初星，西天火飾似的紅霞。樓外樓吃蟹，湖心亭畔蕩舟看月，三潭印月聞桂花香。

徐志摩在看潮時，為同遊人攝了一張照片，附在《志摩日記》裡。徐志摩對照片裡的人都有親筆說明：「珮聲女士——望潮；適之——怡」，那是在眾人之中，曹誠英側身坐在船邊望潮，胡適則深情款款地注視著她。徐志摩以「怡」一字，境界全出。那天的確是胡適快活的一天。

海寧觀潮「快活的一天」過後，胡適再回到煙霞洞，他們山中的「神仙生活」已近尾聲了。曹誠英開學在即，胡適就整理行裝，準備下山了。先是「檢點各種影片，黏在一本冊子上，題為〈南行片影〉」。在行前一天再去南高峰，捐了廿元與寺僧，為修通煙霞洞小路之費。胡適說：「此路我今年經過最多，不下三十次，故留點紀念。」十月四日下午啟程下山，住杭州的聚英旅館。胡適當日記載：「娟今天晚回女師。」第二天胡適特別到女師訪葉略君校長。胡適說「娟也出來看我」。後來曹誠英又到旅館看他。胡適乘五日下午六點十五分的車回上海的，夜裡十二點回到滄州旅館，立即寫信給娟。

山中三個月的「神仙生活」，花前月下相攜，這種浪漫情調的生活，的確是當時名滿天下的胡適生活中，無法得到的。這種生活情調，牽動了胡適隱藏已久的詩心，寫下不少與他《嘗試》格調不同的詩篇，並結成《山月集》。《日記》十月十六日：「收信：娟一。半夜回旅館，因憶起日間娟來信，討十月一日我說要寫的〈桂花王〉詩，遂破睡作詩共六節，成時已兩點了。」（詩另見《山月集》）《山月集》可能由曹誠英將胡適在煙霞洞寫的詩，抄錄成冊。胡適〈山中雜記〉與〈山中日記〉就保留了〈龍井〉與〈七月二十九日晨在南高峰上看日出〉兩首詩，就是曹誠英抄錄的。其中應包括胡適將大仲馬《俠隱記》的〈阿托士夜過米桑〉的故事，改寫的〈米桑〉，因為胡適讀這段故事給曹誠英聽時，說這段故事可以改譯成詩。同時其中可能還有曹誠英的詩詞。曹誠英頗有才情，詩詞非常清雅。將這些詩詞結集，定名《山月集》作為他山中生活的紀念。後來胡適〈多謝〉詩中的「伴我看山看月，過神仙生活」，山月的典，即出於此。

四　人影

胡適對山中的生活已經意亂情迷，回到上海與曹誠英差不多每天有書信往還，仍然禁不住相思苦。於是由徐志摩、朱經農陪同，在離開杭州不到兩個星期後，於十月十九日，「無人知道」的情況下，又悄悄回到杭州，與曹誠英再遊西湖，再去西溪花塢。曹誠英並借曹潔甫家裡的廚灶做徽州菜的「鍋子」請胡適吃。胡適說「鍋」分六層：菠菜、鴨子夾、豆腐包、豬肉、雞、蘿蔔。這是胡適最喜愛的家鄉味，所以他說：「味道極好，大家都很痛快。」除此之外，不論遊湖看山似都摻著離別的哀愁。十月二十四日，胡適說：「夜飯後，遊湖。是日為舊曆十五，月色最圓而淒清，沁人肌骨。我們仍到湖心亭和平湖秋月兩處，至十點才回旅館。」即使湖上看日出，也不如南高峰日出壯麗。「黑雲四方圍攏來，渾圓的日輪被擠成三角形了。那三角形的紅光終於被吞沒了。黑雲也漸漸變成灰色，灰色的濃雲彌漫了天空，這一天從此不見太陽了。」

的確，胡適和曹誠英的心頭，都被灰色的濃雲彌漫著，那是他們在煙霞洞山盟海誓留下來的，就是準備向他們的對方提出離婚。此次去杭州多少和這事有關，在車上，胡適說：「經農把昨天和叔永、莎菲和他談的話告訴我，我很感激他們的關切。」他們所談的可能就是這件事。到杭州後，曹誠英的兄長曹雲卿，接到胡適的信，專程從蕪湖趕來。與同鄉曹健之訪胡適，然後他們又「到女師校去看娟」。曹雲卿後來留學美國，雖然反對妹妹曹誠英的婚姻，但卻不同意胡適和曹誠英的感情決定，胡適心中甚是不快。晚上和徐志摩、朱經農在壺春樓吃飯，胡適說：「我戒酒近十日，今夜心中不快，遂復喝酒，三個人共喝了二斤半。」不是沒有原因的。十月三十日，胡適終於離開杭州，是日《日記》說：「今日離開杭州，重來不知何日，不免有離別之感。」

胡適和曹誠英的這段戀情，是他們的朋友共知的，而且也不迴避人。胡適似乎表現出承擔這份感情的勇氣。但胡適內心還是有所顧忌的。他於《日記》十月十一日說：「與志摩、經農到我旅館小談。」但沒有說談什麼。徐志摩〈西湖記〉說在胡適住的滄州旅館閒談時，胡適出示他的近作〈煙霞雜詩〉，徐志摩問：「尚有匿而未宣者否？」胡適「赧然曰：有，然未敢宣，以有所顧忌。」所謂「顧忌」，後來胡適有首〈無題〉的七絕：「隱處西樓已半春，綢繆未許有情人，非關草木無恩意，為恐東廂潑醋瓶。」不過，胡適所顧忌的事還是發生了。十二月回到北京，胡適向江冬秀提出離婚。江冬秀從廚房拿了把菜刀出來，向胡適說，離婚可以，先把兩個兒子殺了再說。嚇得胡適從此不敢再提，最後祇有淒淒涼涼到西山祕魔崖去養病。

胡適還在上海時，丁文江就為他借了劉厚生在西山祕魔崖的房子，江冬秀派人佈置妥當，胡適因事拖到十二月二十三日，才帶了大兒子祖望上山。當晚胡適獨自在山上「忽生一念」，準備每年新年，作前一年的年譜，作為將來寫自傳的材料。於是胡適在民國十三年的元旦，在山上開始寫上一年（一九二三）的年譜。雖然，訂的年譜體例，年譜記載包括感情生活在內的生活情況。但談到感情生活，寫到煙霞洞山居時，僅說「六月二十三日，我和聰姪搬到煙霞洞同住，直住到十月一日，共三個多月。」又說「我在煙霞洞做的事很少，只譯了一篇契可夫，做了幾篇小序，校了兩冊中學歷史，做的詩頗較一年前多，即取名為《山月》。對那段充滿感情日子的記載，僅及於此。但在兩段文字之間，不知胡適是有心還無意，卻留下了很大一段空白。

不過，這一大段空白頗合胡適自訂年譜體例的。年譜體例之一，即以寫實為主，遇必須為他人諱時，可諱去人名。這段空白是胡適有所諱，不僅為他人，更為自己諱。悄悄地這段「事實」掀過去了。這種記載方式頗合胡適自己的個性。胡適分析自己的個性，說他行事、做文章都偏重理性和知識方面的，其實他自己知道並不如此，他是個富於感情和想像力的人，祇是不屑表示自己的感情，並且使想像力系統化。所以，他山居的「神仙生活」，經過理性系統化之後，祇剩下他譯契可夫《洛奇爾的提琴》序所說「梅雨不止，愁悶煞人，祇有譯小說解悶。」於是在梅雨裡山霧飄起，他的〈煙霞洞雜詩〉寫著：

我來正碰著黃梅雨，
天天在樓上看山霧；
看白雲遮沒了玉皇山，
我回頭已不見了前一排大樹。

白雲不僅遮沒了樓前的樹，也使他和曹誠英花前共讀對弈，月下漫步，都遮蔽在一片白茫茫的霧裡了。對於山中的生活，像霧裡看花，找不到胡適在那裡。真的是「不識廬山真面目，只緣身在此山中」了。

過去對胡適的研究和討論，過分偏重胡適理性與系統化方面的探索，而忽略了胡適也是個人，而且是一個富有感情和想像力的人。胡適自己就說，他雖然可以過規矩的生活，有時也可以過很 gay 的生活。胡適說這個 gay 字很難譯，略含快樂和放浪之意。胡適說這外面很少知道的。並且說他沒有嗜好則已，若有嗜好必沉溺下去。煙霞洞三月，就是過得很 gay 的生活。這種快樂與放浪的生活情調，雖然在他理性和系統化之後，無法尋覓，卻鮮明地呈現在當時的詩作中，因為詩沒有快樂和放浪，就不成其為詩了。

關於詩，如前所述，胡適將詩視作新文藝運動的前哨尖兵。他倡導的白話詩，在文學改革運動中形成所謂的「胡適體」。胡適在其侄胡思永〈遺集序〉中說：「他的詩，第一是明白清楚，第二注重意境，第三是剪裁，第四是有格式。如果新詩中有胡適之派，這是胡適之的嫡派。」胡適在那篇〈談談「胡適體」的新詩〉中，重申他做詩的戒約，所說的就是這幾個要素，即話要明白清楚，用材料要有剪裁，意境要平實。胡適「做詩」，就堅守這幾個戒約，使這種繼承中國小詩優秀傳統的新詩，無法表現中國小詩幽深微妙無盡意味的境界。雖然，胡適也注意境界，他所謂境界要平實淡遠，平實就是說平平常常的老實話，淡遠只是說不過火的話，除此之外，還有說話留點餘味。周策縱論胡適的詩，因為胡適要寫明白清楚的詩，就步入了詩的魔道了；由於胡適沒有宗教信仰的虔誠，以致他的詩不夠幽遠，缺少深度，而且欠缺熱情和摯情。所以胡適的詩祇能給人一種雅潔之感，無法使人低吟不已，引發共鳴與同情。這是很容易理解的，他的詩經過他的理性與系統化後，將內心的感情完全遮蔽住了。不過，胡適也有幾首好詩，往往有逸趣的韻致，以平常的語言表達一些言外悠悠的意味。這幾首好詩收在《山月集》中，紀錄煙霞洞生活的片羽，以及獨居祕魔崖刻骨思念的幾首詩。

胡適從南方回來，在江冬秀的嚇阻下，離婚之事免議，但與曹誠英互訴相思之苦，彼此書信往來更殷了。在上祕魔崖當晚，和蔣慰慈等在西山飯店吃罷飯，胡適獨踏月回山，那夜正是舊曆十五，胡適說「月色絕佳，頗有詩意。」他披著滿身的月光，載著滿山的松濤，踩著自己的影子，踽踽獨行，形影單調，甚是淒涼地回到自己宿處。兀坐窗前，聽西風叩窗，撥亂了一窗松影。胡適想起煙霞洞人影成雙的月夜，下山前夕的滿床月光似霜，還有九月十五日在西湖湖心亭離別的淒清月夜，於是伊的影子又浮現心頭。提筆寫下〈祕魔崖月夜〉：

依舊是月圓時，
依舊是空山、靜夜，
我獨自踏月閒行，沈思——
這淒涼如何能解！

翠微山上的松濤，
驚破了空山的寂靜。
山風吹亂了窗紙上的松痕，
吹不散我心頭的人影。

這時胡適剛過了三十二歲生日，多年埋藏在心底深處的熱情，突破了理性與系統的桎梏，像地層下的岩漿，炙熱地迸發出來。於是，胡適詩裡有了情愛，有了思念，有了夢，有了刻骨銘心的相思，……終於超越了他的「胡適體」，如他自己所說真正的「脫胎換骨」了。此後，每逢月夜，就會思念起伊，思念伊是他〈暫時的安慰〉：「自從南高峰上那夜以後，五個月不曾經歷這樣神祕的境界了。月光漫沒著孤寂的我，轉溫潤了我孤寂的心。涼透了的肌骨都震動了，翠微山上無數森嚴的黑影，方才還是猙獰的鬼岳，現在好像和善可親了……，靜穆的月光，究竟比不上草門裡的爐火，暫時的安慰，也究竟解不了明日的煩悶呵！」煩悶，因思念伊無法專心工作，胡適的〈煩悶〉說：「提出筆來，一天只寫得二百個字。從來不曾這樣懶過，從來不曾這樣沒興致。」於是祇有到夢裡尋覓，胡適的〈小詩〉：「坐也坐不下，忘又忘不了。剛忘了昨兒的夢，又分明看見夢裡的一笑。」那夢裡的一笑，在以後的一年裡始終縈繞著胡適，他那首「多謝你能來」的〈多謝〉後半闋，就說：「匆匆別離便經年，夢裡總相憶。人道應該忘了，我如何忘得！」胡適在祕魔崖還填了一首〈江城子〉，雅淡淒婉，和〈祕魔崖月夜〉前後呼應：

翠微山上亂松鳴，
月淒清，

伴人行；
正是黃昏，人影不分明。
幾度半山回首望，——
天那角，
一孤星。

時時高唱破昏冥，
一聲聲，
有誰聽？
我自高歌，我自遣哀情。
記得那回明月夜，
歌未歇，
有人迎。

這些詩詞都有月光或月夜。因此，胡適再也不敢出門望月，怕月光勾起他太多的相思。他的

〈也是微雲〉就說：

也是微雲，
也是微雲過後月光明。
只不見去年的遊伴，
也沒有當日的心情。

不願勾起相思，
不敢出門看月，
偏偏月進窗來，
害我相思一夜。

胡適這幾首「脫胎換骨」的詩，是胡適所有詩作中較有意境且有餘味的詩。關於意境，胡適認為往往一個人在不同時代，可以有不同的意境。年齡、學問、經驗都可以影響對事物的看法，產生不同的境界。在各種不同的境界中，他覺得平實、含蓄、淡遠的境界，最禁得起咀嚼。胡適一九二三年至二四年間一系列詩作，的確達到這種境界。雖然是疏疏淡淡的幾筆，已顯出一個含蓄幽遠的境界。不過，這個境界卻是在炙熱的感情，與刻骨的相思編織成的。不過，在這種感情和相思淡褪後，這種境界就隨著消逝了。在煙霞洞看山看月的兩年後，胡適在一九二七年七月四日，寫了一首〈舊夢〉：

山下綠叢中，
瞥見飛簷一角，
驚起當年舊夢，
淚向心頭落。

隔山遙唱舊時歌，
聲苦沒人懂。——
我不是高歌，
只是重溫舊夢。

經過兩年時間，煙霞洞那串充滿感情的日子，對胡適來說，現在已成為「舊夢」，真的是「此情留待成追憶，只是當時已罔然」了。此後，胡適又變成原來的胡適，在理性與系統化之後，些微的真摯感情也被遮蔽起來。於是，他的詩又退縮到原來「胡適體」的框限裡去。剩下的，祇是個冷漠的播種者胡適了。

雖然，舊夢不堪記。但對曹誠英卻不然，這場舊夢雖逝，但刻骨的相思深深烙在她心坎上，一直纏綿到死。胡適的家庭革命未成，曹誠英卻和在家鄉教小學的丈夫離了婚。經過這次感情挫折以後，曹誠英發奮向學，想完成胡適未竟之志。所以，選擇攻讀農科，考取中央大學前身東南大學農學院，一九三一年中大畢業後，留校任助教。一九三四年，負笈美國，入胡適最初習農的康乃爾大學，專攻棉花育種遺傳學。一九三七年返國，任安徽大學農學院教授，抗戰發生赴內地，先在四川大學農學院執教，一九四四年轉任復旦大學農學院教授，直到一九五二年高等院校調整，曹誠英被分配到瀋陽農學院，一直到一九六一年退休。雖然退休，仍然未忘她獻身的農業。一九六一年三月，東北雪原解凍之際，她填寫〈西江月〉一闋，名曰〈催農〉：

幾日東風呼嘯，

催春楊柳千條；
開花數樹百枝搖，
報道春到了。
漸已寒冬解冰，
土層鬆軟如糕；
及時播種莫相饒，
搏得豐收可靠。

詞意淺白，甚於胡適。但淡雅恬靜，信手拈來，境界自成，曹誠英的確是有才情的。同時也反映當時曹誠英的生活和心境都是平靜的，至於埋藏心底深處的那份感情，就很難說了。

胡適自〈舊夢〉以後，他日記裡已不見珮聲或娟的書信往來，曹誠英的倩影似在胡適生活中消逝了。其實不然，偶爾仍有消息絲連，泛起漣漪片片。一九三一年一月七日，胡適南下上海，路經浦口，又和在南京讀書的曹誠英，在大雪紛紛的過江渡輪相聚，稍談了片刻。胡適是日《日記》說：「車到浦口時大雪，過江已誤點。……珮聲來接勝之，在渡船稍談。

勝之與她在下關上岸，我在江口搭車。」不知是不是他們西湖別後近十年的重逢，也不知他們「稍談」些什麼。不過，胡適似乎已沒有當日的心情了。

抗戰軍興，胡適任美國大使。曹誠英在四川教書，與曾某相識，並論及婚嫁。曾某在上海的親戚，在一個偶然場合遇見江冬秀，問及曹誠英。江冬秀對那個「狐狸精」仍餘恨未消，將曹誠英說得甚不堪。在結婚前夕，曾某接到上海的來信，婚約就取消了。曹誠英萬念俱灰，上峨嵋山準備遁入空門，他兄長曹克誠聞訊後，上山苦勸，曹誠英才沒有出家。曹誠英欲遁入空門的消息，是吳健雄告訴胡適的，吳健雄是胡適中國公學的學生，又是曹誠英中大的同窗，後來她們留美，成為摯友，時有音訊相通。胡適一九四〇年二月二十五日的日記說：「吳健雄女士來信說，友人傳來消息，珮聲到峨嵋山去做尼姑了。這話使我傷感。」並且說「去年七夕寄來一詩」云：

孤啼孤啼，倩君西去，為我殷情傳意。
道他無病呻吟，沒半點生存活計。
忘名忘利，棄家棄職，來到峨嵋佛地。
慈悲菩薩有心留，又被恩情牽繫。

《日記》最後說除了這首詩「亦無地址。故我不能回信，郵印有四川，萬年寺，新開寺，八字可認。」曹誠英這首詩告訴胡適她準備出家，又被兄長勸回的事。等吳健雄告訴胡適，已事隔半年了。詩於上年「七夕」寄出，胡適竟不能會意，也許他早已忘記當年他自己寫的那首〈鵲橋仙・七夕〉了。詞是這樣的：「疏星幾點，銀河淡淡，新月遙遙相照，雙星仍舊隔銀河，難道是相逢嫌早？不須珠盒，不須瓜果，不用深深私禱。學他一歲一相逢，那便是天孫奇巧。」當然，自別後「一歲一相逢」的微願，已不可得。不過曹誠英逢七夕就會憶起這首詞，現在雖然君在天涯，遠隔重洋，仍將自己的消息相告，不負舊約。

曹誠英一九六九年，由瀋陽回到故鄉績溪，孤苦無依，兩年後病逝，終年七十一歲。曹誠英從瀋陽經杭州回績溪時，將一包資料交給汪靜之，都是她與胡適往來的信件和其他有關的資料，雖歷經劫難，曹誠英卻將這些資料保存下來。並囑汪靜之夫婦，可以看，不能給別人看，她死後燒掉。不過汪靜之夫婦也沒有看，於曹誠英死後，不負故人所託，將這批資料燒了。所以，曹誠英對胡適的感情和思念，至死不渝。臨終遺言，葬於胡適歸鄉的路旁，期盼胡適還鄉時，經過她墓前一祭。當然，她還不知道那時的胡適，已躺在南港的山坡上，仰望白雲千載空悠悠了。

胡適逛公園

胡適擱下筆，從散置在案頭的《章氏遺書》堆中抬起頭來，摘下眼鏡用手輕揉眉心，順手取了支白錫包點燃，深深吸了一口又吐出，藍色的煙氣在寧靜的空中緩緩飄散開來。他轉過頭去，月光透窗而來，靜靜地映著廊下的幾盆夾竹桃。他戴上眼鏡，看看腕上的錶快八點了。於是他起身從穿衣架取下夾袍穿妥，走出書房對客廳那邊的廂房，高聲說了句：「我出去一下。」就踏月出門到公園去了。

在公園茶座上，他遇到一夥朋友，他將身子舒蜷在大藤椅子裡，一面嗑著瓜子，一面啜茗，歡笑著和朋友海闊天空的聊著。散的時候已經夜深了。胡適從柏蔭下的月影中走了出來，獨自漫步到水榭，他手撫池旁的石欄。一陣秋風吹來，飄來陣陣桂子的幽香，也搖曳著池中亭亭的殘荷。四周寂寂，草叢中傳來寒蟲的斷續。他舉首上望，如洗的天空裡，懸著一輪皎潔的明月。突然他有種月缺人散孤寂的感覺，於是低聲輕喟：「明天中秋，不知有此好月否？」

這是民國十年九月十五日，這一天正是中秋前夕。《胡適的日記》寫道：

作《章實齋年譜》，至夜八時，見月色撩人，就獨自去遊公園。進園後，遇一涵、慰慈、文伯、淮鍾。同到水榭後石角上，喝茶高談。月色甚好，念明天是中秋，不知有此好月否？

胡適夜遊的公園，是北京中央公園。中山先生逝世的追悼會在這裡舉行的，所以民國十七年後改為中山公園。不過，一般文人雅士吟詩時，卻都稱其為稷園。因為這裡原來是明清兩代皇帝祭祀天地的社稷壇，民國三年，在朱啟鈐的主持下改建成公園的。民國十四年朱啟鈐寫的〈中央公園建置記〉說：

北京自明初建皇城，置社稷壇於闕右，與太廟對。壇正方，石階三成，各陛四級。上用五色土隨方築之，中埋社主。四面開欞星門，門外北為祭殿，又北為神殿，西南建神殿庫、神廚。壇門四座，西門外為牲亭。環壇古柏，井然森列，大都明初築壇時所樹。

中央公園即由社稷壇為主體建置而成的。辛亥革命後，按照清室優待條款的規定，宣統退位後，就該和他的宮眷搬到頤和園去，但卻一直拖著沒搬，但天地就不能再祭了。不過社稷壇仍是禁苑範圍，一般人是不能進去的。尤其社稷壇西面住著壇戶。壇戶飼養的牛羊，在苑中放牧。過去祭祀天地的神聖之所，如今變得牛羊縱橫，榛莽遍地了。當時朱啟鈐任內務大臣，便向清室交涉，將社稷壇建置成公園。

朱啟鈐是研究中國建築的。於是組織營建會，並親自擔任公園董事會的董事長，負責公園營建工作。改建後的中央公園，不僅保留了原有的建築物，又新建了東西分開的曲折長廊、水榭、西南角的假山、唐花塢，以及東面的行健會、來今雨軒，西面的繪影樓、春明館、上林春等。他在〈中央公園建置記〉中說：

> 設行健會於外壇東門馳道之內，為公共講習體育之地。移禮部習禮亭，與內壇南門相植。東有來今雨軒及投壺亭。西有春明館諸勝，復建東西長廊，以避暑雨。

公園大門闢於金水橋旁，進門豎立著一座大白漢玉藍琉璃瓦的牌樓。這座牌樓原立於總布胡同口外，為庚子被殺害的德國公使克林德而建的。第一次大戰德國戰敗，巴黎和會後遷到這裡來，改題了「公理戰勝」四個字。當然，園裡最珍貴的就是那些「不知歲時」的老柏樹了。這些老柏樹在公園建置時經過調查，據朱啟鈐〈中央公園建置記〉的統計：

圍丈八尺者四株，丈五、六尺者三株，斯為最巨。丈四尺至盈丈者百二十一株，不盈丈者六百三株，未及五尺者二百四十五株，又已枯者百餘株。圍徑既殊，年紀萬度。最巨七柏，皆在壇南，相傳為金元古剎所遺，此外合抱，槐榆雜生年淺者，尚不在列。

這些參天的古樹群，構成公園的特殊景觀，更趣味盎然的，是散落在蒼翠柏蔭下的茶座。中央公園初闢時，就招商承辦公園裡的茶座飯館。這些茶座飯館不專為遊客歇腳，而成了當時學者文士雅集的地方。他們在這裡會友談心，讀書著文，洗塵餞行，甚至婚慶宴客。茶座的桌子擺在柏蔭下，坐在大藤椅中捧著茶杯，仰首上望柏枝間的藍天白雲，映著一角紅色宮牆，端的是古來多少興亡事，都入漁樵閒話了。這些茶座的柏樹間懸著電燈，入夜後燈火輝煌，夜晚十點鐘收市。茶座屋裡也設座，客人祇在擺圓桌宴客或天寒時才入屋，夏天在露天營業。生意四月以後旺起來，十月小陽春一過，西北風一起人就稀了。

公園茶座飯館分南北兩路，往東走過行健會，就是來今雨軒了。名曰「來今雨」，取自杜甫〈秋述〉詩序：「秋，杜子臥病長安旅次。多雨生魚，青苔及榻，尋常車馬之客，舊雨來，今雨不來。」稷園瀹茗，來今雨軒是所有茶座中最高級的一家。據周簡段的《京華感舊錄》說，大廳南北有窗，四周有廊，廊前有鐵罩棚。夏天鐵罩棚前搭有蘆蓆天棚。前面和右邊都是朱欄圍繞的牡丹畦，左邊是清宮端門一角，紅牆黃瓦畫棟雕樑。旁邊都是枝椏老態的百年古槐樹。大廳的黑底金字「來今雨軒」四字大匾，是清代郵傳大臣，北洋時代的大總統徐世昌手筆，款署「水竹邨人」。來今雨軒不僅是中山公園，也是當年北京最豪華的茶座。座上茶客盡是達官貴人、外國使節、富商大賈、洋行買辦等一流名人。北京文化界教育界歡送杜威的宴會，杜威答謝的茶會都在這裡舉行的。這裡兼售中西餐，菜色一流。肉末燒餅、梅菜包子是來今雨軒的名點。

入園經漢白玉牌樓轉西，許多茶座飯館都設在這裡，最早的是春明館。《中山公園二十五週年紀念冊》說：

> 壇外西南隅路西，建樓房八間，又西房三間，設照像館，以便遊人留影。其北建房五

間，設春明館茶點社。

沿柏蔭大道前行，過唐花塢第一家就是春明館。據說當年的春明館，是座五間搭連的朝東房舍，卸了前窗就成敞廳，從外面很遠的地方，就可以看到那幅集泰山石經的「名園別有天，老樹不知年」的對聯。來這裡的客人一如對聯，都是些上了年紀的人。他們在這裡品茗對弈，或鑑賞古董，以消永晝。過春明館向北，《中山公園二十五週年紀念冊》說：

壇西門外迤南向西，建西式高房二十間，設中菜館及咖啡館，以便遊人飲食。

長美軒、上林春、柏斯馨、集士林都在這裡。柏斯馨與集士林是小西餐館，祇售咖啡不賣茶。集士林的咖哩餃做得不錯，當年魯迅來中央公園，常買些帶回去吃。學術與文化界的人歡喜在長美軒、上林春品茗或小酌歡敘。上林春的尹府麵甚佳，他家的「馬先生湯」，就是由馬敘倫傳授的。長美軒的火腿包子最有名。或謂長美軒是川菜，不知然否？胡適歡喜去長美軒吃飯。《胡適的日記》民國十年七月十三日記說：

今天下午七時，在長美軒吃飯，夢麐也來了。

又民國十一年六月三十日：

約他 (Miss Dreier) 今天上午在公園照像，即在長美軒吃飯。

Dreier 是美國女畫家。案該年六月二十九日日記：

晚間到北京飯店 Miss Catherine Dreier 約吃飯。他把他的畫品給我看。這個婦人從前作舊派畫，很不壞。近年他專研究新派畫，畫的東西我就不懂了。

又九月十五日：

饒樹人自美國回來，我邀他和任光到長美軒吃飯。

也許長美軒的價錢公道，所以胡適才常去。在二十年代到三十年代間，許多的學者與文化界的人都歡喜去中山公園。這是研究五四以後的學術與文化，值得重視的地方。民國十五年七八月間，魯迅與齊壽山合譯《小約翰》，就是在中山公園的「僻靜處所」進行的。據說這「僻靜處所」可能是四宜軒。四宜軒在公園的西南角，背山面水，不臨公園大道，遊人不經，是非常僻靜的。《小約翰》譯成後，齊壽山請客，就在公園的來今雨軒。後來錢穆先生在北大教書時，也常去中央公園。他的《師友雜憶》有一段記載蒙文通從河南大學轉到北大歷史系教書時說：「文通初下火車，即來湯（用彤）宅。在余室；三人暢談，竟夕未寐。曙光既露，而談興未盡。三人遂又乘曉赴中央公園進晨餐。又別換一處飲茶續談。及正午，乃換一處進午餐而歸。始各就寢。」他們談了一個通宵又一個上午。錢先生說談的什麼他記不得了，但卻是他「平生唯一暢談也」。

同樣地，中央公園更是胡適在北大生活與活動的重要據點。在他的日記裡顯明表露出來，除了上述在長美軒吃飯，胡適有很多時間消磨在中央公園裡。

按民國十年的《胡適的日記》記載：

五月二日：「下午遊公園，遇鐵如（鄭壽仁）、文伯（王徵）、慰慈（張祖訓）、夢麟諸位，談近日教職員罷工事。」十日：「陳惺農邀在中央公園吃午飯，會見吳又陵先生（虞）。……今日我第一次見他。」十六日：「顏任光先生來，我們同去公園，談了一會，天下雨了，我們到行健會躲雨。遇著楊景蘇先生。景蘇與我打球，打到七點半，與顏、楊同去吃飯。飯後，景蘇又與我打球，十時半歸。」十八日：「與任光、孟和到公園，遇見夢麟、慰慈、鐵如、在君等。」二十一日：「到公園，遇黎劭西、楊遇夫、方叔章（表）諸人。我頗怪遇夫前事，他也引過。遇馬幼漁、馬叔平、馬夷初、譚仲達、吳又陵兄弟、錢玄同。」二十七日：「七點，文友會在來今雨軒開會，到會者二十七人，鋼男爵 (Baron Stäel-Holstein) 演說『佛陀傳說中的歷史的部分』(What is Historical in the Buddha Legend?)，鋼先生是俄國一流學者，專治印度史與佛教史。」六月十二日：「在公園，公園遊人多極了。守常來尋我，竟尋不著。我等到十點，才回家。」二十四日：「下午，與二哥到公園，遇著景蘇、梁和鈞，同吃飯。飯後與景蘇、和鈞、王兼善打球。」二十八日：「與孟和到公園吃飯，陶夫人和他的妹子沈女士也來了。飯後大雨，我們同到行健會打球避雨，到深夜才歸去。」二十九日：「三時許，到公園，杜威先生夫婦今日邀了一班朋友吃茶，我替他們定座。故到那裡幫他們一點忙。」三十日：「北大、高師、女高師、新學會、尚志學會在來今雨軒為杜威先生一家餞行。」

七月一日：「今天哥倫比亞大學同學會在來今雨軒給杜威先生一家餞行，竟鬧出爭主席的笑話來！天下總有這種在針孔裡打觔斗的人，真是可笑！」三日：「六時回進城與蔣、陶在公園吃飯。」十三日：「今天下午七時，在長美軒吃飯，夢麐也來了。」

九月十日：「下午與我農同到公園，熊知白與易蔚儒同來，他們都是經農的媒人。他們商定明早去看經農的丈人。」十一日：「到公園，與在君、永叔談。」十五日：「見月色撩人，就獨自去遊公園。」十八日：「獨自到公園吃飯。」二十三日：「下午三時，到中央公園，赴孟餘談話會。開會情形真可憐，有人不配出鋒頭，偏要出鋒頭。」

十月二十三日：「下午二時到水榭，為發起安徽學會事。」二十四日：「四時到水榭，赴中國公學同學會。」

十一月十二日：「玩公園，晚赴夢旦邀吃飯。飯後與一涵再到公園打球。」

又案《胡適的日記》民國十一年的記載：

二月五日：「與在君、文伯在來今雨軒吃午飯，談時局甚久。飯後，董顯光來談，也是談時局。」

三月四日：「六時半，到來今雨軒，與在君、文伯同吃飯。在來今雨軒遇見耿濟之、鄭振鐸、瞿世英等。振鐸明天回上海，談起上海的情形。」

四月三十日：「下午與知行到公園吃茶，晚上在一涵家玩牌。」

五月二十五日：「七時到公園，與在君、文伯、經農吃飯，談的甚久。」

六月十日：「與孟和到公園吃飯，遇慰慈夫人及任光，同到慰慈家打了四圈牌。」十六日：「午飯在公園，遇張君勱（嘉森），談甚久。」二十一日：「歸途與遇畢善功同到公園吃飯，談稍久。」二十五日：「在家。在君忽與胡敦復同來。敦復十年不到京了，……不曾到過公園，我們陪他逛了半天，夜深始散。」三十日：「約他（Miss Dreier）今天上午在公園照像。」

七月十一日：「太熱，晚間燈下不能做事，到公園玩了兩三點鐘。」

八月十日：「飯後，與馬寅初同到公園，我自七月十四日遊公園，至今四星期了。」

二十九日：「馬寅初邀吃午飯，飯後又與文伯到公園談話。」

九月六日：「七時半到公園吃飯，遇著學生黃日葵、劉仁靜等大談。他們不滿意於我談政治的態度。」十三日：「張伯苓在京，我邀他在公園吃飯，談到夜十點始散。」

十五日：「約他（饒樹人）和任光到長美軒吃飯。」二十五日：「晚上到中央公園，赴中華教育改進社宴會。」

十月二十日：「到公園，同任光、觀瀾吃飯。」

從以上《胡適的日記》的記載，可以了解到中央公園去，不僅是胡適的生活重要一部分，也變成他生活的習慣了。他在那裡參加許多公眾的集會，在那裡和舊雨新知相聚，在那裡和朋友品茗高論，或把盞言歡，在那裡打球消閒，有時甚至不自覺地踱到公園去。中央公園使胡適的生活活潑起來，更多彩多姿了。胡適這時已經名滿天下，成為一個公眾人物，祇有在中央公園才能尋到他自己的生活情趣，真正屬於自己的生活。所以，每次他離開北京到外地去，回來後就立即到中央公園去。像那次他到濟南開會去了十天，回來後就「到公園玩了兩三點鐘」。第二天因旅途勞累痔疾復發了，他還忍痛到公園和丁文江吃飯。這次的痔疾很嚴重，在協和醫院割治後，回家休養，躺在床上無聊，逗著他的小兒子思杜玩，不小心被思杜的小手打傷了左眼，有四個星期不能去公園。八月十日重去，他那天的日記就說：「自七月十四日遊公園，至今四星期了。」字裡行間對中央公園充滿難以割捨的感情。

雖然，胡適在中央公園裡也應酬，但和公園外面的不同。在公園外除了到朋友家吃蟹、吃鰣魚，飯後再來幾圈麻將，是屬於自己的外，其他的都是推不掉的應酬。

胡適民國十、十一年的日記，實際記的不到一年半。而在這段時間內他還有幾次出京，一次是民國十年七月間，應上海商務印書館編譯所之邀，去了兩個多月，兩次到濟南也快一個月。胡適的身體也不健壯，胃病、腳腫、割痔疾、傷風感冒、賽跑暈倒等等。有病纏身當然是不能活動的。他實際在北京的活動還不到一年，卻有近一百四十次的應酬。這個數目對已習慣趕場的達官貴人來說，當然算不了什麼。但對又要教書，又要寫《紅樓夢》和《水滸》考證，與《章實齋年譜》的胡適來說，就窮於應付，不堪其苦了。

胡適在北京的應酬頻繁，《胡適的日記》記載了一些他參加應酬的飯館，除中央公園的幾家外，還有陶園、華東飯店、兩花春、六國飯店、東興樓、瑞記、春華樓、廣陵春、廣和居、南園莊、大陸飯店、北京飯店、擷英菜館、明湖春、扶桑館、濟南春等等。其中東興樓是胡適較常去的一家飯館。按《胡適的日記》記載：

民國十年九月七日：「張福運邀到東興樓吃飯。」十月九日：「與擘黃、文伯到東興樓吃飯。」

民國十一年四月一日：「午飯在東興樓。客為知行與王伯衡、張伯苓。」九月四日：

「到東興樓，陳達材（彥儒）邀吃飯。彥儒是代表陳炯明來的。」八日：「蔡先生邀爾和、夢麟、孟和和我到東興樓吃飯，談的很久。」九日：「八時到東興樓，赴陸建三邀吃飯，客為穆藕初、張鎔西。」二十四日：「夜到東興樓，與在君、文伯、蔡先生同餐。」十一月七日：「到東興樓吃飯。」

胡適和魯迅兩次飯局，一次胡適請魯迅，一次郁達夫請胡適與魯迅也都在東興樓。按魯迅民國八年五月二十三日的日記說：「夜胡適招飲於東興樓。同桌十人。」又民國十二年二月二十七日的日記又說：「午後，胡適之至部，晚間至東安市場，又往東興樓，應郁達夫招飲，酒半即歸。」

東興樓是民國初年北京「八大樓」之一。北京人對「八」字似乎有特別興趣。北京人愛吃「八寶菜」，愛喝「八寶蓮子粥」，買布去「八大祥」，打茶圍就上「八大胡同」，想吃在清末去「八大居」，民初去「八大樓」，以及「八大春」。「八大居」即同和居、沙鍋居、萬福居、陽春居、東光居、福興居、廣和居。至於「八大春」是民國以後興起的菜館，北京菜館稱「春」的不少。而「八大春」是指設在西長安街一帶的芳湖春、東亞春、慶林春、淮陽春、新陸春、春園、同春園。各有不同的口味，如東亞春是粵菜，新陸春、大陸春、慶林春是川味，淮陽春是淮揚風味，同春園、芳湖春則是蘇錫菜。

至於「八大樓」，為東興樓、致美樓、泰豐樓、安福樓、鴻慶樓、鴻興樓、萃華樓、新豐樓等八個菜館。除東興樓外，安福樓在八面槽，其餘的都在前門一帶。「八大樓」有一個共同的特色都是山東菜，主廚皆出自山東福山與榮城。但各有各的名菜名點，如泰豐樓的鍋燒鴨、燴爪尖，致美樓的紅燒魚翅、四炸鯉魚，新豐樓的芝麻湯圓。在「八大樓」中東興樓一枝獨秀，在東華門大街，後來因東安市場和王府井的關係，特別熱鬧繁華。據說東興樓是由清宮裡一個姓何的梳頭太監開的，所以能烹製幾樣宮味如沙鍋翅、沙鍋熊掌、燕窩魚翅。其兩做魚與紅油海參就是典型的宮廷菜，案紅油是以胡蘿蔔熬油而成，非現在的四川紅油。尤其醬爆雞丁，嫩如豆腐，色味香俱全，堪稱一絕。清蒸小雞也是他家的名菜。東興樓的房舍寬大，院子裡有大養魚池一座，供顧客現選烹調，所以生意興盛了一個時期。胡適常來東興樓，因為東安市場距沙灘北大第二院近，北京大學同仁多在這裡餐敘。蔡元培約人吃飯多在東興樓，其原因在此。

胡適少小離鄉，但鄉情的意味還是很濃的。他非常關心安徽的事，常常和安徽同鄉餐敘。《胡適的日記》民國十年十一月一日說：「辛白邀吃飯，同席的同鄉，談的多是本省情形。」又民國十一年十月二十四日日記說：「湯保民前日來京。今夜請他吃飯，蔡曉舟也在京。大談安徽大學事。」他們餐聚多在明湖春。《胡適的日記》民國十一年：

二月十九日：「到明湖春吃飯。」九月十一日：「夜到明湖春，同鄉諸君公讌安徽議員。」十六日：「夜到明湖春吃飯。主人為一涵、撫五，客為汪東木、劉先黎，是安徽派來赴學制會議的。」十七日：「晚在明湖春請興周、東木、劉先黎、張先騫吃飯。」十月五日（是日中秋）：「在明湖春宴請績溪同鄉。」

自古以來，徽州商人善經營，名聞於世。明清以後，「新安大賈」更是遍天下，而有「無徽不成鎮」之說。尤其績溪在徽嶺以南，地瘠民貧，人民多出外謀生。徽州一帶的菜肴點心的製作，自來自成一格，是為徽菜。飲食業者隨著徽商的蹤跡流傳甚廣，徽州圓子由是名聞全國。揚州鹽商多出自新安，淮揚菜也受到徽菜的感染，《揚州畫舫錄》有徽毛包子一品，現在的蘇式湯包即由此出。尤其東南一帶，通商大埠都有徽州會館，專售徽菜。

胡適雖然曾飄洋過海，但仍然歡喜吃鄉土俚味，逢年過節都吃故鄉的「徽州鍋」。所謂「徽州鍋」不是徽州人普遍吃的菜肴，而是績溪嶺北居民節日喜慶吃的鍋子。材料是豬肉、雞、蛋、豆腐、蝦米等，用大鍋炊之。最豐盛的徽州鍋有七層，底層墊蔬菜。蔬菜視季節而定，最佳當然是用筍。徽州多山，山區產筍。《徽州通志》載：「筍出徽州六邑。以問政山者味尤佳。籜紅肉白，墮地即碎。」二層用半肥瘦豬肉切長方形大塊，一斤約八塊為度。三層為油豆腐塞肉，四層為蛋餃，五層為紅燒雞塊，六層為鋪以煎過的豆腐，七層以帶葉之蔬菜覆之。初以猛火燒滾，後改文火，好吃與否，就看火候了。燒時不蓋鍋蓋，經常鍋裡原汁燒淋數遍，約三四小時始成。吃時原鍋上，逐層食之。其製作頗似湘北鄂南一帶「缽子」做法，內容就豐富多了。幼時住過績溪，且是績溪胡氏小學（不是胡適那一胡）畢業，可是沒有吃過「徽州鍋」。不過，對績溪「毛豆腐」印象很深。這是一種發了霉的豆腐，用平底鍋煎妥沾辣椒醬吃，味甚美，其形狀頗似先生用的戒尺。這兩種味道不同的「毛豆腐」，當時我都常吃。

如上述徽商所到之處，都有徽州會館，專售徽州菜。但安徽同鄉請胡適、胡適宴同鄉的「明湖春」，卻不是徽州菜，而是道地的魯幫菜。明湖雖名春，卻不在「八大春」之列。民國四年開業，最初在楊梅竹斜街，以售新式的山東菜著名。名菜有奶湯蒲菜、奶湯白菜、汆雙脆、麵包鴨肝、龍井蝦仁、紅燒鯽魚、松子豆腐、紅燒扁魚等，尤其銀絲卷蒸得好，北京城無出其右者，楊度曾為文介紹。後來明湖春因店面狹小遷到新華街，胡適吃的明湖春，可能就在這裡。祇是不知道安徽人為什麼歡喜到這裡來吃。

胡適許多應酬是外國人，有很多機會吃西餐。對於西餐，這位留美七年，又提倡西化的新文化的領導者，當然是不會反對的。在一次宴會上，王壽亮大罵西洋野蠻、事事不如中國，但他說西洋祇有兩件事是好的，一請客吃飯祇到一處，不重複，不與一餐赴數處，二宴會簡單，不多用菜肴，不靡費。胡適不同意王壽亮對西方文化的看法，認為他的「頑固真不可破」。但卻非常欣賞他所說的西餐好處，特別在日記中記下來。

西餐至遲在明代後期，已隨傳教士與外商登岸中國了。祇是不普遍，也無資料可稽。而清乾隆年間，袁枚《隨園食單》有「西洋餅」製法的記載：「用雞蛋清和飛麵，作稠水放碗中。打銅夾剪一把，銅合縫處不到一分。生烈火烘銅夾，一糊一夾，一熯，頃刻成餅。白如雪，明如綿紙，微加冰糖、松仁屑子。」自鴉片戰後五口通商，歐美傳教士與商人紛紛東來，西餐漸漸在中國流行起來。徐珂《清稗類鈔》西餐條下：

> 國人食西式之飯，一曰西餐，一曰番菜，一曰大菜。席具刀、叉、瓢三事，不設箸。光緒朝，都會已有之。至宣統時，尤為盛行。我國之設肆西餐，始於上海福州路之一品香，其價每人大餐一元、坐茶七角、小食五角。外加堂彩、烟酒之費，其後漸有趨之者。於是有海天春、江南春、萬長春、吉祥春等繼起，且分室設座焉。

上海福州路的一品香，是中國最早的西餐館，也是民國十年胡適與郭沫若第一次見面的地方。西餐傳入中國後，為了適合中國人的口味，已稍加改良。所以徐珂說：

> 今繁盛商埠，皆有西餐之肆，然其烹飪法不中不西，徒為外人擴充食物原料之販路而已。

這種西餐中製，或中料西烹，是西餐傳入中國後的一個轉變。當年廣州太平館的西汁乳鴿，與粵式西餐中的「金必多湯」(Potage Campadore)，即奶油濃湯加火腿、胡蘿蔔與鮑魚等絲、魚翅製成，胡蘿蔔或象徵多金。至於魚翅，西方人是不興吃這種沙魚背脊的。西餐製法初不立文字，由師傅口授心傳。最早的一本西餐食譜，可能是清宣統元年上海華美印書館藏版的《造洋飯法》了。書用「耶穌降世一千九百〇九年」年號，或是從西書翻譯的。書前有「廚房條例」、「入廚需知」、「食品衛生」等，內容分湯、魚肉、肉、蛋、小湯、菜、酸果、糖食、排、朴定、甜湯、雜類、饅頭、餅等等二十五章，二百七十一品，皆附有原料用量與製法。書後有英文菜點對照，譯法與今不同，按饅頭即麵包，朴定即今布丁。這本《造洋飯法》，不僅反映了西餐在中國流傳的情況，同時也反映了近代與西方文明接觸後，生活方式的轉變。

北京的西餐館興於庚子之後，稱西餐為番菜。陳蓮痕的《京華春夢錄》說：

> 年來頗仿效西夷，設置番菜館者，除北京、東方諸飯店外，尚有擷英、美益等番菜館及西車站之餐室。其菜品烹製雖異，亦自可口，如布丁、涼凍、奶茶等，偶一食之，芬留齒頰，頗耐人尋味。

北京的番菜館中，當然數北京館店附設的西餐廳。一九〇〇年義和團事件後，八國聯軍入北京。於是洋酒店、洋妓院、番菜館就應運而生。其中有兩個法國人邦扎與佩拉蒂在蘇州胡同南邊，開了個三間門面的小酒館，賣一兩毛錢一杯的紅、白葡萄酒，和煎豬排與煎蛋一類的酒菜。雇了個小夥計名叫邵元賓，後來做了北京飯店的華人經理。這是北京飯店的前身。

第二年這小酒館搬到近洋軍營區東單菜市場旁，正式掛起「北京飯店」的招牌來，後來生意盤給義大利人獨眼龍盧蘇。盧蘇經營有方，北京飯店的業務發達，他又在長安街王府井南口，買了一大片宅子，將北京飯店遷來，想蓋五層樓的高級飯店。不過這個願望沒有實現，獨眼龍盧蘇因思鄉回義大利了，他回國時將飯店賣給中法實業銀行。於是北京飯店轉到法國人手中，完成了盧蘇想築的五層紅樓，經營十年後在民國八年，也就是五四的那一年，又在紅樓西邊增建了七層法式洋樓。有客房一百零五間，住客包括一日三餐與下午茶在內，收價非常高昂，餐廳在一樓，七樓是花園酒吧與露天舞池。住的都是洋人，赴宴時必須衣著整齊，價錢很貴。除非別人請客，胡適自己是不會來這裡的。案《胡適的日記》說：

> 民國十年五月二十日：「夜，到北京飯店赴 General William Crozier 夫婦的邀餐，同席者為丁在君。」六月二十六日：「夜間杜威先生一家，在北京飯店的屋頂花園，請我們夫婦吃飯。同座的有陶（行知）、蔣（夢麟）、丁（文江）諸位。」

又十一年五月二十九日：

> 晚間到北京飯店 Miss Catherine Dreier 處吃飯。

除了大飯店所附設的西餐廳，還有較高級專售西餐的番菜館。招牌上寫明是英法大菜、德式大菜或俄式大菜。其中最著名的是「擷英番菜館」。擷英在前門外廊坊頭，四周都是金銀珠寶店，是開在金銀窩裡的一家西餐館，消費也不低。《胡適的日記》說：

十年十月四日：「到擷英菜館吃飯，主人為中華書局主纂戴懋哉先生。」十一年二月二十四日：「夜到擷英吃飯，赴皖政事改進會議改進周刊事。」九月四日：「與蔡先生同到擷英菜館，劉式南邀吃飯。」

當時胡適雖名滿天下，但他的經濟狀況並不寬裕，而且買書花了不少錢，逢年過節書店討欠，他就捉襟見附了。《胡適的日記》說：

十一年五月三十一日（端午）：「近來買的書不少，竟欠書債至六百元。昨天向文伯處借了三百元。今天早晨我還沒有起來，已有四五家書店夥計坐在門房裡等候了。三百元一早就發完了。」

又十月五日（中秋）：

這個節上開銷了四百元的書賬，南陽山房最多，共二百七十餘元，我開了他一百六十元。

因為經濟情況不好，他在日記裡就說：「近來大窘，久不請人吃飯了。」所以，不僅北京飯店，就是擷英番菜館他也去不起的。如果他想吃西餐，衹好去西火車站了。《胡適的日記》說：

> 十年六月二十一日：午，到西火車站吃飯，主人為曹傑、徐養原兩君，客人多是安徽同鄉。

又六月二十九日：

> 我同王文伯到西火車站吃飯。

所謂西車站，指的是西車站「京漢路食堂」。一九〇〇年庚子，八國聯軍入據北京時，將京漢路一直延長到前門西面，並修築了一個車站，後來稱為前門西車站，往來保定、漢口，或轉正太路去太原在這裡上下。乘京奉路往來天津、張家口等地，則在前門東站下車。當時車上附有餐車，由交通部食堂經營，並在西車站開了個西餐廳。這裡地點適中、價錢公道，當時很多學術文化界的人，歡喜到這裡來吃西餐。

除西餐外，胡適也有吃日本料理的經驗。《胡適的日記》民國十年六月二十七日條下：

> 八時，到扶桑館，芥川（龍之助）先生請我吃飯。同坐的有惺農和三四個日本新聞界中人。這是我第一次用日本式吃日本飯，做了那些脫鞋盤膝席地而坐的儀式，倒也別致。

以上是胡適在北京社交生活的一部分。胡適社交的圈子很廣，應酬的分子也非常複雜，除了一些學者專家外，還有一些外國的使節、北洋的官僚，以及軍閥的幕客、宣統的老師等等。可以說新舊兼顧，中外俱有。但對於這些無謂的應酬，連他自己也感到厭煩。《胡適的日記》民國十一年二月十日條下：

敬齋請我吃飯，初意可見宋魯伯，不意他沒有來，席上一班都是俗不可耐的人。吃了飯，他們便大賭，推三百元的牌九。一點鐘之內，輸贏幾百。我與文伯、淮鍾又不便就走，只得看他們賭。席上無一可談，席後也一無可談。有一人稱贊我的「學派」，說「唐宋元明都比不上」。和這一班人作無謂的應酬，遠不如聽兩個妓女唱小曲子。

雖然是無謂人的無謂應酬，胡適還是去了。吃了飯，人家賭博，他不便走，陪著在旁看人家賭牌九，真是無謂的無謂了。也許自他突然贏得大名後，名雖然來得很易，要維持卻不易，因此對於各方面的應酬，他都得應付。也許他個性裡也有徽州商人的性格，徽州人所以能經營成功，除了精打細算外，還有一個和氣生財，也就是面面俱到，誰也不得罪。胡適從家鄉初到上海，曾跟他二哥學過生意，關於這一點他是非常了解的。這也是他後來除了共產黨，和各方面都能維持非常良好、卻不親密的關係，是他成功的一個重要因素。但卻也使他陷於無盡、無謂又無聊的應酬之中，而難以自拔。

也許胡適還有另一種想法，因為中國知識分子自古以來，都是依附政治或政治的權威的，至多也不過是一個政治幫閒的角色。胡適似乎創造另一種中國知識分子的典型，那就是周旋於政治之間、自置於政治之外。這種想超越的想法的確是天真。但事實上，他仍然墮入中國知識分子的舊窠臼之中，真不知是他玩了政治，還是政治玩了他。後來他自稱是過了河的卒子，可是從這兩年的社交與應酬看來，他似乎已經脫了襪子脫了鞋，在河邊漫步了。這不僅是胡適個人的悲劇，也是早已存在的中國知識分子悲劇。

本來該在孤寂寧靜書齋裡青燈黃卷，或者在公園與朋友們瀹茗辯難的胡適，現在卻耐不住寂寞而跨出公園，到大街上去溜彎了。但卻遇到了他以前沒有想到的困境。關於這個困境他自己當時已經警覺到了，《胡適的日記》民國十年七月九日條下，就這樣警惕自己：

> 我近來做了許多很無謂的社交生活，真沒有道理。我的時間，以後若不經濟，都要糟蹋在社交上了。

所以，有一天胡適拖著應酬後疲憊的身子又回到公園，躺在柏蔭下的大藤椅上，閉著眼聽老椏上的蟬詠，花畦間蜜蜂嗡嗡，一陣薰風吹來，他突然有寫詩的衝動，於是寫下了〈三年〉：

三年了

究竟做了些什麼事體？
空惹得一身病，
添了幾歲年紀。

他把這首詩記在當天——民國十年七月八日的日記裡，詩的後面還寫著：「我想這兩年的成績，遠不如前二年的十分之一，真可慚愧！」

胡適溯江河而行

一九五〇年胡適在美國普林斯頓大學的葛思德圖書館（The Gest Oriental Library）。那年十二月十七日是他六十歲生日，他下班後搭火車回家。當時天氣很冷，鵝毛大雪紛飛。他獨自坐在空闊的車廂，憑窗外望，四野寂寂，一片茫茫。於是他想到今年自己六十一歲了。患有心臟病，不但常帶藥瓶走路，連人壽保險公司也拒絕他這個顧客。生命可能忽然結束。心又想到自己還欠下債務未了，必須在有生之年償清。回家後就寫了〈生日決議案〉。

胡適在他〈生日決議案〉裡列了三筆欠下的債務：第一筆是《中國哲學史》上卷，在民國八年出版，屈指算來已經三十三年了，現在他要將未完成的下卷寫完。第二筆是《中國白話文學史》，二十五年前寫了一半，今後必須加緊完成。第三筆是《水經注》的考證，這個被他審了五年的案子，也應該判決了。這三筆債都是欠下的學術債，前兩筆是他的舊欠，不過這兩筆債他終世沒有償清。後一筆是無意間拖下的新債，也是他臨老努力償還的一筆債務，而且不僅接近償清，並且還意外地為我們留下大筆研究的資產，倒真是無心插柳柳成蔭了。

這筆《水經注》考證的新債，的確是胡適無意間欠下的。一九四二年九月胡適交卸了駐美大使的職務，真所謂「十年蓋破黃紬被，儘歷遍，官滋味」，現在是無官一身輕了。但蔣夢麟寫信給他：「可在美任教，暫維生活。」於是胡適在美國找了個糊口的營生，於一九四三年七月，接受了美國國會圖書館東方部顧問的職務。這個職務對胡適來說，是非常合適的。可以使一個過了河的卒子，再渡河回到自己荒廢已久的田園。胡適可以坐擁書城，應用館中所藏豐富的中國典籍，來償還他以前拖下的舊債了。這一年胡適的確寫了不少學術論文和讀書札記，並且還擬定了《中國思想史》的英文大綱，胡適想把他的《中國哲學史》易名為《中國思想史》，他真的開始重理舊業了。

但到了一九四四年七月十七日，胡適寫信給雷海宗、田培林，說他改變了研究的方向，「把寫通史的工作忘在腦後，全力做考證工作。」他全力在做考證，「往往廢寢忘食，夜間工作到天亮。」寫成了〈全（謝山）校水經注辨偽〉，這篇文章長四萬字，舉出鐵證十條，證明薛福成刻的《全氏七校水經注》，從頭到尾是偽造的。並且說：

證明全本之偽，是為全謝山洗冤。證明趙（一清）書本與庫本不同，……是為趙東潛

> 洗冤。證明戴東原絕未見全本、趙書，是為戴東原洗冤。我費了七個月的笨工夫，居然替十八世紀三位學者洗清了冤枉，總算一件快事。

這是胡適《水經注》考證的基點，也是他以後追尋的線索。胡適暫時擱置《中國思想史》的寫作，轉過來考證《水經注》，而且做到廢寢忘食的地步，的確是一個很大的轉變。但這個轉變卻是偶然的，胡適說是由他「收的一個徒弟、不是學生」的王重民引起的，王重民當時是北京大學圖書館主任。一九四三年十月五日，胡適收到王重民的信，信中還附了一篇〈跋趙一清《水經注》兼論戴趙、全戴兩公案〉的初稿本，請胡適教誨，胡適當時就寫了封長信給他。後來胡適在一九五〇年三月十四日夜裡，重讀王重民的信，並在王重民信上批了這麼一段話：

> 重民此信與此文作於民國三十二年十一月。寄到後，表示此案並不是「已成定讞」，後來我費了五六年的工夫重審此案，都是重民這篇文章惹起的。

《水經》三卷，後漢桑欽撰，北魏酈道元注。宋晁公武《郡齋讀書志》著錄《水經》四十卷，包括酈道元的注在內。《水經注》是一部以河流為綱領的中國古代歷史地理的書。桑欽的《水經》僅記載河道一百三十七條，後酈道元為《水經》作注，補注了水道一千二百五十二條，大至江河，小至溪津都記載在內。酈道元的注，不僅敘述水道的發源與流向，並且也記載河道流經區域的山岳陂澤、關塞隘障、郡縣故地的一些遺跡，以河川為綱，脈絡非常清楚。

但《水經注》自北宋雕刻印刷，至明清以後有各種不同的版本，這些不同的版本互有誤缺。主要的錯誤發生在經文訛為注文，或注文錯入經文，或經注水系間的錯亂，以及不同的抄本刊本在傳刻時發生行頁間的錯亂，至於文字銜錯訛誤的地方更多。所以，從明朝開始，就有不少學者對《水經注》進行校刊與研究。胡適對《水經注》的考證，則集中在清代全謝山、戴震、趙一清的《水經注》校本所發生的問題。

一九五二年十二月十九日，胡適在臺灣大學文學院的一次公開演講，講題就是「水經注」。他說這幾年來他在審一個案子——《水經注》，並且說他審這個案子是在打抱不平，替他的同鄉戴震伸冤。因為從張穆、魏源、孟森到王國維，都說戴震是個賊，在四庫館竊取了浙江呈進的趙一清的《水經注校本》，據為己有，作為他校《水經》依據。這段公案又牽涉到全謝山。因為乾隆十五年全謝山在杭州養病時，讀過趙一清寫的校本，所以全謝山的《七校水經注》，也取用了趙一清的材料。胡適說他只有用笨工夫，來審查這個一百五十年的官司，要使全、趙、戴三公都得到一個公平的估價。所以，他不僅為他同鄉戴震伸冤，同時也希望得到「全璧歸趙」。

胡適對《水經注》這段公案的追索，成為他晚年研究工作的全部內容，從開始到他臨終前不久，有十八、九年的時間，糾纏在這段公案中。後來他留下的手跡遺稿，編印成十冊《胡適手稿》，其中竟有六冊是關於《水經注》的。這些手稿還不包括胡適遺留在上海的一批關於《水經注》的研究資料，是胡適在一九四八年至四九年春季，旅居上海期間，經常到張菊生、葉揆初創辦的合眾圖書館，查閱《水經注》的資料，同時在圖書館中進行寫作，並且和當時圖書館的負責人顧廷龍有所商討。他所著的關於《水經注》研究原稿，以及和陳援庵先生、顧廷龍討論《水經注》的信札，目前都完整保存在上海圖書館。

胡適晚年說我們所作的東西，絕不可讓人編輯，所以關於胡適《水經注》研究資料，不論臺北的手稿或留在上海的研究資料，片紙隻字都是他自己躬親整理，而不假手於人。胡適對這個專題的研究，表現了過去所沒有的熱誠和執著。他說：

> 我藉著小說考證，來解說治學的方法。我藉著《水經注》一百多年的胡塗官司，指出

考證方法。

因此，胡適研究《水經注》，所研究的不是《水經注》的本身，而是對因《水經注》校本所引起的紛紜，作一個客觀而理性的判決，基本上是一個方法論的討論。

胡適說他對《水經注》的研究，是一個校勘學的問題。校勘學祇有一個原則，就是用古本校今本。要設法找最古的版本，最好當然是原本。如果找不到原本或是古抄刻本，只好理校，也就是以理推校。但無論怎樣聰明的人，也沒有法子校出大的錯誤來。所以，他為了這個問題，在美國把所有關於《水經注》的材料都翻了，但找到的材料很少。一九四六年自美返國，他原想在國內報紙大登廣告找《水經注》的材料。因此，他乘的船還沒有靠岸，記者乘汽艇登船訪問他，胡適第一句話就是「這幾年我幹《水經注》的案子」。

胡適說這句話的目的，希望記者替他登個廣告。第二天各報果然把他的話刊出來了。所以，在上海雖然時間很短，但卻把全上海藏的《水經注》看遍了。後來去了北平，擔任北京大學校長，又看到孔繼涵藏的戴震《自定水經注》一卷，周一良又拿了家傳的戴震《水經注》本子給他看。當時似乎全國都在為胡適找《水經注》的版本。一九四八年十二月十一日北平《世界日報》刊登了一則消息：

> 本報西安七日航訊：西安圖書館發現沈欽韓著《水經注疏證》善本，西大楊鍾建校長電告胡適，胡適聞訊大喜。楊氏已將序文與卷首攝影寄胡，參加北大五十週年《水經注》展覽之用，並趕抄原書八本。此書係西安圖書館接收南京無主圖書中發現。

北京大學五十週年紀念，舉辦了「《水經注》版本展覽」，胡適親自編寫目錄，共九類、四十種，並有詳細的校注。這時胡適研究《水經注》已經十年。這次展覽有胡適個人的收藏，以及從南北藏書家處借來的，可說是集古今《水經注》抄刻版本的大成了。其中有傅增湘所藏的宋本、北大圖書館與涵芬樓所藏《永樂大典》中的《水經注》八冊，以及趙一清、全祖望的稿本。當時胡適對於《水經注》版本的搜求，正合了他的學生，後來又是他的朋友傅斯年所說的那句話：「上窮碧落下黃泉，動手動腳找東西」了。

胡適在著手研究《水經注》前不久，他寫了一篇〈《易林》斷歸崔篆的判決書——考證學方法論舉例〉（《歷史語言研究所集刊》，第二十本（上））。在這篇考證文章中，胡適說《易林》只是一部卜卦的爻辭，本身並沒有思想史料價值。但作者的問題，著作年代問題，內容問題等，都引起近三、四百年來學者的討論，可是所得結論卻有很大的不同。尤其作者的問題，有的認為：一、是焦延壽（西漢宣帝時人），二、是崔篆（王莽時人），三、是許峻（東漢後期人），四、東漢以後的人（顧炎武如此說）。胡適將前代學者考據《易林》的議論綜合研究後，發現他們的考據方法大部分不精細，所以他們的結論才有那麼大的差異。尤其《易林》這部書自六朝以後，大家都一口咬定說是《焦氏易林》，相信焦延壽是這部書的作者。

胡適認為這千餘年的成見，真是根深柢固，若沒有精密的方法和明白無疑的證據，絕不能搖動舊說，建立新說，使人心悅誠服。因此，胡適為了複審《易林》一案，把所有一切人證、物證完全調來，重付偵查。偵查之後，根據那些重新整理過的證據，提出一個新的判決。他說證據還是過去學者用的，只是排比解釋的方法不同，判決文也不是完全新的。不過在那四種可能的判決中，決定一種，祇是他的判決書是建立在一種比較細密的方法論之上。

胡適說他的審決方法分三個步驟：第一步要先證明現在流行的《易林》，的確是東漢初期已經存在，並且是已經被人用來占卜的《周易林》。證明了這一點，東漢後期許峻和顧亭林說的「東漢以後人」，就逐出法庭，他們的訴狀就可以不理了。第二步要證明焦延壽絕不能著作這部《易林》。第三步要證明王莽時做建新大戶的崔篆，最適合於《易林》著作人的資格。所以《焦氏易林》應該物歸原主，改為《崔氏易林》。

這篇文章於一九四三年二月完稿，是胡適脫離宦海，重理舊業後寫的第一篇歷史考證文章。後來發表，余嘉錫讀了這篇文章，寫信給胡適說：

> 大著精深博大，不惟判明《易林》之著作權。且進而制定考證法，如蕭何造律，後世莫能出其範圍。

余嘉錫以「蕭何造律」讚譽胡適這篇文章，也就是胡適考證《易林》的作者，如刑吏斷獄。事實也是如此，因為胡適認為歷史的考證，是用證據來考訂過去的事實。史學家用證據考訂事實的有無、真偽、是非，與偵探訪案、法官斷獄責任同樣嚴重，方法的謹嚴也是相同的。朱子曾說：「看文章須如法官深刻，方窮究得盡。」胡適說朱熹少年舉進士，曾做過四年的同安主簿，他常用判斷獄訟的事來比喻讀書窮理。

胡適認為中國考證風氣之興，遠在西方實驗科學發達之前。他常推想兩漢以下，文人出身做親民官，必須料理民間的訴訟。這種聽訟析獄的經驗，是養成考證方法最好的訓練。考證學常用的名詞如「證據」、「佐證」、「左驗」、「勘驗」、「推勘」、「比勘」、「質證」、「斷案」等等，都是法官聽訟斷案的名詞，可以指示考證與刑名訟獄的歷史關係。所以，他認為文人審判獄訟的經驗，大概是中國考證學一個比較重要的來源。不論這種歷史淵源是否正確，他相信考證學在今日，還是應該充分參考法庭判決案件的證據法。做考證的人至少要明白自己的責任，有如法官斷獄同樣的嚴重。他的方法必須如法官斷獄同樣的嚴謹，同樣的審慎。

所以，他認為凡做考證的人，必須建立兩個駁問自己的標準，第一要問：提出的證人證物本身可靠嗎？這個證人有作證的資格嗎？第二要問：提出證據的目的，是要證明那一點？這個證據能夠證明那一點嗎？他又舉汪輝祖所謂「據供定罪，尚恐未真」。不僅判案，做考證也需要謹慎的。這是胡適寫〈《易林》斷歸崔篆的判決書〉，「比較細審的方法」的立論基礎。胡適不僅用這種方法考證《易林》作者的著作權屬誰，同時也通過《易林》著作權的判決，實踐他的考證方法論。這篇文章是胡適重入學術江湖的宣言，重申他仍然堅持過去的研究法治學。過了不久，他著手研究《水經注》，他同樣用這種方法處理全、戴、趙的訴訟的問題。

考證或考據，是胡適青年時期逐漸領悟的一種治學方法，經過長期琢磨而發展形成的。中國近三百年學者研究古籍版本真偽和內容正訛的校勘學，以及研究文字原義的訓詁學，最後形成一個較概括的學術名詞，稱之為「考據學」或「考證學」。對於這種學問，胡適說是有證據的探討。雖然考證學是清代學術的特色，實際上從北宋已經開始。由於北宋時期考古知識的累積，而應用發現的斷碑殘瓦，或出土文物作為工具，校勘古舊典籍，象徵考證學已經萌芽。長期經驗的累積是考證學形成的過程，胡適說由於這種批判研究治學方法的形成，更支持了杜威的理論。杜威認為一切有系統的知識和批判，都是在一種懷疑狀態下產生的。胡適進一步解釋一切學問和研究真正的動機，都是對某種問題或困難的解決，研究的動機是發生困難，研究的目的是解決困難。困難的產生則是由對某種問題的真實性發生懷疑而起。由發現困難到解決困難，中間有一個過程，胡適說這個過程就是考證的過程。

胡適對清代考據學的接觸，是在一九一〇年，他到北京參加庚子賠款留學考試時，他二哥的一位同學去接他，勸他對漢唐諸儒所致力的《十三經注疏》，也應稍事涉獵。所以他買了一套石印本的《十三經注疏》，帶到美國去。他留學期間想讀點中國書，就讀這部舊典，尤其是其中的《詩經》部分。不過由於胡適啟蒙教育，讀的是朱熹注的《四書》《五經》，所以對漢儒的注感到不滿，覺得朱注比較近情入理，但卻被漢宋兩派的差異眩惑了。所以，他自己企圖寫點批判性的文章。一九一一年五月十一日，那時胡適才十九歲五個月，他寫了一篇〈詩三百篇言字解〉，這篇文章是對《詩經》中「言」字意義的詮釋。胡適說這篇文章表現了他治學的懷疑態度。在否定漢儒解經用的《爾雅》之後，他用一種歸納理論法，將《詩經》上所有的「言」字的用法，歸納在一起，這就是他所謂「以經解經」的辦法。

胡適說他在寫〈詩三百篇言字解〉時，還沒有讀過王引之的《經典釋詞》，不知道王引之對古文虛字的研究。後來讀到他的文章，發現彼此用的方法原來是一樣的。因此，他認為這些乾嘉大儒所用的中國固有訓練中的歸納比較法，是極其嚴謹而又科學的。他又寫了〈爾汝篇〉和〈吾我篇〉，還是用的歸納法，也就是將相同或不同的例子歸納起來，加以比較研究，以求其概括性的結論，這也是他第一次企圖發展自己的治學方法！

這三篇文章原來都寫在他的《留學日記》裡。在胡適的《留學日記》裡，還有另兩篇文章，一是〈論訓詁之學〉，一是〈論校勘之學〉。〈論校勘之學〉整篇文章，是節譯約翰・浦斯格 (John Postgate) 為《大英百科全書》寫的〈版本學〉(Textual Criticism)，祇是將浦氏舉的例子改為中國的例子。透過浦氏的著作，胡適發現中西治校勘學有相同之處。這就是他在一九三四年為陳援庵先生的《元典章校補釋例》，寫的一篇長序中指出，現代西方的校勘學，和中國幾百年發展出來的傳統校勘學治學方法，基本上有相同之處。首先在所校勘的材料上發現錯誤，然後便是改正這些錯誤。最後證明所改不誤。最重要的是根據最早的版本。所謂最早的版本也就是最接近原著的版本，這是中西校勘最基本的相同之處。

胡適自述其治學方法所來自，說他自考據入手，然後學會了校勘和訓詁。更由於長期鑽研中國古籍，漸漸掌握了這種治學方法。他到美國留學，先在康乃爾大學選修了布爾 (G. Lincoln Burr) 教授的「歷史輔助科學」，這門課程將語言學、校勘學、考古學、高級批判學結合起來講授。轉到哥倫比亞大學研究院之後，又選修了烏德瑞 (Frederick J. Woodbridge) 教授的「歷史哲學」。烏德瑞教授在講授希臘哲學時，總提醒大家做研究工作，在運用史料時要特別留心，因為柏拉圖《對話錄》和亞里斯多德的著作中偽託甚多，並教導學生如何清查著作中的偽託和竄改。經過這種西方科學方法的訓練和洗滌，他領悟到中國傳統考據學、校勘學、音韻學裡，都有科學方法存在其間；而且彼此之間所用的治學法則，都有其相通之處。考證學的意義便是「有證據的探討」(evidential investigation)，有證據的探討一直是中國傳統的治學方法，也是一切歷史科學所共用的治學方法。這種領悟使胡適將中國傳統治學方法與西方的科學方法銜接起來，形成他自己的治學方法。

胡適雖然將中國傳統的治學方法，與西方的科學方法銜接起來，但如果沒有他業師杜威有系統的思考理論為基礎，他的治學方法也是無法形成的。胡適進入哥倫比亞大學研究院，對當時杜威流行的名著《思維術》(*How We Think*)，發生了濃厚的興趣。杜威在《思維術》中分析有系統的思想，通常要通過五個階段：一、是思想的前奏，這是一個困惑疑慮的階段，因而導致思想者認真去思考。二、是決定困惑疑慮的所在。三、是思想者為解決這些困惑疑慮，而尋找解決問題的假設，或面對一些現成的假設。四、是思想者只在這些假設中，選擇其一作為可能解決困惑疑慮的辦法。五、是思想者將他大膽選擇的假設，小心的求證出來，那是思想者對他的困惑疑慮最滿意的解決方法。

胡適強調杜威有系統的思想分析，幫助了他對一般科學研究的了解，也幫助他對中國傳統，尤其近三百年考證的治學方法有深一層的認識，更進一步將中國的考據方法與西方現代科學方法相聯起來。胡適說在那個時候根本還沒有人想到這個問題，由此出發，胡適形成了自己的治學方法，而凝聚成「大膽假設，小心求證」的八字箴言，作為後來他倡導「整理國故」的口號。

「整理國故」，是胡適倡導的新文化運動第三個發展階段。胡適分析新文化運動真正的意義，也就是尼采所說的「重新估定一切價值」(Transvaluation of all Values)，即對中國傳統的價值觀念，作一個重新的評價。一個廣義的新文化運動應該從三方面進行：一、是研究當前社會、政治、宗教、文學、道德等各種具體而實際的問題。二、輸入學理，就是輸入海外的新理論、新觀念和新學說，幫助解決上述面臨的具體而實際的問題。三、則是「整理國故」，也就是對中國固有文明作系統的嚴肅批判與改造。經過這三方面的努力，必然產生第四方面的結果，那就是「再造文明」。所以，胡適認為通過嚴肅地分析當時面臨的實際問題，通過輸入的新觀念幫助解決問題，同時通過以批判的態度，對固有文明的瞭解和重建，最後就可以產生一個適合現代社會的新文明來。

在胡適看來，對固有文明作系統的批判與重建，是新文化運動最重要的環節。但當胡適提出「整理國故」的時候，曾引起不少人的誤解和批評。胡適寫信給毛子水解釋了他「整理國故」的構想：

> 清朝的漢學家所以能有國故學的大發明，正因為他們用的方法無形之中都暗含科學的方法。錢大昕的古音之研究，王引之的《經典釋詞》，俞樾的《古書疑義舉例》，都是科學的出產品。這些「不自覺的」(Unconscious) 科學方法，已能有這樣的成績了。我們若能用自覺的科學方法加上許多防弊的法子，用來研究國故，將來的成績一定更大了。

「整理國故」被胡適認為是新文化運動重要的一環，象徵著新文化運動由狂飆朝著潛沉轉向，經過一陣激情煽動以後，現在要作理性的思考了。於是胡適將他自己的治學方法提出來，作為這個運動前進的指標。他似乎希望將他從外面引的新枝，接種在被他們砍伐的古老樹木上，期待結出新的果實來。一九二三年北京大學創辦的《國學季刊》，具體地表現了這種願望。胡適為《國學季刊》寫的發刊宣言，就是一面引導中國學術由傳統邁向現代的旗幟。

在這篇宣言裡，胡適首先肯定過去三百年——漢學復興為最佳代表的國學研究時期。並且總結了他們研究的成績：一、是整理古籍。二、是訓詁，也就是用合乎科學的歸納法，找出古辭、古字的原始意義。三、是逐漸發展出來的一種中國「高級批判學」(higher criticism)，也就是版本的校勘學，以確定真偽。綜合這三方面——版本、訓詁、校勘，將近三百年學術史上概括為有系統的整理，是學術發展的第一項重要成就。

不過，這項學術的成就，仍然有嚴重的缺點。那就是研究的範圍太窄，太注重功力而忽略了理解。並且缺少參考比較的資料。針對著這些缺點，胡適提出三點復興和提倡國學的方案：一、用歷史的方法儘量擴大研究的範圍，不局限在幾本儒家的經典中，凡是在中國文化演變中，占有任何形式地位的典籍，都在研究之列。二、注意有系統的整理。採用現代治學方式，做系統的整理。也就是對中國古籍作結帳式的整理，最後把所有古今研究所得匯集起來，對每一種古籍編出一部最後的版本來。他又提出專史的研究，因為這種專史的研究，中國傳統學者幾乎沒有做過。他希望用這三種方法，彌補傳統學術裡所缺乏的有系統研究之不足。

《國學季刊》在精神、內容，甚至編排形式都是對傳統的突破。胡適的發刊宣言不僅對傳統學術，更是對史學現代化的一份革命宣言。透過這份宣言，他終於將中國傳統學術與西方的科學方法連接起來，可以說是在乾嘉考證學的基礎上再出發。對於乾嘉之學胡適是充滿憧憬的，他為推廣「整理國故」的方法，而創辦了《努力週報》副刊的《讀書雜誌》。他在〈發起《讀書雜誌》的緣起〉中說：

差不多一百年前，清朝的大學者王念孫和他的兒子王引之兩個人合辦了一種不朽的雜志，叫做《讀書雜誌》……這一百年來，也不知翻刻翻印了多少次了！我們想像那兩位白髮的學者——一位八十多歲，一位六十多歲——用不老的精神和科學的方法，校注那許多的古書來嘉惠我們，那一幅「白髮校書圖」，還不夠使我們少年人慚愧感奮嗎？

《讀書雜誌》是北京大學的《國學季刊》外，胡適推廣「整理國故」方法的另一個基地，刊名就取自王念孫的《讀書雜誌》。後來顧頡剛應用胡適「大膽假設」，提出的「層累地造成中國古史」，展開的「古史辨」，就是在這個刊物發表的。但當大家以胡適提出的方法為標竿，進行「整理國故」的時候，胡適卻應用這種方法去整理舊小說。當然舊小說也是「國故」的一種，但和胡適所理想的從乾嘉考證學著手，還有一段距離。胡適從一九二〇年到一九三六年間，前後十六年致力於傳統小說的考證和研究。他的努力不僅提升了傳統舊小說的學術地位，同時也使《紅樓夢》成為一種專門的學問。

胡適說他研究這些小說的方式，就是對這些小說做一種合乎科學方法的批判和研究。對這些小說作嚴格的版本校勘和批判性的歷史探討，進一步尋找出這些小說的歷史背景和傳記資料來。這種研究工作給予這些小說的現代學術地位，不僅肯定小說研究是一項學術研究的主題，而且應該有與傳統經學、史學同等的地位。沒有誰能否認胡適在這方面的拓創功績，他的研究不僅提高了傳統舊小說的地位，並且為現代學術開闢一個新途徑。一九五四年中國大陸批判胡適思想時，批判的九項內容中，就有兩項是關於胡適研究傳統小說的批判。

胡適以考證方法研究中國傳統舊小說，不僅為了提高小說的學術地位，同時也想藉著這些家喻戶曉的通俗小說，推廣他的治學方法。這是他不繼承乾嘉考據學的傳統，而轉向舊小說探索的原因，但是還有一個衹有胡適自己了解，卻又不便說明的潛在原因，那便是對於傳統經學除了《詩經》外，對其他經典的了解是非常表面的。這也是他歸國後，在北京大學講授中國哲學史，採用「截斷眾流」的方法，從《詩經》開始講起的原因。

雖然，胡適在整理國故運動中，也曾引發幾次學術的爭辯，和寫過一些論文和專著，但那些學術的爭議淺嘗即止。至於那些論文和專著，嚴格來說，即使用他自己的治學方法檢驗，也有很多論點無法成立的。雖然他提出「寧可疑而過，不可信而過」，使顧頡剛由姚際恒的《九經通論》展開對中國古史的「大膽假設」。胡適非常沾沾自喜，說他一封四十八個字的信，竟引出一本三十萬字的《古史辨》來，真是一本萬利的收穫。但在整個中國古史考辨過程中，胡適除了最初幾封通訊外，往後再深入討論，他已經無法置喙了。後來顧頡剛在一九五二年坦白時，就說自一九二七年以後，與胡適的關係疏遠了，這倒是事實。一九二七年顧頡剛在中山大學教書，胡適寫信給顧頡剛要他不要驕傲。顧頡剛自從接到胡適的信，「最初想忍受，熬了兩天竟熬不住」，最後寫信給胡適說：

> 我那有才能又那有興趣去做領袖。至于驕字，自知尚未沾染，蓋深知學問之大，為學之難，自得之寡，那裡配得驕傲。

從顧頡剛的申辯中，可以了解一場最初胡適不以為意的古史討論，竟使顧頡剛飛上枝頭，而成為一派的學術領袖了。這是聽慣掌聲和讚美的胡適心裡所不願，但卻又無能為力的事。

胡適在北京住過米糧庫胡同四號，中年棄政從學的陳援庵先生就住在米糧庫胡同一號，援庵先生治學走的是乾嘉考證學的路子。這兩位新舊學術界的名人，比鄰而居。胡適說他們作了多年的鄰居，享受了多年的論文切磋之道，援庵先生對這位新派的學術領袖曲盡逢迎。胡適對援庵先生「竭澤而漁」的治學精神，以及謹密的歸納、考證方法，確有傾慕之心，所以在援庵先生的《元典章校補釋例》成書後，胡適為他寫了兩萬多字的序。後來胡適將這篇文章易名為〈校勘學方法論〉，胡適認為援庵先生的這件工作雖然用的「土法」，但卻是新的中國校勘學的最大成功。這種工作是胡適自己想做，卻力有所不逮的，祇有寫篇序文以附驥尾了。多年後，胡適從駐美大使任上退下來，寫了一篇〈讀陳垣《史諱舉例》論兩漢諱諸條〉，胡適說援庵先生的《史諱舉例》一面是結避諱制度的總帳，一面又是把避諱學做成史學的一個新工具。他的〈兩漢人臨文不諱考〉，不過是在避諱學的一個小方面，作一點小小的修正，目的在限制避諱學在考據學上的濫用。涓涓的細流，至少可以替大海添萬萬分之一的積量罷了。言辭謙謙是胡適過去所沒有的，表現了他對援庵先生的「土法」，仍然有無限的嚮往。

從以上兩個例子，可以為胡適在整理國故運動期間，自己卻轉向中國舊小說研究，留下一個旁證。在五四新文化運動裡，胡適像一個玉樹臨風衣帶飄飄的少年俠士，騎馬倚劍突然出現在紛紜擾攘江湖，贏得萬眾喝采，一夜之間，舉世聞名。這一切來得太快太突然，連他自己也來不及準備。因此他像一件剛雕好的玉器，還沒來得及打磨修琢，就被放置在供臺上，像一顆還沒成熟就被摘下的果子，總脫不了青澀的味道。這對胡適來說不僅是他的不幸，更是他個人的悲劇。所以，北大五十週年校慶時，胡適是北大的校長，在一次慶祝集會上，他說他有今天，完全是北大成全的。當時他還年輕，但青年人中有比他思想更成熟的——所謂「有人」，指的是顧頡剛和傅斯年。說到這裡，他掩面痛哭，泣不成聲。這種心情當然是可以瞭解的。

因此，胡適再回到學術領域後，總想找一個重新實踐他自己治學方法的機會，於是選擇了《水經注》作為他的再起步。雖然當時有人勸他說已經五十多歲，不必再開拓新的研究領域了，但他卻義無反顧地踏上《水經注》考證的征途。雖然後來有人批評他的《水經注考證》，了無意義和價值可言，但他卻臨老樂此不疲。因為他祇想透過《水經注》的考證，貫徹他自己一直堅持的治學的信念：「證實知識，是研究的目的。有證據的知識，才是真正的知識。」所以，有人批評他成名過早，一輩子也不願意改變自己的觀點。是的，胡適沒有改變他自己的觀點，但心情已不是往日的心情了，這正像他作的詩，由趙元任譜曲的那首歌：

也是微雲，也是微雲後的月光明。只是不見去年的遊伴，也沒有當日的心情。

是的，胡適用的還是過去用的考證方法，但卻已經不是往日的心情了。他再也不像青年時那麼大膽，那麼武斷，那麼盛氣凌人，那麼急切浮躁了。這種不同的心情，可以從他一九四三年五月三十日夜裡，寫給王重民論治學方法的信中看出來，胡適說他這幾年常借李若谷的「勤、謹、和、緩」四字來講治學方法。他進一步解釋，「勤」是不躲避、不偷懶；「謹」

是不苟且，一點一筆不放過，一絲一毫不潦草，也就是敬事的意思；「和」是虛心、不武斷、不固執己見、不盛氣淩人，用證據來判斷古今事實的真僞、有無、是非，不能動火氣；胡適認為「緩」，在治學方法上十分重要，其意義只是從容研究，不遽下結論，凡證據不充分時，姑且「懸而不斷」。

胡適晚年經常用「勤、謹、和、緩」四字討論治學方法，和他早年討論治學的態度已不相同。這是由於他所說的方法的自覺形成的轉變。所謂「方法的自覺」，就是自己批評自己、自己檢討自己、自己修正自己。所以，他說「大膽假設，小心求證」，在求證的過程中，一、要審查自己的證據是否可靠，二、要審查自己的證據與所考證的案件是否相關。這就是他審查《水經注》校本的心情。

所以，透過胡適遺留下的《水經注考證》手稿，彷彿看見他頂著一頭白髮，西風掀著他的長衫，正緩緩地溯江河而行。胡適，不再是播種者胡適，他祇是漫長學術征途上的寂寞獨行者，沿路搜尋他往日播下卻失散的種子。

把胡適當成個「箭垜」

一

一九五四年十一月八日，中共國家科學院院長郭沫若對《光明日報》記者發表談話，認為由俞平伯研究《紅樓夢》的錯誤觀點，所引起的討論，不僅是對俞平伯本人，或者是對於關於《紅樓夢》研究的批評，應該看作是馬克思列寧主義思想與資產階級唯心思想的鬥爭，而且是一場嚴重的思想鬥爭。

於是，便將俞平伯《紅樓夢》研究的批判，提升為馬克思列寧主義思想與資產階級唯心論思想的鬥爭。當然，這不是偶然的，對於這個問題，毛澤東曾作過明確的指示：「看樣子，這個反對在古典文學領域毒害青年三十餘年的胡適派資產階級唯心論的鬥爭，也許可以展開了。」把胡適作為資產階級唯心論思想的代言人，郭沫若在這年二月創刊的《歷史研究》發刊詞中，已作了明顯的暗示，他說「全盤接受，全盤西化」，是買辦階級唯心史觀最後的結晶。買辦階級的代言人，比封建時代的史學家更進了一大步，「不是把中國的歷史固定而倒立，而是把中國的歷史整個抹殺了」。所謂「買辦階級的代言人」當然就是胡適了。他認為《紅樓夢》研究中的問題，應該是繼續《武訓傳》以後，資產階級錯誤思想，在文化界又一次的暴露。這個問題所以發生，完全由於胡適資產階級唯心論的學術觀點，繼續在學術界存在，不僅存在，而且是根深柢固的。郭沫若說，胡適的政治生命雖然完結了，但胡適資產階級唯心論的學術觀點，在不少高級知識分子當中，還有很大的潛力。在某些人心目中，胡適還是學術界的孔子。這個孔子還沒有把他打倒，甚至於過去還很少碰過他。

不過，對胡適與胡適思想的批判運動，不單是文藝界與學術界的問題，更是貫徹國家過渡時期總任務的一個嚴重問題。所謂國家過渡時期的總任務，也就是不經過流血的武裝革命，而通過和平鬥爭的道路，完成社會主義的革命事業。因此，必須擴大與團結革命統一陣線，來鞏固建立在這個基礎上的人民民主專政政權。但要貫徹這個過渡時期總任務的完成，就必須在思想戰線展開猛烈、無情的階級鬥爭。所以，加強領導與思想教育，是完成過渡時期總任務的唯一依靠。但加強思想教育卻不是一件輕鬆的工作，因為資產階級唯心論思想繼續存在，是完成社會主義改造與建設最大的障礙。這個問題所以存在，完全由於社會主義革命隊伍裡的實際工作者，缺乏對唯心或唯物區別的辨認能力。所以，掌握馬克思列寧主義的武器，進行資產階級思想批判的鬥爭是必須的。這場鬥爭首先應在知識分子，尤其是高級知識分子中展開。通過這場鬥爭，使唯心與唯物主義明確地對立起來。使高級知識分子通過批判，將批評與自我批評的風氣再建立起來。

「批評與自我批評」，是一九五〇年進行的知識分子思想改造運動中一個非常重要的方法。毛澤東說：「要達到鞏固革命統一戰線的目的，必須採取批評和自我批評的方法。這是一個最好的方法，是推動大家堅持真理、修正錯誤最好的方法，是國家內部全體人民自我教育和改造唯一正確的方法。」不過，這種改造運動除少數表現積極外，實際上成效並不顯著。因為批評和討論的風氣不夠旺盛，文化學術界的空氣相當沉寂，很少見到批評和自我批評。尤其是那些「上了年紀的人」，在學習與改造運動中，更是「千里之行，跬步方始」，步履緩慢得很。所謂「上了年紀的人」，郭沫若說：

> 我感覺著我們許多上了年紀的人，腦子實在有問題。我們的大腦皮質，就像一個世界旅行家的手提篋一樣，全面都巴滿了各個碼頭上的旅館商標。這樣的人，那真可以說

是一塌糊塗，很少有接受新鮮事物的餘地了。所以儘管學習馬克思列寧主義已經有五年的歷史，但總是學不到家。好些老年人都愛這樣說：「我自己的思想水平很低」。我想這倒不是一味的客氣。確實是先入之見害人，舊的東西霸佔著我們的腦子，不肯讓位。

郭沫若所說的「先入之見」，也就是資本主義唯心思想。這些從舊社會過渡來的高級知識分子，他們不僅受過資產階級的教育，他們之中不少和胡適有非常親近的關係，或直接間接受到胡適思想的影響。所以，胡適就變成資產階級的代言人，成為被批判的目標。於是清算胡適思想遺毒的運動，就在毛澤東親自指示下，中共中國科學院院長郭沫若親自主持下，撐著批判資產階級唯心思想的旗幟，積極而全面地展開了。十二月二日，中共中國科學院院務會議，中國作家協會主席團舉行了聯席會議。通過了一項聯合召開胡適思想討論會的計劃。擬定了對胡適批判的九項內容：一、胡適哲學思想批判，二、胡適政治思想批判，三、胡適史學觀點批判，四、胡適文學思想批判，五、胡適《中國哲學史》批判，六、胡適《中國文學史》批判，七、胡適考據在歷史與文學研究的地位和作用批判，八、《紅樓夢》的藝術性和人民性，九、對歷來《紅樓夢》研究的批判。按照不同的批判內容，成立不同的批判小組，每一項問題由主要研究人寫成報告。公開報告後進行討論。並推定茅盾、周揚、潘梓年、胡繩、邵荃麟、伊達等九人組成胡適思想批判討論會工作委員會，由郭沫若任主任委員領導推行這個運動。

這是一九四九年中共建立政權以來，意識形態領域裡空前的一次批判運動，規模之大，涉及範圍之廣，都是前所未有的。於是，胡適在批判資產階級唯心學術思想的運動中，變成了他自己所說的像「諸葛亮借箭時的草人一樣，身上刺蝟也似的插著許多箭」的箭垛。不論識與不識都彎弓在手，對準胡適思想那個「幽靈」射去，企圖利用這個機會，與胡適劃清敵我對立的界限，來洗刷自己身上沾染的資產階級思想的遺毒。

二

在許多高級知識分子中，最早與胡適劃清界限的，就是他的「老朋友陳垣（援庵）先生」了。在中共進入北平後的三個月，還沒有建立政權前的一九四九年五月十一日，援庵先生在《人民日報》，發表了一封「北平輔仁大學校長陳垣給胡適的公開信」，援庵先生說：

記得去年我們曾談過幾回，關於北平的將來，中國的將來，你曾對我說：共產黨來了，絕無有自由。並且舉克蘭欽可的《我選擇自由》一書為證。我不懂哲學，不懂英文，凡是關於這兩方面的東西，我都請教你。我以為你比我看得遠，比我看得多，你這樣對我說，必定有事實的根據。所以這個錯誤的思想，曾在我腦裡起了很大的作用。但是我也曾親眼看見大批的青年都已走到解放區，又有多少青年正在走向這條道路的時候。我想難道這許多青年——酷愛自由的青年們都不知道那裡是「絕無自由」的嗎？況且又有好些舊朋友也在那裡。於是你的話在我腦裡開始起了疑問，我當時只覺得這問題有應該研究的必要。在北平解放的前夕，南京政府三番兩次的用飛機來接，我想雖然你和寅恪先生已經走了，但是青年的學生們卻用行動告訴了我，他們在等待著光明，他們在迎接著新的社會。我知道新生力量已經成長，正在摧毀著舊的社會制度。我沒有理由離開北平，我要留下來和青年們一起看看這新的社會究竟是怎樣的。

古稀之年的援庵先生不僅留下來，和青年一起看看這個新社會，並且更努力使自己適應這個新社會。他對胡適說：

我也初步研究了辯證法唯物論和歷史唯物論，使我對歷史有了新的見解，確定了今後

> 治學的方法。說到治學方法，我們的治學方法，本來很相近，研究的材料也很多有關係。所以我們時常在一起研討，你並且肯定了我們的舊治學方向和方法。但因為不與外面新社會接觸，就很容易脫不開那反人民的立場。如今我不能再讓這樣一個違反時代的思想所限制。這些舊的「科學的」治學的方法，在立場上是有著他基本錯誤的。所以我們的方法，只是「實證主義的」。……我們的研究，只是完成了任務的一部分。既有覺悟後，應即扭轉方向，努力為人民大眾服務，不為反人民的統治階級幫閒。……我現在很摯誠的告訴你，你應該正視現實，真心真意的向青年們學習。重新用真正的科學的方法來分析，批判你過去所有的學識，拿來為廣大的人民服務。

援庵先生說他與胡適的治學方法本來很接近，研究材料也很有關係，兩人時常在一起研討，胡適並肯定這種治學方向與方法。援庵先生說他「平日好考證之文，對校勘年代學皆有興趣」。援庵先生年輕時就非常欣賞乾嘉學者的考據之法，尤其錢大昕在這方面精博的成就。乾嘉考據學的特點，是運用文字、訓詁、聲韻，透過校勘、年代、避諱、金石的知識，審核古代典籍所記載的歷史事件、典章制度、年代、地理以及文獻的謬誤。所以，他的治學方法，基本上是繼承乾嘉考據學的餘緒，不過研究的範圍卻不同。援庵先生說：「清代經生，囿於小學，疏於史事。」因此，他摒棄了乾嘉學者運用文字訓詁繁瑣枝節的考證，而以這種治學方法，專注於對史事系統化的探索與研究。

一九一七年，援庵先生據清光緒年間劉文淇、洪鈞留下的線索，搜集了豐富的材料，考證多次出現在元史裡的「也里可溫」一詞，所表現的歷史意義，寫成了〈元也里可溫教考〉，而使沉埋了六、七百年的元代的基督教情況大白於世。這篇論文不僅是現代史學考證之作的典範，也是中國宗教史研究拓墾的里程碑。援庵先生也因這篇論文，由政經界轉入了學術教育界。此後，援庵先生繼續以這種方法，在中國宗教史與元史領域裡專研。一九二四年，他引用了包括元人文集隨筆在內的二百多種資料，歸納整理出元代百年間西域各族來華後吸收並傳播中國文化的情況，而寫成《元西域人華化考》。這不僅是一部分析當時西域人華化盛況的專著，也是援庵先生治學以竭澤而漁的方法搜集材料，然後經過歸納與縝密考證的代表作。

當然，援庵先生治學方法的典型之作，就是《元典章校補釋例》了。《元典章》是一部「考究元代政教、風俗、語言、文字必不可少之書」。但沈家本刊刻的《元典章》有許多謬誤。援庵先生根據清宮發現的《元典章》最初的刊本，再以他本互校，得出沈刊本誤漏之處一萬二千多條。一九三一年成為《元典章校補》十卷。後來又從一萬二千多條誤漏中，選出代表性的一千多條，加以分析，歸納出二十四種誤例，也就是傳抄或刻刊書籍時所造成錯誤的二十四種原因。其中有的是「古籍竄亂通弊」。也就是說，這些錯誤不僅限於《元典章》，也是其他史籍容易犯的錯誤。最後總結出校勘史籍，四種辨別是非的方法：一、對校法，二、本校法，三、他校法，四、理校法，而寫成了《元典章校補釋例》，又名《校勘學釋例》。援庵先生非常重視校勘學，認為校勘學是史學考證的基本功夫。所以，他說：「校勘為讀史先務，日讀誤書而不知，未知為學也。」後來他的《五代史輯本發覆》，也是這方面的論著。

為了研究元史、宗教史與中外交通史的方便，援庵先生先後編輯了「亦期為考史之助云爾」的《中西回史日曆》、《二十史朔閏表》兩部考據學輔助學科的專著，為中國現代史學的年代學問闢了一條新途徑。當一九二五年《二十史朔閏表》出版，胡適特別寫了篇書評推崇這部書。他認為援庵先生這種勤苦的工作，不但給杜預、劉羲叟、錢侗、汪日楨諸人的「長術」研究，作了一個總結，凡是做過精密考證的人，都能明瞭這本書在史學的用處。一九二八年，援庵先生又完成了一部為紀念錢大昕誕生二百週年而作的《史諱舉例》。搜羅了豐富的避諱材料，從中精選出有典型意義的例子，歸納為八十二類，不但闡明了歷代避諱的種類所用的方法，以及避諱而篡改歷史事實的情況，並且指出如何利用避諱學來「解釋古文書之疑滯，辨別古文書之真偽及時代」。他在序言中說：「欲為避諱史作一總結束，而使考史者多一門路一鑰匙也。」

「考史」是援庵先生一生治學的理想與目標。甚至他視為自己「學識的記里程碑」，最後一部專著《通鑑胡注表微》，雖是因史論政之作，但其中卻有〈書法〉、〈校勘〉、〈解釋〉、〈避諱〉、〈考證〉等篇。其〈考證〉篇小序說：「胡注長於地理及考證，今日學者無不知。書名『表微』，非『微』何必表也？曰：考證為史學方法之一，欲實事求是，非考證不可。彼畢生從事考證，以為盡史學之能事者固非。薄視考證以為不足道者，亦未必是也。」雖然，所表的是胡三省，卻也是援庵先生一生治學的夫子自道。援庵先生繼承了乾嘉之學的傳統，但卻能在那個基礎上作新拓展與突破。在中國現代史學發展過程中，他是一個走過舊的蹊徑、卻又留下新足跡的史學家。

對於乾嘉考據之學，也是胡適在青年時期就逐漸領悟的一種治學方法。胡適在一九一〇年首次接受漢學的治學方法。他認為中國近三百年的學術研究，是在一種懷疑狀態下產生的。如有關版本的真偽，和內容正訛的校勘學，以及研究古文字原義的訓詁學，都有更迅速的發展。在這一方面的研究，形成一個概括的學術名詞，稱之為「考證學」或「考據學」。他在美國留學的時候，就讀了些宋以前的注釋，尤其是《十三經注疏》中的《詩經》，因而寫成了〈詩三百篇言字解〉，以及〈爾汝篇〉和〈吾我篇〉。這幾篇文章都是用他所謂的「有證據的探討」方法寫成的。

所謂「有證據的探討」，也是乾嘉之學的考據方法。在他的《留學日記》中，記有「論訓詁之學」與「論校勘之學」兩則。當時他認為「考據之學，其能卓然有成者，皆其能用歸納之法，以小學為據也」。至於校勘學，他說「校勘古籍，最非易事」，所以「校書以得古本為上策，求旁證之範圍收效甚少。若無古本可據，而以臆推測之，則雖時亦能巧中，而事倍功半矣。此下策也。百餘年來之考據學，皆出其下策也。吾雖知其下策，而今日尚無以易之。歸國之後，當提倡求古之法耳」。所謂「歸國之後，當提倡求古之法」，也就是胡適所推行的新文化運動第三階段「再造文明」中的「整理國故」。所謂「整理國故」，胡適的理想是對乾嘉考據之學的成果，作批判性的繼承，然後結合海外輸入合乎當時作為參考和比較的學理，將三千年支離破碎的古學，用科學的方法作一番系統的整理。至於整理的方法則是：一、用歷史的眼光來擴大國學研究的範圍，二、用系統的整理來部勒國學研究的資料，三、用比較的研究來幫助國學材料的整理與解釋。

所以，當援庵先生的《元典章校補釋例》脫稿後，胡適讀了這部將中國傳統校勘學作系統整理的著作，認為與他提倡的「求古之法」相符，於是為這部書寫了篇〈論校勘學方法論〉的長序，並指出現代西方的校勘學和中國近數百年發展出來的傳統治學方法，基本上有相同之處：一、是在所校勘的材料上發現錯誤，二、是把這錯誤改正，三、是證明所改不誤。其中最重要的是根據最早的版本，也就是最接近原著的版本。這篇〈論校勘學方法論〉，基本的論點是由《留學日記》中的〈論校勘之學〉擴大而成的。這是一篇具體表現胡適以西洋酒瓶來裝中國陳年佳釀的「求古之法」著作。因為他的那篇〈論校勘之學〉，實際上是約翰・浦斯格 (John Postgate) 為第十一版《大英百科全書》所寫的關於版本學 (Textual Criticism) 的節譯，祇是將浦氏所舉的實例，改以中國古典哲學的例子而已。援庵先生這種用中國「土法」校勘《元典章》，所歸納出的實例，正是他渴求的。但由於胡適缺乏對中國傳統知識深厚的素養，他自己雖然輸入了西方的學理，但卻無法將這些學理，與乾嘉考據之學銜接起來，完成他所提倡的「求古本之法」。而他祇有另闢蹊徑，利用這種西方的學理，來考證中國古典小說，雖為中國現代的學術開創了一個新的境界，但也正表現了他的心有餘而力不足之處。援庵先生這種以「土法」所作的研究，正好彌補了胡適的缺陷。至於援庵先生方面，他雖極注意史學方法，他能讀日文，可以通過日本人的翻譯，讀一些西方史學方法的書籍。但總是隔了一層，胡適卻可以直接向他提供這方面的知識。這也是援庵先生在信中所提出的「我不懂哲學，不懂英文，凡是關於這兩方面的東西，我都請教你」。由於彼此的需要，他們因而互引為同道知己。胡適在北平的那段日子，他們比鄰而居，過往甚密，一直保持很好的友誼。

因此，胡適在海外讀到這封公開信，簡直無法相信這封文情並茂的信，是出自他老朋友的手筆。忍不住嘆了口氣說：「可憐我的老朋友陳垣先生，現在已沒有不說話的自由了。」胡適不相信這封信是援庵先生寫的，因為他認為援庵先生從來不寫白話文，也絕寫不出這樣漂亮的白話文。他並且考證信裡一段所敘述關於他離開北平前，寫給援庵先生一封信的材料，認為有百分之十左右是真實的。但其中卻露出了改寫與偽造的證據。胡適認為這封信最初可能是援庵先生用古文寫的。到了北平共產黨手裡，共產黨文人把這封信完全改成白話文，又把這封信放大加入了許多可做宣傳的材料，就成了「公開信」。不過，最使胡適激動的，是信中叫「七十多歲的有名史學者陳垣」公開說：「讀了蕭軍批判，我認清了我們小資產階級容易犯的毛病，而且在不斷的研究，不斷的改進。」胡適說假造這封公開信的共產黨作家，未免說得太過火了，「無意之間，把這位輔仁大學校長寫作一個在思想審判庭長面前懺悔乞憐的罪犯——這未免太可怕！」但更可怕的是，在共產黨軍隊入城之後三個月，援庵先生竟向天下人公告，他的舊治學方法雖然是「科學的」，究竟「是有基本錯誤的」。他已「初步研究了辯證法唯物論和歷史唯物論，確定了今後的治學方法！」所以，胡適說這正是共產黨自己供認在他們統治之下是絕沒有自由的，絕沒有言論的自由，也絕沒有不說話的自由！

不過，這封信很可能是援庵先生自己寫的。胡適說援庵先生從不寫白話文；事實上，在胡適離平寫給援庵先生最後一封信前的一個星期，援庵先生曾寫了封信給胡適，談到楊守敬寫《水經注疏》的問題，這封信就是用白話文寫的。而且自援庵先生一九四九年五月十一日，發表了給胡適公開信以後，到一九六五年七月八日，在香港《大公報》、《藝林週刊》，發表〈薩都刺的疑年〉為止，前後共發表了近九十篇文章，其中絕大多數是用白話文寫的。不僅是漂亮的白話文，而且文字簡練流暢，不下於胡適所寫的白話文。更使胡適想不到的是，雖然僅僅三個月的時間，援庵先生竟讀了這麼多的書。他對胡適說：「在這樣一個新社會裡生活，怎麼能不讀讀書，不研究新的思想方法？我最近看了很多新書……我讀了〈中國革命與中國共產黨〉和〈新民主主義論〉，認清了現在革命的性質，認清了現在的時代。我讀了〈論聯合政府〉，才曉得共產黨八年抗日的功勞。讀了《毛澤東選集》內其他的文章，我更深切地了解毛澤東思想的正確，從而了解許多重要的東西，像土地改革的必要性和我們知識分子舊的錯誤的道路。……我深恨反動政府文化封鎖得這樣嚴，使我們不能早看見這類書，如果能早看見，我絕不會這樣度過我最近的十幾年的生活。」

難道援庵先生真讀過那些書，而且那些書又使援庵先生發生了巨大的變化？這是胡適當時無法想像的。但事實上，援庵先生是讀過的，不僅讀過，而且還「認真刻苦」地讀過這些書。據一個當時在「勵耘書屋」侍讀的學生後來回憶說，北京解放後，從老解放區運來不少新書。這時，援庵先生每月的工資，除去一些生活必需的開銷外，全部買了新書。從此「勵耘書屋」的書桌上、書架上，增添了大量馬列主義理論的書籍。從老解放區運來的書大都是土紙印刷，紙很粗糙，色黃褐，有的書字跡透過紙背，模糊不清，閱讀起來非常吃力。這時援庵先生已是七十多歲的老人，但卻不顧眼力差，印刷不清，字體太小等等困難，拿著放大鏡一篇一篇、一本一本認真的閱讀學習。他除了學習馬克思列寧主義的著作，也閱讀了其他論著和小冊子。開始時，他祇有一九四八年東北書店發行《毛澤東選集》精裝一冊本，他首先學習了其中的〈新民主主義論〉和〈論聯合政府〉等篇章，立即被這些理論所吸引，愛不釋手，反覆鑽研。他並且把這本《毛選》請學校印刷場按六卷分成六冊小本平裝，輕便易讀，可以隨時翻閱。所以到一九五一年四卷本《毛選》出版前，他早已經熟讀了毛澤東思想了。以後他又讀了《社會發展史》，恩格斯的《家庭、私有制和國家的起源》，列寧的《國家與革命》。在那頭三個月，他不僅如飢如渴地學習理論，並和師生一起，積極參加討論。解剖自己，分析自己的思想，批判自己錯誤的認識。這三個月，正是援庵先生自己所說的鑽研三月、不知肉味的努力學習時期。

援庵先生不僅努力學習，並且以實際的行動來表現。他說：「解放後，我的思想，我的意志首先得解放。」於是，他脫下了幾十年一直穿著的長袍，換上了人民裝。一九五〇年十月，抗美援朝運動開始，援庵先生領導輔仁大學師生員工通過學習批判親美、崇美、恐美思想，並訂立「愛國公約」，發動捐獻飛機大砲等活動。他並鼓勵二十五個青年員工學生參軍。同時參加宣傳隊，親自率領學生下鄉，宣傳抗美援朝的意義。後來援庵先生又寫了〈新輔仁在抗美援朝運動中成長〉，敘說輔仁大學師生在抗美援朝運動中所作的積極的貢獻。正在抗美援朝運動展開之際，傳教士芮欽尼等以教會的名義，發佈反共的言論，說「共產黨是赤色的魔鬼」，「終要被天主教所消滅」等等。於是北京的一部分天主教徒，展開了獨立自主的三自革新運動。援庵先生更領導輔仁大學師生，跟著也發動「反對帝國主義利用天主教侵略中國的反帝愛國運動」。並發表了「對輔仁大學的天主教徒講話」，控訴帝國主義分子的罪行，認識過去所受的蒙蔽。「祇知愛教，不知愛國，不自覺地作了帝國主義的奴隸」。決心站穩中國人民的腳跟，與披著宗教外衣的帝國主義劃清界限。

「土改」運動開始，一九五一年九月，援庵先生率領輔仁大學教職員，與京津各界五百餘人，組成「西南地區土地改革工作團」，並擔任為副團長，到四川巴縣參加實際的土地改革工作，訪貧問苦，主動和貧下中農接觸。並在重慶透過「中央人民廣播電臺」，發表了〈我參加土地改革工作後思想上的轉變〉，他說在這次實際工作裡，受到一次階級教育，政治思想和學術思想都起了深刻的變化。在學術思想方面，他想到自己從前所喜愛的書籍、所鑽研的歷史，大都是為封建階級服務的。因此，可以看清楚，讀歷史傳記和詩文的時候，如果不用階級分析法去讀，就會顛倒是非。所以，對過去所有的文字記載，都要重新估定，而且站在人民大眾方面來正確的判斷。

援庵先生從四川參加土改歸來的第二天，又立即投入「教師思想改造運動」。他說他是一個舊知識分子，又是一個老知識分子，受舊社會的薰陶很久。這兩年多來，雖然不斷學習，總是進步很慢。究竟歲數大了，接受新鮮事物，比年輕人差些，耳目精神更不用說，可是他相信了馬克思列寧主義的普遍真理性，所以，他決心歡欣鼓舞地加強學習。然後，他又說，這次到四川參加土地改革以後，思想上起了很大的變化，深感從前那些書本上得來的知識，都要重新估定。因此，他在改造運動中，嚴格地解剖了自己，對過去七十多年，自己在政治上和學術上所走過的道路，也進行了徹底的檢查。在政協一屆第三次會議上，援庵先生作了〈教師們要努力實行自我教育和自我改造〉的發言，說有的知識分子受孔孟思想的影響，輕視勞動，脫離實際的問題，自高自大，覺得自己了不起，架子搭起來半天高，平日看不起廣大的工人農民，其實多識幾個字，多唸幾部書，有什麼了不得。況且所謂知識分子，知識並不見得完全。他說：「毛主席說只有書本知識的人，至多算得半個知識分子，最是恰當。」他的發言引得毛澤東的讚賞，特別走到援庵先生的席位上，對他說：「你今天的發言，認識深刻，很有道理。」援庵先生回答：「我是解放後才開始學習你所寫的〈新民主主義論〉的，我聞道太晚了，要迎頭趕上。」

一九五九年一月廿八日，中共接受了援庵先生申請入黨的要求，他終於「迎頭趕上」了。這時他已是七十九歲的高齡了。在黨支部通過他入黨的那一天，他激動得流出熱淚，說：「我八十才找到政治的歸宿，蘧伯玉知非之年是五十，我卻是八十而知七十九年之非。」並以感激的心情，寫了一篇〈黨使我獲得新生命〉，他說：「一方面聞道太晚，在我先進的人們、先進的知識分子早已為人民革命事業不屈不撓英勇奮鬥的時候，而我過去一直對這樣偉大的革命事業，未能參加革命的行列，實覺愧對人民。另一方面，亦慶幸和感謝黨多年來的關懷和培養，黨用共產主義的世界觀教育了我，使我在垂老之年，獲得政治的生命，因此我感到光榮。」

一九七一年六月二十日，援庵先生病逝於北京醫院，終年九十二歲。自一八九七年，援庵先生應順天鄉試到北京，不第，在北京盤桓了七個月，那時他十八歲。一九一三年，三十四歲當選眾議員，加入了三水梁燕生的交通系，再度入京，從此定居北京，前後將近一個甲子，經歷了五個不同的歷史時期，但每一個時期的變動，並沒有對他構成影響，而且都能安然無恙的適存，的確是不容易的事。雖然，他和郭沫若都是可以看準時代的變動、並且知道在變動中把自己放在什麼地方，而且又不會錯過機會的人。不過，他卻和郭沫若不同，因為郭沫若永遠脫不了浪漫主義英雄的色彩，永遠耐不住寂寞，歡喜把自己置身於潮流的漩渦之中，故意製造出許多囂然的浪花來。至於援庵先生，也許他早已從北洋官僚體系中，吸取了應變與處世之道，他將自己置於潮流的邊緣，觀察變在何時，待機順流而下，卻又能不暴露自己。這種情形同樣表現在他的學術教育生涯方面。

他以非天主教徒之身，卻能得到英歛之的青睞，不僅將所藏的宗教史資料傾篋相與，並以終身事業的輔仁社相託。他雖以乾嘉考據「土法」治學，卻能得到新文化運動領袖胡適的尊敬，並引為同道知己，但後來又及早斷然與胡適劃清界限。他雖然以陷敵之身，周旋於敵偽鷹犬之間，卻能以《通鑑胡注表微》，突出了民族氣節。他雖是帝國主義侵略工具的輔仁大學校長，卻能在一九五二年調整院系後，又出任北京師範大學校長。他病逝後，北京大學歷史系教授邵循正的那付輓聯：「稽古到高年，終隨革命崇今用；校讎捐故技，不為乾嘉作殿軍。」正寫出了援庵先生一生前後兩個不同的治學階段。這前後兩個不同的治學階段，可以以一九四九年給胡適的公開信為分水嶺。前此，援庵先生對現代中國史學的貢獻，是受到尊敬和肯定的。不過，嚴格地說，援庵先生史學研究生涯，在他的《通鑑胡注表微》出版後，就是這個階段的總結了。因為以後，再沒有專著單行出版。至於一九四九年以後，那就是他的「終隨革命崇今用」的階段了。除了些散篇的題跋和序論外，盡都是應酬幫閒性的政治白話文章。他自己也說不願作舊社會的史學大師，而要做一名馬列主義的小學生。所以，他不忙於寫史學論文，要先行「政治補課」，改造思想，然後再談史學研究。因此，他在思想改造中所作批評與自我批評，完全否定自己過去的治學與研究，認為以前「所講所學皆井蛙冬蟲之見」。對於那些自我批評，連他們後人都認為「有過頭的地方」。也許援庵先生更了解，那是必須的，也祇有這樣做才能生存下去。所以，他看準潮流轉變的趨向，及早與胡適劃清了界限。在後來清算胡適思想運動中，他就超然度外了。以後，他再述及自己治學進程的時候，就是「錢、顧、全、毛」了。表明他由錢大昕的考據之學，經顧炎武的經世致用和全祖望的國故文獻之學，最後終於找到了毛澤東思想的指引，和胡適全然無關了。

三

被胡適稱為「我的學生」的顧頡剛，是中國現代史學領域裡，中國上古史研究的拓殖者。在批判胡適思想運動中，也明確地和胡適劃清了界限。顧頡剛在政協第二屆一次會議上發言，不僅批判了胡適，同時也作了自我批判。

顧頡剛首先分析了他自己的學術背景，他說出身於世代唸書的仕紳式家庭，家裡收藏了不少古書和古物，因而養成他編排歷史資料的嗜好。清朝末年，考據學派有兩大派對立。康有為偏於破壞，否定偽經；章炳麟則主張建設性的整理國故，但他將古聖先賢的教訓，當作整理的材料，也是對封建思想一個有力的破壞。顧頡剛對這兩種思想都接受了。至於他和胡適的關係，則開始於一九一七年。顧頡剛說胡適從美國帶來了資產階級唯心論的實驗主義，到北京大學來上課，自許為繼承清代考據學而又用科學方法把它發展的，正投他的脾胃。顧頡剛說他被胡適說話的技巧所眩，誤認為他的方法是真的新方法。於是，就第一個站起來擁護胡適。從一九二一年，他替胡適尋找《紅樓夢》作者曹雪芹的家庭事蹟起，直到一九二六年出版《古史辨》第一冊止，這五、六年裡，顧頡剛說他的研究工作大體上是跟胡適走的。雖然，後來他漸漸發現胡適反動政治色彩越來越濃厚。他為了反對日本帝國主義的侵略，編刊民眾讀物，胡適卻以為「民眾是惹不得的」，並勸他不要玩火燒身。因此他對胡適漸漸不滿，感情也自然疏遠。不過，他說由於自己所受的封建道德的毒太深，不好意思在思想的界限上明確劃清，所以師生的關係還維持下去。

不過，由這次文化界批評俞平伯的《紅樓夢》研究，聯繫到胡適的學術思想，提出最真實的證據和最確實的意見。顧頡剛說他才明白認識胡適的所謂研究方法，乃是腐朽的資產階級唯心的方法。胡適的一切學術工作，乃是替封建勢力和美國帝國主義服務，進行反革命活動的手段。聯繫到他自己，顧頡剛承認他是胡適集團的嫡系。顧頡剛並且說五四以後，解放以前三十年，胡適所以能在反動政治勢力範圍內，以文化領袖自居，顧頡剛承認在某種程度上，他是替胡適造成虛名和聲勢的一個人，這是他對學術界最抱疚的事情。

對於胡適的學術思想，顧頡剛說，除了資產階級的學術思想，再也沒有什麼了。現在既有了馬克思列寧主義的真理，像太陽一般地照耀，這些反科學、反真理的東西已不值一顧了。然後，顧頡剛又解剖了自己治學的由來，他說他學問的實質和基本方法，來自宋人和清人，至於將經學化為古史，給他最有力啟發的是錢玄同，與胡適絕不相干。顧頡剛說他在一九三〇年左右，已感到歷史唯物論，足以解決一切學術問題。曾在《古史辨》第四冊序文上說，要研究古史年代，人物事蹟，書籍真偽，不妨用考據學的方法來解決；而在研究古代思想及社會制度時，則不該不取歷史唯物論作為基本觀點。這就是感到考據學用的形式主義邏輯有局限性，研究決不能全面，決不能徹底。要求全面和徹底的研究，非在馬克思列寧主義上面用功不可。然後，顧頡剛又作了自我批評，由於當時他安於現狀，為了舊材料的處理已壓得很重，怕去增加新東西的負擔，以為學問應分工合作，他做了初步的考據工作聽人選用，已盡了自己職責。現在才知道，這是他打成兩橛的錯誤想法，就是做小問題的考據，也應該從基本的原則出發，把理論聯繫到事實，方不致陷於支離破碎玩物喪志。

至於胡適，顧頡剛說他既沒有掌握豐富的歷史資料，又販賣空疏反動的實用主義，根本沒有辦法解決什麼問題，拿章炳麟、王國維的著作來比較，他實在差得太遠！關於胡適離開了文學批評談文學，更是隔靴搔癢。〈紅樓夢考證〉是他自以為最好的一篇文章，然而他的研究始終停滯在著者身世和版本的先後上，一點也看不出這部古典的文學傑作中，反封建主義社會的思想本質和現實主義創作的方法來。最後，顧頡剛說五年來，經過一系列的各種運動，尤其使他深切體會與衷心感動的，便是展開了思想改造運動。使廣大的知識分子，樹立了正確的思想意識，提高了思想和理論水平。他雖然一向抱著超階級的純學術觀點，和個人英雄主義。但在這些運動教育下，已使他徹底認識自己過去的錯誤思想。因此，他唯有學習馬克思列寧主義來武裝自己，來報答毛主席和全國人民的厚望。

就在顧頡剛和胡適劃界限，並進行自我批判的同時，他的一本二十年前出版的通俗舊作《漢代學術史略》，易名《秦漢的方士與儒生》，在上海重新出版發行。顧頡剛並為這本書寫了新序，不僅敘述了他研究秦漢學術思想的歷程，並且對自己這方面的研究作了自我批判。他認為這本書裡有明顯的錯誤，因為那時他雖然已知從社會背景解決問題，但沒有學習馬克思列寧主義，不能從兩漢社會經濟基礎，來分析當時的政治制度與學術思想，這是違背唯物論的，而且也是這本書根本的缺點。同時對陰陽五行的來歷講得太機械太簡單，對於讖緯思想的消除卻一句也沒有提到，這是一種非歷史主義的敘述。他說在這本書裡為了憎恨當時統治集團的行為，過分強調它的黑暗面，作了全部的否定，更是非歷史主義的。他並且引用毛澤東說的「沒有歷史唯物主義的批判精神，所謂壞就是絕對的壞，一切都壞。一切所謂好就是絕對的好，一切都好」。他說拿這句話自我批判，知道必須好好地學習馬克思列寧主義，並繼續從事兩漢的研究。

要一個終日埋首書齋、又口訥於言辭的顧頡剛當眾說出這麼一番話，的確不是件容易的事。經過這次徹底的自我批判後，顧頡剛從上海復旦大學調到北京中國科學院，被安置在史學研究的崗位上，這是顧頡剛「已久嚮往卻無法實現的理想境界」。的確，顧頡剛終於找到一個在亂世中可供隱藏的地方，雖然其間也曾受到擾撓，至卻仍然可以繼續他的未竟之業。所謂未竟之業，顧頡剛在一九三二年《古史辨》第四冊出版時，說他很想寫一本與載零碎文字《古史辨》相輔而行的《古史考》。《古史考》準備由一、辨古代帝王系統、歷年、事蹟的「帝繫考」；二、辨三代文物制度由來及其異同的「王制考」；三、辨帝王心傳及聖賢道統的「道統考」；四、辨書與經學演變的「經學考」組合而成。這是顧頡剛疑古之後，想進一步系統地推翻傳統偶像，重建中國古史的一個計劃。不過，他說計劃容易，實做卻很難。因為帝繫、道統二考尚有跡可尋，比較簡單，而王制與經學兩考的內涵則複雜萬擾，非隱居十年簡直無從下手。顧頡剛的古史四考，直接間接都和《尚書》有關。於是他對《尚書》開始作「越越不見底」的探索，在中山大學和燕京大學講學時先後開了「中國上古史」、「尚書研究」，並且編了《尚書》講稿，寫了〈盤庚〉、〈金縢〉的今譯，又主編了《尚書通檢》，後來又對《尚書》中有特別意義的〈禹貢〉、〈堯典〉更作了深入的研究。一九五四年進入中國科學院後，仍繼續《尚書》的研究。臨終前留下近六十萬字的《大誥譯證》。在他鑽研《尚書》的時候，想將校勘、考證、訓詁、章句和今譯結合起來，尋找出《尚書》各篇原始面貌，這是顧頡剛從懷疑古史，然後考辨古史的一個歷程，也是一段遙遠又艱鉅的路途。直到他一九八〇年八十七歲病逝時，仍然沒有停止。

顧頡剛從一九二〇年，開始獻身於考辨中國古史的工作。一九二三年提出他「層累地造成的中國古史」的假設。認為中國古史是層累而造成的，發生的次序和排列的系統恰是一個「反背」。這個假設至少包括了三方面的意義：一、時代愈後，傳說的古史期愈長，二、時代愈後，傳說中心人物愈來愈大，三、雖然不能知道某一事件的真實情況，但卻可以知道其在傳說中的真實情況。他提出的假設和論證，和傳統的解釋完全不同，對當時中國古史研究，「不啻投下了一枚原子彈」，引起了巨大的迴響和爭議，而且爭議持繼不絕，後來累積七巨冊的《古史辨》。在中國現代史學發展過程中，顧頡剛這種化經學為中國古史研究的方法，不僅突破過去中國傳統經學的桎梏，最後的結果使古書僅為古書，而不再為現代的知識；使古史僅為古史，而不再為現代的政治和倫理；使古人僅為古人，不再為現代思想的權威。顧頡剛繼承清代乾嘉經學研究的成果所作的突破，不僅為中國現代史學拓展了新的領域，並且使中國上古史研究，成為中國現代史學研究最繁盛的一支，更是中國傳統史學向現代過渡重要的轉變關鍵。

實際上顧頡剛《古史辨》的啟導思想，從遠的來說，淵源於鄭樵、姚際恆、崔述等三人。從近的來說，則是由於胡適和錢玄同的影響。不過，他對古史懷疑也有時代思潮環境的。自清代中葉，崔述已本其對宋學衛道精神和漢學考據方法，大膽地將一部荒謬不經的古史傳說一筆削去，他所著的《考信錄》，對中國近代史學發生巨大影響。到了清代後期，經今文學派興起，疑古的精神大熾，劉逢祿懷疑《左傳》，魏源懷疑《毛詩》和漢經古文，邵懿辰懷疑《周逸禮》，都是懷疑經古文的先聲。到了廖平、康有為、崔適繼起大舉攻擊經古文，因而引起對古史古說的懷疑，認為中國古史的傳說，皆出於諸子的創造，用來達到他們托古改制的目的。這樣一來疑古的學風更是一發不可遏了。民國以來，西洋的治學方法和新的史學觀點不斷輸入，胡適在北京大學講學，常用他從西方所得的史學方法考證中國歷史問題，於是中國傳統古史的威信開始搖動。顧頡剛躬逢其盛，便開始將蘊藏在心中許多關於古史的問題，提出加以討論，《古史辨》就在這種情形下，出現在中國現代史學研究領域裡。

雖然，促使結在顧頡剛胸中關於中國古史疑問的繭，化蝶而出的因素很多，其中包括了由於《新青年》革命思潮的鼓吹，才使他積在胸中許多突破傳統學說的見解，大膽的宣佈出來，由於章太炎嚴厲地批判經今文，而使他讀了康有為的《孔子改制考》，更引起對古史的不信任等等。但是如果他不親從胡適受學，學到新的治學方法，體認到自己的興趣是史學而不是哲學，如果不是胡適、錢玄同提起他編輯辨偽材料的興趣，並且鼓勵他大膽假設，他對古史的研究不會進行得那麼迅速。尤其是胡適，顧頡剛自己後來也說：「我和胡適來往甚密，受胡適的影響最大。」至少在顧頡剛考辨古史形成的階段，顧頡剛和胡適有千縷萬緒的牽連，這是不可諱言的事實。

尤其在研究方法方面，胡適二十七歲從美國回來，在北京大學開「中國哲學史」、「西洋哲學史」兩門課。胡適講中國思想省略了從遠古到夏可疑又不勝其煩的一段，祇從《詩經》裡取材料，稱西周後期為「詩人時代」。顧頡剛非常佩服胡適那種「截斷眾流的魄力」。所以，當時他寫信給李石岑說：

（胡適）講的雖然是哲學，更不啻講的是史學方法，從此我不但有了治學的宗旨，更

> 有了治學的方法了。我從心底發出快樂來，我覺得中國歷史從來不曾用這種方法整理過，現在用了這種方法去做整理工作，真不知可以開拓出多少新境界來。

一九二〇年，胡適發表了他的《水滸傳考證》，顧頡剛沒有想到小說的著者和版本的問題，竟是那麼複雜，故事來源和演變又有那麼多層次。後來胡適在《新建設》雜誌，和胡漢民等辯論井田的問題，使顧頡剛知道在尋求一個事件的過程中，要注意事件前後左右的關係，而不把事件看作突然發生的。因此，顧頡剛對胡適所講授的史學方法，產生了一種「深犂地了解與承受，並發生一種心理上的自覺」。於是，顧頡剛透過這種方法，將他心中許多古史的觀念串連起來，以說故事的眼光方式解釋中國古史構成的原因，並將古今神話與傳說作系統的敘述。

顧頡剛考辨古史在學術界引起的震撼，對胡適而言是一個意外的收穫。所以，當《古史辨》第一冊出版後，胡適立即寫了篇書評，認為這是一本討論史學方法的書，治歷史，整理國故，想真實做學問的人，「都應該讀這本有趣味的書」。胡適說顧頡剛從辨「偽史源」的方法入手，形成「層累地造成的中國古史」的假設。從這個假設所得的一些結論：一、春秋以前對於古代還沒有悠久的推測。二、後來才有一個禹，禹先是個神，逐漸變為人王。三、更後來才有堯舜。四、堯舜的翁婿關係，堯舜的君臣關係，都是更後來才造成的。五、從戰國到西漢之前，又添了許多三皇五帝的古帝王。對於這些結論，胡適認為不僅可以成立，並為中國學術界開了個新紀元。胡適認為在中國史學上，崔述是第一次革命，顧頡剛是第二次革命，這是無須辯論的事實。而顧頡剛的《古史辨》，更是「深澈猛烈的真實精神的表現」。

在這篇書評裡，胡適對於顧頡剛這種大膽假設的由來，作了強烈的暗示。胡適說顧頡剛把他一封四十八字的短信，作為《古史辨》的第一篇。「這四十八個字居然能引起一部三十萬字的大書，居然把顧頡剛先生逼上了古史的終身事業大道上去」，這是他「當日夢想不到的事！」所謂「四十八字的短信」，也就是胡適寫給顧頡剛，詢問顧頡剛著的《清代著述考》內，為什麼沒有姚際恆這個人。胡適說此人很大膽，並想找他所著的《九經通論》看看。於是顧頡剛查了關於姚際恆及《九經通論》的資料回覆，並述及姚際恆另一部著作《古今偽書考》。胡適又去信囑顧頡剛點讀《古今偽書考》。顧頡剛不僅讀了這部書，並且還寫了《古今偽書考》的跋，寄給胡適。胡適在這篇跋文後面批了「寧可疑而過，不可信而過」幾個字，寄還顧頡剛。後來從姚際恆又牽引出崔東壁。他們對古史的懷疑和對古書中的問題，書信往返的討論和商榷，以及顧頡剛對古史觀念提出後，所引起的爭議，集合起來就輯成《古史辨》第一冊。胡適認為這是他「一本萬利的收穫」。

不過，胡適似乎認為考辨古史在學術界所造成的影響，並不是顧頡剛個人的成就，而是他所發動新文化運動中的一個環節。所以他說顧頡剛的古史討論在史學史上的重要性，不亞於丁文江發動的科學與人生觀論戰在中國思想史上的重要性。至於顧頡剛討論古史所用的方法，胡適認為顧頡剛「層累地造成的中國古史」的見解，是用歷史演進的方法觀察歷史上的傳說。這種方法所表現的意義，歸納起來是：一、把每一件史事的種種傳說依先後出現的次序排列起來；二、研究這件史事在每一個時代有什麼樣的傳說；三、研究這件史事的漸漸演進；四、遇可能時解釋每一次演變的原因。胡適說他在幾年前，研究「井田制度」，把井田制度種種傳說，依出現的先後，排列成一種井田論的演進史。這種方法從兩方面進行，一是用歷史演進的方法，尋求傳說的演變，一是用考據的方法評判史料，也就是利用進化的眼光，來追求一個傳說的演變。所以，當顧頡剛對古史的觀點，在《讀書雜誌》引起討論後，胡適就寫了一篇〈古史討論的讀後感〉，闡明這種方法。這篇文章後來收在他的《文存》裡，他認為這是他「最精彩的方法論」。這正說明胡適認為顧頡剛考辨古史，不僅是受他研究方法的暗示，更是他「再造文明」中的「整理國故」理想的實踐。事實上，《古史辨》在中國現代史學上所表現的意義即是在此。

因此，在胡適思想批判運動中，檢查《古史辨》裡的胡適「反動思想」，也是清算胡適史學觀點與方法的重要一部分，認為胡適是「疑古派」理論的創始者，而胡適的疑古論是為了便於劈砍古史而造出來的。因為胡適對於中國古代文獻，認為除了《詩經》以外，東周以上的文獻「寧疑古而失之，不可信古而失之」，先把古史縮短二三千年，從詩三百篇做起。但《詩經》以外的文獻雖去，東周以下有關古史的記載與傳說尚存。於是胡適就去考證「狸貓換太子」、「包公案」等等故事的演變，證明其不可信，然後將考證的結果，向有關古史記載與傳說上套，而使民俗學與歷史混淆起來。另一方面，胡適特別否認古史的許多「大人物」，認為他們的種種施為，並非真有其事，而是後人以他們作為「箭垛」，把種種傳說，像箭一樣射到他們身上。將這些論點歸納在他的「寧可疑而過，不可信而過」的理論基礎上，就形成了胡適的疑古論點。顧頡剛的《古史辨》，就是由這個理論引申發展的。因此，在批判胡適思想運動中，顧頡剛往往成為胡適幽靈的代罪羔羊，遭池魚之殃而受到批判。

和顧頡剛相比，研究太平天國史的學者羅爾綱的遭遇，卻是更不幸的。羅爾綱自一九三〇年上海公學畢業後，到胡適家裡工作，做了胡適幾年的「徒弟」。他曾把胡適視為他失途的明燈，在胡適的栽培下，使他這個行尸走肉的青年，復活起來，而且獻身於學術。對這種刻骨的恩情，羅爾綱後來寫成了一本小書《師門辱教記》。

據羅爾綱《師門辱教記》的記載，羅爾綱的史學研究方法，完全是胡適啟蒙的。他初到胡適家中，除了幫助胡適的兒子祖望、思杜讀書外，就是抄胡適父親胡鐵花的遺集，一連抄了半年多。這半年多的工作，對他個人是一個重大的訓練，養成了伏案工作時具有「小心」和「忍耐」的好習慣。胡鐵花遺集抄錄工作完成後，胡適打算動手考證《醒世姻緣傳》的作者問題，羅爾綱就幫他搜集蒲松齡的材料。

由於胡適認為《醒世姻緣傳》的作者西周生，就是《聊齋志異》的作者蒲松齡，由羅爾綱搜集有關材料，胡適寫成了〈蒲松齡的生年考〉。羅爾綱說這篇辨偽的實例，教他懂得懷疑，從此不敢輕信記載，對他影響非常大。後來胡適又寫成一篇〈醒世姻緣傳考證〉。胡適對這篇考證非常高興，認為這篇考證故事，經過幾許的波折，其中有大膽的假設，終於得到完滿的證實，可以給將來教授思想史方法者做一個有趣的例子。所以，胡適在他的引文上並引了「鴛鴦繡取從君看，要把金針度與人」。羅爾綱說，胡適平時教人做考據文章，有兩個原則，就是大膽假設和小心求證。他從胡適的這篇考證文章裡，領會到如何大膽假設而不致流於荒唐無稽，如何細心求證而有線索可尋。後來他考證太平天國三大疑案，用的便是這種方法。胡適教他懂得懷疑，教他疑而後信，這是引動羅爾綱後來研究太平天國的動機。

胡適傳授給羅爾綱治學的方法，並且還教導羅爾綱做人處世的態度。羅爾綱初入胡適之門，胡適即以「不苟且」三個字教導他，教他承認前人的成績，不得有半點自滿。胡適說他隨時喚醒羅爾綱特別注意，這種不苟且的習慣是需要自覺的監督的。所謂科學方法，不過是不苟且的工作習慣，加上自覺的批評與督責。胡適認為羅爾綱做學問的成績，就是由他早年養成的不苟且的美德。對於胡適，羅爾綱說他不曾見過如此厚德的君子之風。抱熱誠以鼓舞人，懷謙虛以禮下人，存忠恕以體諒人的人，使他置身其中，感到一種發奮的淳淳有如春風般的安慰。對於胡適給他的啟導，他說師恩如春陽，他好比一株飽受春陽煦育的小草。所以，對於胡適的「師恩」，羅爾綱是終生感戴的。

但是，在胡適思想批判運動中，羅爾綱在政協二屆第一次大會上，卻作了「兩個人生」的自我批判，斷然和胡適劃清了界限。羅爾綱說他到胡適家，做他的私人書記，又中了胡適反動學術思想的毒，一直支配了他的半生。羅爾綱說胡適反動思想給他的毒害，是一言難盡的。胡適教他寫歷史必須超越政治，站在客觀的立場，不偏不倚，方配做一個史學家。他受了胡適的欺騙，一九三七年出版的《太平天國史綱》，便是依照胡適所說的立場寫成的。為了追求胡適「荒謬」的客觀立場標準，使他無法寫出計劃中的太平天國史來。

胡適反動學術思想給他的第二個毒，就是「為考據而考據」。羅爾綱說胡適本人的一切考據，都是有目的的考據，為了要使青年人逃避政治，沉埋在故紙堆裡去。胡適的考據與乾嘉學派的考據方法不同，他是從唯心論出發的「大膽假設」，但解決問題並不如他自己所說的

「小心求證」，而實在是「大膽發揮」。胡適的考據一般來說，都是證據不夠的。羅爾綱指出胡適自以為得意的〈醒世姻緣傳考證〉，連一條直接的證據都沒有。至於他自己的考證方法雖然和胡適不同，但他「為考據而考據」的治學態度，都是受了胡適的毒而去鑽牛角尖，把接觸事物的能力變成了鼠目寸光，因而形成灰冷、幻滅、虛無的人生觀。羅爾綱說這是他解放前的人生，這個人生都是胡適給他的。

四

當然，受到胡適史學觀點與方法影響的，並不僅限於他的故舊門生。作為一個現代中國新文化運動的倡導者，他涉及的層面是非常遼闊的。尤其一九二〇年以後，胡適的文章與書風行一時，後來他的《嘗試集》、《文存》等書相繼出版，更是暢銷，當時的青年學生紛紛購閱。胡適的書所以風行，因為他利用進步的語言、淺顯的文字表達深奧的道理。他的歷史觀點便通過這些專書和論文，灌輸給思想正在形成的一代。當時的青年一代到一九四九年以後，已都是四十多歲的人了，而且大多數又從事研究或教學的工作，直接或間接都受過胡適思想的感染。

這批從舊社會過渡來的史學工作者，雖然經過幾年學習與改造，仍然對辯證法和歷史唯物論無法靈活應用，他們的思想更無法以馬克思列寧主義武裝起來。所以，在他們腦子裡凡是沒有用馬克思列寧主義武裝的地方，就是資產階級唯心思想沒有解除武器的地方。如果任由這種資產階級唯心思想繼續滲入他們的研究和教學工作中，那麼，馬克思列寧主義在學術領域的權威，就根本無法樹立起來。就史學工作領域而言，胡適的史學觀點與史學方法，長久以來一直支配著這個領域。如果不能把胡適史學觀點與史學方法的「毒素」徹底清除，那麼，以馬克思列寧主義、毛澤東思想為基礎的歷史解釋體系就無法形成。於是就將胡適點名提出，作為批判與清算的樣板，使那些從舊社會過來的史學工作者，經過幾年的學習與改造以後，有一個對馬克思列寧主義實踐與應用的機會。因此，他們個個舉著馬克思列寧主義的旗幟，除作自辱性的自我批評外，都絕然地和胡適劃清界限，把胡適視為不共戴天的階級敵人，憤怒地向他投槍過去。清算胡適思想隨著《歷史研究》的創刊而展開，就在清算胡適思想到達高潮之際，以馬克思列寧主義思想灌溉的五朵歷史解釋紅花，已相繼在《歷史研究》這個園地裡含苞欲放了。

清算胡適的幽靈

在討論中國現代化、學術、思想，甚至政治問題時，最後都會歸結到一九一九年的「五四」。但談到「五四」，同時又會出現胡適青年的笑容。現代中國學術與文化的領域，的確是非常貧瘠與落寞的。似乎除了「五四」那面旗幟外，再也沒有什麼可談可論的了。所以，每年五月到來，不論贊成或反對，都會把胡適的牌位請出來，頌讚或數落一番。雖然，胡適生前是最怕寂寞的，但現在卻躺在他南港的墓園裡，仰觀藍天白雲，任喧囂隨著清風飄過，再也無話可說，真的是名滿天下，謗譽隨之了。

如果不增添任何色彩的描繪，單純從歷史的角度觀察，「五四」是一個由巴黎和會引發的學生愛國運動，至少從火焚趙字樓已說明了這次運動的性質。所以，「五四」運動是中國近代民族運動中，一個非常重要的環節。當然，將「五四」放置在中國現代化轉變中來討論，卻又具有不同的意義。祇是這種意義經過反覆不斷的詮釋，變得非常複雜，甚至令人難以了解與捉摸了。如果說得簡單些，五四文化運動是中國十九世紀六十年代之後，為適應西方的挑戰，而展開的現代化運動第三個發展階段。也就是從堅甲利兵、教育與政治體制改革之後，意識形態領域的轉變。

如果十九世紀是西方帝國主義在中國尋找市場，推銷他們包括鴉片在內的商品時期。那麼二十世紀初期的「五四」，則是中國知識分子主動向西方，購買西方意識形態成品，向中國銷售的時期。檢點現在我們討論或爭議的西方思想流派，都是在這時點滴輸入的。而且不必像過去那樣，再經日本轉口，都是從原產地直接包裝運到。也許這是「五四」以前或以後，最大不同的轉變，那就是來自歐美的影響，代替了原來日本的影響，至少在意識形態領域的情形是這樣的。胡適也是輸入西方意識形態銷售者之一。祇是他比較幸運，不僅佔據有利的銷售點，並且還請來了這種意識形態原製作人，常駐中國兩年，助他促銷這種成品，同時又培植了一批強有力的推銷人員。所以，在當時引進的意識形態中一枝獨秀。

胡適這次輸入的意識形態，如果不是遇到中國傳統文化根深蒂固，而且枝節蔓蕪的牽扯；如果不是遇到另一種意識形態，在輸入後不久就變成了政治的主義，最後隨著政治而庸俗化，也許胡適這次橫的移植，和中國傳統縱的承傳銜接起來，說不定會在這塊東方古老土地上萌出苗芽。因為胡適輸入的不是政治的主義，或自我標高、排他性特強的思想流派。他所介紹的祇是一種方法與態度，也就是胡適自己所說的「評判的態度」。這種評判的態度，即尼采所謂的「重新估定一切價值」。他期望運用這種批判態度，重新估量傳統的制度與風俗，並且用之於古聖先哲的研究，以及用來批判那些下意識接受的，但卻欠智慧的行為規範。

在這個指標下，胡適所倡導的新文化運動，具體表現在三個不同的層面上。一是研究當時具體有待研究的和實際問題，這些問題包括了孔教、文學改革、國語統一、婦女解放、婚姻、戲劇改革等等問題。二是輸入學理，也就是從海外輸入新理論、新觀念，並且應用這種新學理與新觀念，解決上述的許多問題。三是對傳統學術的態度，胡適認為要以批判態度對待傳統學術。對傳統學術的批判，胡適稱之為「整理國故」。「國故」這個名詞在當時引起許多反對。不過，在胡適看來，「整理國故」是新文化運動的重要環節，便是對傳統文化與學術，作出系統而嚴肅的批判。他認為從這三方面的努力，必然會產生第四方面的結果，即便是「再造文明」。因為通過嚴肅地分析當時的實際問題，然後由輸入的新觀念、新思想幫助解決問題；同時通過相同的批判態度，對傳統文化的了解和重建，最後就會產生一個新的文明。

不過，胡適「文明再造」的理想，並沒有實現。因為「五四」運動最初由學生發動，因此，當時各個黨派認為吸收青年學生，作新生力量是可能的。所以各個黨派都想積極爭取青年和知識分子的支持。結果使知識分子人人對政治發生興趣，而使胡適一直作超政治構想的文化運動，終於被政治干擾而中斷了。所以後來胡適回憶說，由於一項政治的干擾，而把一個文化運動變成一個政治運動。作為這個文化運動倡導者的胡適，也變成了一個政治人物。這個政治人物的思想，終於在「五四」運動三十五年後，受到嚴厲而全面性的批判。

這次的胡適思想批判，由討論俞平伯的《紅樓夢》而揭開序幕。一九五四年十一月十八日，大陸的中國科學院院長郭沫若，對《光明日報》發表了「關於文化學術界應展開反資產階級錯誤思想的鬥爭」的談話。認為由於俞平伯研究《紅樓夢》錯誤觀點，引起的討論是當前學術界一個重大的事件。但不僅對俞平伯本人，並且應作為馬克思列寧主義思想與資產階級思想的鬥爭看待。所謂資產階級思想，就是指胡適思想而言。郭沫若說胡適資產階級唯心論的學術觀點，在學術界是根深蒂固的。對不少高級知識分子還有著很大的潛勢力，某些人心目中胡適還是學術界的「孔子」。這個「孔子」還沒有把他打倒，甚至於還很少去碰過他。對於這個「孔子」必須打倒，對於他的思想遺毒必須徹底清除。於是批判胡適與胡適思想遺毒的運動就展開了。

後來在十二月二日，由郭沫若主持的中國科學院與全國作家協會聯席會議，通過了一項聯合召開批判胡適思想討論會的計劃。擬定九項批判的內容：一、胡適哲學思想批判，二、胡適政治思想批判，三、胡適史學觀點批判，四、胡適文學思想批判，五、胡適《中國哲學史》批判，六、胡適《中國文學史》批判，七、胡適考據在歷史與文學研究的地位和作用批判，八、《紅樓夢》的藝術性和人民性，九、對歷來《紅樓夢》研究的批判。似乎要透過這個批判對胡適的思想與觀點，作一個徹底的解剖，然後再加以揚棄。當然這次的批判並不單純是學術與思想的問題，更有其現實的政治意義與目的。

這種現實的政治意義與目的，郭沫若於一九五四年十二月九日，《人民日報》發表的〈三點建議〉說得非常清楚：「三十年前，像我們這樣年輩而研究古典文學的人們，懂得馬克思主義真要算鳳毛麟角了。俞平伯的研究所以成了問題，是他三十年來，特別解放以來，在思想上、立場和方法上，都沒有什麼改變，不僅沒有擺脫資產階級唯心論的影響，而且還有封建思想的殘餘，因此必須進行新我和舊我的鬥爭。」

所謂「新我」和「舊我」，郭沫若進一步分析說：「我們許多上了年紀的人，腦子實在有問題。我們的大腦皮質，就像一個世界旅行家的手提篋一樣，全面都巴滿了各個碼頭上的旅館商標。這樣的人，那真可以說是一塌糊塗，很少有接受新鮮事物的餘地了。」接著他又說：「儘管學習馬克思列寧主義已經有五年的歷史，但總是學不到家。好些老年人都愛這樣說：『我自己的思想水平很低。』這倒不是一味的客氣。確實是先入之見害人，舊的東西霸佔著我們的腦子，不肯讓位。」

所謂「上了年紀的人」，也就是毛澤東指的從舊社會過渡到新社會來的知識分子。這些人如何放棄小資產階級個人為中心的思想，變成以集體為重的工人階級知識分子，毛澤東認為必須經過自我教育與自我改造的過程。關於這一點，毛澤東在他的〈論人民民主專政〉中說得非常明白：「用民主的方法，教育自己和改造自己，使自己脫離反動派的影響，改造自己從舊社會得來的壞習慣和壞思想，不使自己走入反動派指引的迷路上去。」所以，他在一九五一年十一月舉行的「政協」第一屆三次會議又重申前義：「思想改造，首先是各種知識分子的思想改造，是我國在各方面徹底實現民主改革和逐步實行工業化的重要條件之一。」他並且強調說：「我從前決未想到知識分子思想關係是這樣大。」在這個指標下，一個知識分子的思想改造運動就迅速展開了。

所謂知識分子思想改造運動，一方面是透過批評和自我批評，和過去劃清界限。另一方面是學習馬克思列寧主義及毛澤東思想，和蘇聯的先進經驗，使自己變成為文化戰線的革命戰士。所以，當這批從舊社會過渡來的知識分子參加土改歸來，身上塵土未掃，就立即投入思想改造運動。在批判與自我批判中，包括陳垣在內的高級知識分子，都作了自辱性的自我批判。在這些批判中最使胡適傷心的，大概就是他的兒子胡思杜寫的那篇〈對我父親——胡適的批判〉了。在這篇文章最後指胡適：「他是人民的敵人，也是我自己的敵人。在決心批判自己階級的今日，我感到了在父親問題上有劃清敵我的必要。」於是胡思杜和胡適父子決裂了。

「胡適思想批判」，可以說是知識分子「思想改造」成果的展列與實踐。所以郭沫若說：「解放以來，我們雖然進行了馬克思列寧主義的學習，進行了思想改造的自我教育，但我們大部分人，包括我自己在內，並沒有上昇到正確地運用馬克思列寧主義的水平。」接著他又說：「我們懈怠了對資產階級唯心主義的思想鬥爭，放任了並助長了這種錯誤的思想。」因此他說應該堅決地展開對於唯心論思想的鬥爭。這次鬥爭的目標所以選定胡適，正如齊思和當時說：「現在四十歲以上的人，大概都還記得在一九二〇年以後，胡適寫的書與文章風行一時，影響大極了。」齊思和自己是一九二一年進入南開中學的，他看見每個同學書架上，都有一本胡適的《中國哲學史大綱》。以後胡適的《嘗試集》、《文存》相繼出版，大家也紛紛購買。所以胡適的歷史觀點與思想，通過這些專書與論文，便灌輸到思想正在形成的青年一代。當時的青年，現在都是學術文化界的中堅，或多或少都受過胡適思想的感染。於是，透過這次胡適思想批判，這些從舊社會過渡的知識分子，紛紛檢點自己的行囊，尋找是否還留下過去的痕跡。為了表現自己的清白，不僅和胡適，同時也和自己的「舊我」決絕地劃清界線。

這次批判資產階級思想，除了徹底清除胡適思想遺毒，除了學術與文化的原因外，還有另外的歷史原因。因為毛澤東認為從一八四〇年的鴉片戰爭，到一九一九年的五四運動，是「帝國主義和中國封建主義結合，把中國變為半殖民地和殖民地的過程，也是就中國人民反抗其帝國主義及其走狗的過程。」這是後來大陸史學工作者討論中國近代史分期的主軸。毛澤東認為這個期間，是小資產階級領導的舊民主主義革命期間；然後跨越過「五四」，則進入了無產階級領導的新民主主義發展期間，中國歷史的發展也隨著由近代轉入現代。所以「五四」是中國近代與現代歷史的分界線。當然，毛澤東選擇「五四」作近代現代的分界線，不是沒有道理的。因為一九一九年的五月，《新青年》出版了〈馬克思專號〉。「五四」後二年的一九二一年，代表中國無產階級的政黨——中國共產黨正式成立了。但如果深一層討論這個問題，就會發現胡適超越了李大釗和陳獨秀，正昂首闊步在這條近現代史的分界上。這的確是非常尷尬的歷史場景。因此，不僅胡適思想必須徹底清除，就連胡適這個人也該摒棄於歷史之外。所以，批判胡適思想雖然是學術與意識形態領域裡的運動，但最後卻陷入政治的漩渦裡去。因此，胡適說的「被孔丘、朱熹牽著鼻子走，固然不算高明；被馬克思、列寧牽著鼻子走，也不算英雄」，就成了胡適不可饒赦的罪行，任何的批判都以這幾句話作為標竿。

更令人感到興趣的，在幕前主持這次胡適思想批判的竟是郭沫若。雖然郭沫若與胡適誰也不佩服誰，但他們都有唯一相似之處，那就是不願屈居人下。所以，當一九二一年在上海一枝春西餐館餐敘時，日本九州大學醫科學生郭沫若，第一次見到已譽滿天下的「胡大博士」時，就立下「取彼而代之」的決心。因此，在他和郁達夫、成仿吾組織創造社時，便豎起鮮明的旗幟，決心和胡適倡導的「整理國故」對立起來。後來郭沫若流亡日本，由文學轉向中國古史研究，假想敵便是胡適。這種企圖非常明顯地表現在他的《中國古代社會研究》的序言裡。可是他對胡適的挑戰，卻沒有得到回應。最使他感到遺憾的，就是一九三七年從日本歸來，寫的那篇〈駁說儒〉。這是針對著胡適的〈說儒〉而寫的。由於抗日戰爭爆發，不僅沒有得到胡適的理睬，也沒有引起學術界的正視。正如他自己所說，這篇文章被時代的浪濤湮沒了。這是郭沫若非常不甘心的。於是繼續舉著「蒲劍」向胡適殺砍過去，從他的《卷耳集》到《屈原》的歷史劇，的確是一段非常曲折而艱辛的歷程。現在郭沫若終於掌握了發言的權力，於是他站在臺上，大聲疾呼地高喊要徹底清算胡適的資產階級思想！

雖然，這次的胡適思想批判，撐著馬克思列寧主義的紅旗展開。但在招展的紅旗後面，隱隱可以聽見五四時期爭鬧的喧囂。因為胡適所領導的「整理國故」，在方法上企圖將他輸入的實證主義，和乾嘉的考證方法銜接，從傳統的學術破繭而出，另拓新局。關於這一點他在《國學季刊》的發刊宣言裡，已作了明確的宣佈。但他「寧可疑而過，不可信而過」的治學態度，卻被認為有今文學派的傾向。尤其他的學生顧頡剛領導的考辨古史運動，對傳統古史解釋體系所作的破壞，更使堅持古文學的國粹學派，感到痛心疾首。從延安率領紅色學術隊伍來的范文瀾，雖然身披馬克思列寧主義甲冑，但裡面穿的卻是古文學的緊身內衣，他比郭沫若更有發言的權力。長久以來，這股力量被胡適所領導的學術集團壓抑著，現在他們又藉著批判資產階級思想結合起來，終於得到一個向胡適投槍的機會。

所以，「胡適思想批判」的因素是非常複雜的，祇是在一個政治口號下，大家懷著不同的心情和目的，結合成的一支隊伍。在批判的過程中，胡適變成了西天取經的唐僧，人人都想啖他一塊肉，藉此得以長生。識與不識都彎弓在手，向胡適那個箭垛射去。於是萬箭齊發，胡適變成了扎手的刺蝟。

當「胡適思想批判」在中國大陸野火似的燎原燃起，羈留在美國紐約的胡適卻竊竊私笑了。因為在中國歷史上，還沒有一個人像他那樣，在他還活著的時候，他的學術與思想受到如此眾多的學者與專家，進行如此細微的剖析。對於這次興師動眾的批判，胡適原想寫一篇答覆的文章，他在一九五六年四月十六日，寫給《自由中國》的一封信中說：「『清算胡適』一文，久擱了。起初祇要寫一萬多字，不料寫下去，我才明白這個問題不簡單。必須從四十年的中國文藝復興運動來看，才明白為什麼俞平伯的《紅樓夢》，會成為此次大清算胡適幽靈導火線，為什麼中間引起了胡風的一個大慘劇等等。我後來決定，這個問題得重寫，得重新估定文藝復興運動，在四十年中打出了幾條路子、造出什麼成績、留下了什麼『抗毒』、『拒毒』的力量。這樣寫法就很費力了。」不過，關於「清算胡適」，後來他還是寫了。那就是由他口述，唐德剛紀錄的《胡適自述自傳記》，在這本傳記裡，胡適夫子自道，對自己的學術思想淵源、治學方法及領導的學術活動作了總結性的敘論，似乎不必再勞大家動手動腳找材料了。

關於中國大陸對他的清算，胡適認為是個喜劇。一九五八年五月四日，胡適在臺北中國文藝協會八週年紀念會上，發表了〈中國文藝復興運動〉的演講。他說：「中國大陸五四、五六大規模清算我。先從俞平伯的《紅樓夢》研究清算起。俞平伯是我的學生，一清算就說俞平伯都是從胡適那裡來的。結果第二步變成清算胡適的幽靈——胡適鬼。」胡適又說：「這是個喜劇啦！到處找鬼。鬼怎麼能找到呢！當初這裡找，那裡找，這一找不得了。不但《紅樓夢》，到處都是胡適鬼。提到古典文學上，有胡適鬼。提到中國歷史上，也有胡適鬼。甚至語言學裡也有胡適我，也有這個寶貝——有這個鬼在這裡，結果到處見鬼，鬧得天翻地覆。」

過去胡適寫過一篇〈五鬼鬧中華〉，沒有想到現在胡適一個鬼，就鬧得中國大陸學術界天翻地覆。不過，胡適說他看過這次批判的九個項目，認為這張單子給他一個印象，縱然遲至今日，中國共產黨還承認他做了一些工作。他說這次的批判由《紅樓夢》研究為第一炮，那是因為他被認為是《紅樓夢》研究的權威。由於這次的批判，他才發現不僅在《紅樓夢》研究，在許多方面仍然存在著他的「遺毒」。所以，他說：「如今回想一下，我在這全部工作中的努力，固然不很成功，但在某些方面我也做了一些事。」這些事經過這次批判的否定，卻意外地被肯定了。這是胡適感到非常高興的事。

「胡適思想批判」的旋風，在中國大陸掀起以後，依據上述的九項批判的原則，將胡適的思想放置在解剖臺上，作徹底而細密的解剖。解剖的結果，匯編成八輯《胡適思想批判》的《論文彙編》，在一九五六年四月，由「三聯」編輯出版，作為反面教材發行。於是胡適思想的幽靈，就依附著這八冊批判的書籍，在中國大陸若隱若現地飄忽著。許多人可以透過這些反面教材，對胡適思想得到真正的了解。這是發動這次批判胡適思想的毛澤東，以及主持徹底清除胡適思想遺毒的郭沫若，所沒有想到的事。

胡適思想的幽靈，在中國大陸飄忽了四分之一世紀以後，在一九七九年，也就是「五四運動」的一甲子，中共建立政權的三十年，胡適思想終於得到一個再評價的機會。一九七九年是中國大陸史學，經過對「儒法鬥爭」批揭，由情緒性的謾罵轉向理性反省的一年。由耿雲志、胡曲園、丁禎彥、尹大貽等，分別在《文匯報》、《復旦學報》、《學術月刊》與《歷史研究》等發表文章，重新討論胡適領導的白話運動、胡適哲學思想的階級屬性；以及胡適「大膽假設、小心求證」的方法，在新文化運動中所取得的成就。同時，胡適的遺稿《水經注》校本的研究〉，也在《中華文史論叢》一九七九年的第二輯發表。這是胡適在一九四八年至一九四九年間，致力於《水經注》研究的成果。這批資料原藏於上海圖書館，包括一組《水經注》校本的論文，和一批胡適與陳援庵先生、顧廷龍討論《水經注》往來的信札。是探索胡適後期治學重要的材料。

這批信札是《胡適來往書信選》沒有收入的。《胡適來往書信選》共三冊，是社會科學近代史研究所編輯，於一九七九年五月至一九八〇年六月間，陸續印行的內部參考資料。一九四八年胡適匆匆離開北平，遺留了一批他個人的資料。這批資料包括他的往來信件和日記，原藏在北京大學，後來移交給近代史研究所。據說近代史研究所的所址，就是胡適原來住的地方。這批資料歷經滄桑又回到原藏的地方，的確是非常有趣的事，但卻人事全非了。近代史研究所選了其中自一九一五年「五四」前後，至一九四八年的一千三百五十件，以編年形式編輯成冊。這批內部參考資料印行後不久，流傳到海外若干部，梁錫華將其分類，編成《胡適秘藏書信選》，由臺北的遠景出版社印行。從《胡適來往書信選》，可以發現胡適交遊廣闊，這批資料不僅反映胡適個人，同時也記錄這段期間思想、學術及政治的歷史點滴。「我的朋友」張忠棟去年出版的《胡適五論》，就運用了其中不少資料。

和《胡適來往書信選》有同樣珍貴史料價值的，就是《胡適的日記》了。《胡適的日記》和《胡適來往書信選》，都是近代史研究所印行的「內部」參考資料。在《胡適的日記》於一九八五年，由香港中華書局公開發行前，也有若干套流傳海外，香港出版的《大成雜誌》轉載了一部分，胡頌平編的《胡適之先生年譜長編》所引用的幾條胡適日記，就是轉引於此。

中華書局發行的《胡適的日記》，包括一九一〇年一月至三月的《藏暉室日記》，以及一九二一年、一九二二年、一九三七年、一九四四年的日記。在這幾部分日記中，以二一、二二年的日記比較完整。雖然，胡適說這兩年的成績遠不如前幾年，但卻是胡適由狂飆轉向潛沉的重要階段。胡適在這段日記開始時，已準備這些日記「可以供將來人做參考資料的事實」。當時胡適剛年過而立，似乎已肯定自己是一個歷史人物了。因此，在日記裡已有一部分「有意史料」存在其間。但透過這些日記，仍然可以看到一個真實而可愛的胡適。如果將這段時期日記與「胡適來往書信」並看，將會發現「五四」新文化運動，已由研究問題與輸入學理，向「整理國故」過渡了。胡適的《紅樓夢考證》、《國學季刊》的發刊宣言以及《讀書雜誌》的創刊，就是這個轉向的標誌。

祇是胡適當時已名滿天下。他的朋友白堅武寫信給他說：「一別兩載，非常欽佩您為言論界的明星。我以私人的友朋的資格，盼望您今後立論要審慎些，要提高些。」（一九二二年八月二十一日日記）。但這時的胡適已人在江湖，身不由己了。後來胡適說自己是過了河的卒子。其實這時的胡適已脫了鞋，在河邊漫步了。《努力週報》創刊後，胡適發表的〈我們的政治主張〉，就是一個徵兆。也許這是中國知識分子的悲劇，中國知識分子除了治國平天下，似乎沒有什麼好玩的了。但胡適玩政治卻兩頭都不到岸，到最後不知道他玩了政治，還是政治玩了他。因為，本質上胡適畢竟是個書生。書生除了空議論，怎麼能玩政治呢！

一九七九年是胡適的幽靈在中國大陸由飄忽而定下來的一年。自此以後，胡適與胡適的思想研究，不再是一個禁區。一九八一年由華東師範大學圖書館編輯的《胡適著譯繫年目錄與分類索引》的出版，更是一個新的突破。這本關於胡適著作目錄索引，分為胡適著譯繫年目錄，與胡適著譯分類索引兩部分，另外還有胡適著作評論索引，胡適西文著作目錄、日文著作目錄，胡適姓氏、別號、筆名錄，胡適年表五個附錄。是目前最詳盡的胡適著作目錄。其中關於胡適著作評論目錄索引，搜錄自五四以來至一九八〇年間，評論胡適著作與思想的文章，尤其一九五四、五五年間，胡適思想批判時的論著，是這本胡適著作目錄的特色。

自一九七九年以來，中國大陸的學術刊物陸續刊載有關胡適研究的論著。在許多的胡適研究者中，以社會科學院近代史研究所的副研究員耿雲志的成績較為突出，他自一九七五年開始有志研究胡適，一九八五年十月，將自一九七九年發表關於胡適的論文十篇結集出版，名為《胡適研究論稿》。《論稿》對胡適的學術、思想，與新文化運動的關係和作用，以及胡適從五四到三十年代政治態度的變化，作了廣泛的探討，書後並附有胡適的年譜。關於《胡適年譜》部分，已由中華書局單行出版。耿雲志的《胡適研究論稿》，據他自己說是為胡適傳所作的準備工作。不過，耿雲志的〈胡適傳〉還沒有完成。《光明日報》自一九八六年十月，開始分二十八天連載近代史研究所民國史研究室另一位研究人員白吉庵的〈胡適傳〉。這篇〈胡適傳〉選自「湖南人民教育出版社」出版的《中國現代教育家傳》。在〈胡適傳〉開始連載時說：「胡適先生是一名資產階級的學者，他在我國教育、學術領域中，又是一位頗有影響力的人物。作者在傳記中對胡適先生的一生作比較客觀的描述和評價，肯定了他的學術成就，批評了他的政治錯誤。讀這篇傳記，對我們了解現代教育史料、進行學術研究和了解臺灣學術界的一些情況是有所幫助的。」白吉庵的〈胡適傳〉，除了如編者所說胡適的「政治錯誤」外，大體而言不失是一本敘事平實的傳記。所以，這篇〈胡適傳〉連載不久，就由湖南人民教育出版社於一九八七年五月單行出版了。

雖然，中國大陸關於胡適的研究，還祇是個開始。不過在資料的整理方面，尤其是關於胡適古典小說研究的資料的整理是很積極的。一九七九年，上海書店複印了一九四二年郁雲鵬編的《胡適中國章回小說考證》。一九八七年二月，湖北人民出版社出版了易竹賢編輯的

《胡適論中國古典小說》，輯錄胡適討論古典小說的信簡，及考證和研究的文章四十三篇，計四十餘萬字，較郁雲鵬所編的《胡適中國章回小說考證》的資料，增加了近一倍。書前有易竹賢〈評胡適小說考證的是非功過〉代序的長文，書後也附有〈胡適年譜〉。雖然，易竹賢在序文裡認為胡適的小說考證「在一些大問題上，又不免陷進唯心主義的泥坑，而最後借小說考證來抵制和反對馬克思主義」，但卻認為胡適的「小說考證在中國古典小說領域的歷史地位和學術價值，卻不應否認、不應抹煞的，其中有些材料和論斷，即使今日來看也仍然有價值，仍為我們所沿用」。後來易竹賢又在這個基礎上，寫成了《胡適傳》，一九八七年四月由湖北人民出版社出版。

目前，胡適的幽靈在中國大陸算是凝住了。不過，憶起當年「胡適思想批判」運動中萬箭齊發的場景，不由人想起那年中秋陰晦無月，胡適獨步閒庭，聽風聲蕭蕭、蟲鳴慼慼，百無聊賴地哼起他自己寫的一首詩來：「怕明朝密雲遮天，風狂打屋，何處能尋你？」不過，中國大陸對胡適的研究和探索，祇是一個開始。以後可能還有更多胡適的資料陸續出現，使胡適飄忽的「幽靈」，在歷史的長河裡漸漸安定下來。因為胡適生前自己不安定，死後眾人以不同色彩描繪，使胡適的容貌更模糊。總有一天，我們可以為這個迎著「五四」歷史浪濤的弄潮兒，繪出一幅較真實的畫像。也許這個工作已經開始，如果還沒有開始，現在是時候了。

郭沫若吻了胡適之後

胡頌平的《胡適之先生晚年談話錄》，記到四十九年六月二日，胡適突然談到郭沫若。胡適說郭沫若「這個人反覆無常，我一向不佩服的。」接著胡適又談到他們初次見面的情形。大概民國十八、九年間，他從北平到上海，徐志摩請他吃飯，還請了郭沫若作陪。吃飯中間，徐志摩說：沫若，你那篇文章，胡先生很賞識。胡適回憶說：「郭沫若聽了我賞識他的文章，他就跑到上座來，在我臉上吻了一下。我恭維了他一句，他就跳起來了！」

不過，胡適的這段回憶，除了郭沫若在他臉上吻了一下，其他有些地方都誤記了。因為郭沫若自民國十七年二月二十四日，以吳誠的化名，從上海亡命日本，到民國二十六年七月二十五日，又以楊伯勉的化名，從日本乘船返國，前後十年間，一直蟄居在與東京一水之隔的千葉縣須和田二六七番。他們是無法在這時相見的。胡適和郭沫若第一次見面的時間，是民國十年的八月九日，地點在上海的一枝春飯店。而郭沫若吻他的那次，則是民國十二年十月十三日，地點在上海美麗川飯店，雖然徐志摩也在座，但請客的卻是郭沫若。

胡適和郭沫若第一次見面，是胡適應張菊生、高夢旦之約，主持商務印書館的編譯所，於七月十六日晚上十時，乘火車從北平到上海。這時正在日本九州大學讀醫科的郭沫若，也因為放暑假，於七月二日到上海。當時在商務印書館編譯所工作的周頌九、鄭心南、何公敢，是郭沫若留日的同學，郭沫若曾去編譯所拜訪他們，並且有意入編譯所工作，由周頌九等安排和高夢旦見面，結果沒有談成。後來周頌九、鄭心南宴請胡適，同時約了郭沫若作陪。約郭沫若的原因，因為胡適在文學改革運動中，提倡寫白話詩，並且出版了《嘗試集》，而郭沫若正以新詩創作崛起文壇。所以，當何公敢為他們介紹時，就說：「你們兩個新人第一次見面。」雖然初次見面，胡適對郭沫若的印象並不佳，他在當晚的日記寫道：

> 會見郭沫若君。沫若在日本九州學醫，但他頗有文學的興趣，他的新詩頗有才氣，但思想不大清楚，功力也不好。

不過，十年後，郭沫若在他的〈學生時代〉中，回憶這次的見面在九月初旬，他說他要再回日本，高夢旦在上海四馬路的一家番菜館請客，有為他餞行的意味，送來的帖子第一名是胡適，第二名就是「區區」他。餞行倒是真的，那是高夢旦為胡適餞行，卻不是為郭沫若，因為胡適要於十四日回北平。這是他們第一次見面的情形。

郭沫若是一個能看準時代轉變，又知道在轉變中把自己放到什麼地方，而且不會放過機會的人。能有機會和譽滿天下，新文化運動的領導人胡適結識，他是不會錯過的。不過，這次見面的結果並不好，胡適認為他「思想不大清楚，功力也不好。」所以，那次餐聚後的第三天，郭沫若邀朱經農陪他去見胡適。胡適只和朱經農談話，根本沒有注意他的存在。這是郭沫若無法忍受的。因此，後來他回憶這次的見面。談到胡適時就熱諷冷嘲一番。對胡適不是稱「胡大博士」，就是「我們的博士先生」。像郭沫若記他們第一次見面，就說：「這樣煊赫的紅人，我們能夠和他共席，是怎樣的光榮呀！」或者「胡大博士的常識，至少落後三十年。」又說「我們的博士先生淺薄得真是有點可愛」等等。當然，這種敬陪末座的心態，是很容易了解的。

所以，郭沫若第一次會見胡適，沒有漢高祖「大丈夫當如是也」的感喟，卻有項羽「彼可取而代也」的憤激。因此，郭沫若回到日本後，就利用創造社與胡適對立起來。創造社是六月初郭沫若回上海之前，與郁達夫、成仿吾等在東京成立的文藝社團。由成仿吾的朋友李鳳亭介紹，得到上海泰東書局的支持，創造社的組織與出版問題才得解決。創造社前身是格林（Greens）雜誌，由一群留日愛好文藝的學生組成的文藝團體，沒有一定的宗旨，純粹是大家的寫作興趣。格林改成創造社後，仍然繼續格林的傳統。所以，創造社最初可以說是一群天真的人，天真的結合。他們主張個性自由與組織自由，是創造社最初的兩個無形的口號。這兩個口號結合起來，就是極端個人主義的表現。創造社最初的創作路線也有這種傾向。

因此，創造社最初並沒有一個一致的前進目標，但郭沫若與郁達夫、成仿吾不同。他比較世故，而且有更大的野心。創造社只是他最初出發的基地，並不是他最終的目的。正如沈從文所說，郭沫若是一個永遠不會放棄那種英雄式自我的人。所以，他回到日本以後，就利用創造社和胡適對立起來，為創造社定立了鮮明的目標。那就是他說的：「第一步和胡適對立，和文學研究社對立，和周作人的語絲社對立。在旁系和梁任公、張東蓀、章行嚴也發生糾葛。」於是，創造社擺出一副鬥爭的架式，似乎要和參加五四新文化運動的各幫派都對立起來。當然，矛頭主要的還是對準胡適。

郭沫若提出的目標，能得創造社構成分子的贊同，這種心態是很容易了解的。如果說十九世紀是西方帝國主義，向中國尋找市場推銷包括鴉片在內的商品時期。那麼，二十世紀初期，則是西方帝國主義在中國尋找市場，推銷他們意識形態的時期。不過，最初這些意識形態向中國傾銷，都以日本為驛站轉口輸入，五四新文化運動轉變了這種情勢。五四運動最大的轉變，就是這些歐美的意識形態不必再經日本，完全從原產地直接輸入。中國的留日學生失去了原先文化掮客的作用，而且他們又沒有直接參加這個歷史運動，在心理上不免有某種失落或被冷落的感覺。所以，郭沫若提出這個目標，當然可以得到他們贊同的。不過，郭沫若卻另有計算。他衡量當時情勢，雖然他沒有參加歷史性的新文化運動，如果他要想取得一席之地，就必須以新文化運動第二階段發言人自居。於是，便以創造為基地，向新文化領導人進行挑戰，胡適便懷璧其罪了。

這種對立的情勢，由於胡適批評郭沫若翻譯的一首詩，寫了一篇短評，引起郁達夫的回應，在《創造月刊》二卷一號，直接對胡適罵陣，掀起了高潮。民國十二年五月，胡適又到上海，這時郭沫若、郁達夫也在上海。五月十五日，胡適寫了封長信給他們，胡適寫信給他們說，他愛惜少年的天才，對新興的少年人只有欣賞，絕無忌刻之意。還勸他們多唸點英文，這樣對考據所翻譯的作品，是有幫助的。胡適說希望做他們的諍友，並且盼望這小小的筆墨官司，不致損害他們舊有或新的友誼。郭沫若接到胡適的信，立即在十七號回信給胡適，說胡適感人以德、服人以理。並且說「我輩尚非豚魚，斷不致因小小筆墨官司，便致損及我們的新舊友誼。」郁達夫也回信給胡適說對他只有敬意，萬無惡感。於是在徐志摩的牽引下，胡適與郭沫若有了第二次的聚會。

先是十一月十一日，胡適吃了張東蓀的午宴，由徐志摩、朱經農陪同，到民厚里一二一號拜訪郭沫若等。胡適去的時候，郭沫若親自應門。徐志摩在當天的日記，描寫郭沫若抱著襁褓中的兒子，赤腳，穿著一身舊學生服，形狀非常憔悴。這時成仿吾從樓上走下來，見了胡適理都不理。徐志摩說：「賓主間似有冰結。」但郭沫若卻「含笑睇視」，徐志摩說「不知何意？」到五時半辭出。胡適對徐志摩說：「此會甚窘。」最後徐志摩感慨地說：「郭沫若等其情況不甚愉適，且生計亦不裕，無怪其以狂叛自居。」

第二天，郭沫若就帶著他的大兒子，去拜訪徐志摩，並且送了一本新出版的《卷耳集》給徐志摩。《卷耳集》是《詩經》的新譯。並且轉託徐志摩，邀胡適吃飯。十一月十三日，郭沫若在美麗川飯店，請胡適、徐志摩吃飯。徐志摩當天的日記寫道：

> 飲者盡醉，適之說誠懇話，沫若遂抱而吻之。

這是民國十二年十一月十三日的晚上，郭沫若在美麗川請胡適吃飯，在酒席筵上吻了胡適。過了兩天，胡適、徐志摩在十一月十五日，回請郭沫若。朱經農、田漢兩夫婦作陪，徐志摩說席間「大談神話」。這是一場應酬的聚會，表面看來，一切都過去了，並沒有因那場小小的筆墨官司，損害了他們的「新的與舊的友誼」。所以，第二天，郭沫若和郁達夫、成仿吾去回拜胡適。胡適送了一本北京大學出版的《國學季刊》創刊號給他們。這是胡適與郭沫若第二次聚會的情形，在這次聚會中郭沫若吻了胡適。

郭沫若為什麼要吻胡適？據徐志摩說胡適說了誠懇話。胡適晚年回憶說因為他賞識郭沫若的一篇文章。胡適說是篇有關思想的文章，不過題目忘了。胡適賞識郭沫若的可能不是一篇文章，而是一本書。就是送給徐志摩的那本《詩經》新譯《卷耳集》。胡適從美國回來，在北大講授中國哲學史與西洋哲學史。顧頡剛回憶胡適講的中國哲學史，說他省約了從遠古到夏代，可疑又不勝其煩的一段，只從《詩經》裡取材料，稱西周後期為「詩人時代」，顧頡剛非常佩服胡適「截斷眾流的魄力」。對於儒家經典，《詩經》是胡適著力最多的一部書。在他的《留學日記》中寫的〈爾汝篇〉與〈余吾篇〉，就是以《詩經》為基礎，應用《馬氏文通》的語法，乾嘉之學的考證寫成的。郭沫若的《詩經》新譯《卷耳集》，能得到胡適的賞識，當然會高興得跳起來，抱胡適而吻之。

不過，使郭沫若震撼的，還是胡適送給他的那本《國學季刊》。《國學季刊》的創刊，就中國現代史學而言，是自一九〇二年，梁啟超發表他的〈新史學〉以來，另一個新的起點。

胡適在《國學季刊》的發刊宣言中，除了對中國傳統研究方法，作了批判性的繼承外，並提出了新的研究方向；一用歷史的眼光擴大國學研究的範圍；二用系統的整理幫助國學研究資料；三用比較的研究幫助國學的整理與解釋。所以《國學季刊》的創刊不僅是中國現代史學，更是自五四新文化運動以來，中國學術從傳統邁向現代的一面引導旗幟。

所謂「新文化運動」，胡適在五四運動時期寫的〈新思潮的意義〉，已詳細解釋。民國四十八年，在臺北文藝協會講的「中國文藝復興運動」，又重申前義，他認為新文化運動的根本意義只是一種新的態度。所謂新的態度，就是重新估定一切價值的批評態度。所以新文化運動真正的意義，具體的表現在四個發展的階段上：一是研究當前具體和實際的問題。這些問題包括了以儒教為國家道德標準的問題，語言文字問題，國語統一問題，婦女解放問題等等。二是輸入學理，也就是從海外輸入新理論、新觀念、新學說，幫助解決當時面臨的具體和實際問題。三是整理國故，也就是對傳統學術思想的態度，即對固有文明作系統而嚴肅的批判與改造。由於以上三方面的努力，必然產生第四方面的結果，也就是「文化再造」。經過嚴肅地分析當時面臨的實際的問題，這些問題透過輸入的新觀念、新學理、新思想的協助得到解決。同時以嚴肅的批判的態度，對固有文明作系統的了解和改造，運動的結果就會產生一個新的文明來。

胡適認為對學術思想系統批判的「整理國故」，是新文化運動最重要的環節。他給郭沫若的那本《國學季刊》，就是他「整理國故」理想的實踐。郭沫若沒有想到創造社在文學創作的努力，漸漸被世人注意，他的詩集《女神》、《星空》相繼出版，並且得到文學界的肯定。他認為在文學創作方面，可以與胡適相提並論了。可是胡適所提倡的「國故運動」，又引導新文化運動步入另一個新階段。這是郭沫若沒有想到又痛恨的。於是，創造社開始攻擊胡適領導的國故運動。成仿吾諷刺國故運動，是一批無聊的文人只顧搜集死文字，據以相爭的無聊運動。郭沫若說整理國故運動，充其量只是一種報告，是一種舊價值的新評估，不是一種新價值的創新，所以國故運動是微末不足道的。他甚至大言說道：「我們應努力做出一些傑作，來供百年後考據家考證。」但事實上，郭沫若已意識到國故運動是新文化運動發展過程中，一個不可抗拒的新趨向。所以，他一方面批判國故運動，另一方面也寫了幾篇國學的論文，如〈中國文化之傳統精神〉、〈儒教精神之復活者王陽明〉與〈惠施的性格與思想〉等等。也許當時的郭沫若，真如胡適所說「思想不大清楚，功力也不好」。他所寫的這類文章，離當時的水準還遠得很。

另一方面，由於胡適在北大講學，常據他從西方學來的實證主義的方法，來考證中國的歷史。以及從鄭樵、姚際恆、崔東壁得到啟示，使顧頡剛對中國古史的威信發生懷疑。在胡適、錢玄同的鼓勵下，顧頡剛寫成了他的〈層累地造成中國古史說〉。在胡適辦的《努力週報》上的《讀書雜誌》發表後，引起學術界熱烈的反應與討論。後來討論的文章在民國十五年，由顧頡剛編成了《古史辨》第一冊出版。胡適認為顧頡剛用歷史演進的方法，研究中國歷史上的傳說，在學術界投下了一枚炸彈。也可以說是胡適「整理國故」理想的實踐。無可否認，顧頡剛的《古史辨》是現代學術發展中的一次突破，就其對中國現代史學完全脫離經學的絆繫，真正從傳統邁入了現代。在顧頡剛的《古史辨》出版的時候，郭沫若正應中山大學前身的廣東大學之聘，前往擔任該校文學院院長，這是郭沫若由文學創作向學術領域過渡的第一步。但在這場歷史性的學術辯論中，郭沫若竟無法置喙，這是他所不願也不甘心的。所以，在他亡命日本不久，就展開中國古史的研究。雖然郭沫若自己說，他研究中國古史非常偶然，完全為了排遣無處發洩的精力。但郭沫若一生，從不做一點對自己無利的事。以上的分析可以了解，他的中國古史研究，是被胡適的「整理國故」運動擠出來的，在他吻胡適時已經開始了。

在中國現代學術發展過程中，中國上古史研究的成績最突出，五四前後中國上古史的研究方法可分為三類，一是以書本上的考證與傳統思想——也就是乾嘉治學方法結合治古史的有章太炎、陳垣。二以書本上的考證，結合新出的甲骨文治古史的，自孫詒讓開始，而以羅振玉、王國維為代表。三以書本上的考據，結合實證主義方法而治古史的，胡適是倡導者。郭沫若則選擇了羅振玉，尤其王國維的研究基礎，結合了馬克思的唯物史觀，治中國古代社會史，走上了中國古史研究的第四條路。

至於郭沫若為什麼會選擇這條治學的道路，的確是一個值得探索的問題。第一次大戰結束，戰勝和失敗雙方的境遇都同樣悲慘。因此，使西方學者對十九世紀形成的西方近代文明，有一個反省和檢討的機會，對於十九世紀資本主義的弊病，批判最徹底的就是馬克思。於是馬克思的思想便脫穎而出，成為當時歐洲最流行的思想。雖然，在東方俄國應用這種思想獲得革命成功，但這種思想卻很快在日本迅速散佈開來。當時中國留日學生多少都受了這種思想的感染。五四時期將馬克思思想介紹到中國的陳獨秀、李大釗都是留日學生，後來在三十年代中國社會史大論戰中，披著馬克思甲冑參戰的，也多是留日學生。當然，郭沫若和創造社的構成分子也不例外。

不過，郭沫若流亡日本之時，卻遇到馬克思思想研究的新潮流。民國十六年，中國國民黨在上海發動了「四一二」清黨，使共產國際將中國共產黨，寄生在國民黨內部發展的政策完全失敗。因此，引起共產國際內部，托洛斯基對斯大林執行的中國革命政策，進行了嚴厲的批判。認為農民革命在中國不可能成功，而且在殖民地國家進行革命是不會成功的。所以，斯大林在一九二八年的共產國際第六次大會上，對托洛斯基的右傾機會主義進行批判。同時提出了「殖民地半殖民地革命綱領」，總結了中國共產黨在中國革命失敗的經驗。

共產國際內部兩條政治路線的鬥爭，同樣也反映在意識形態領域之中。蘇聯的經濟與歷史學者，針對一九二六至二七年，中國共產黨在中國革命的失敗進行討論。因而對中國社會性質也深入探索，但卻發生不同意見的爭議。有認為中國兩千年根本沒有封建社會，所以現代中國不可能存在封建殘餘。有的則認為中國古代曾發生過亞細亞生產方式。蘇聯東方古典社會論者馬扎耳，一九二八年出版的《中國農村經濟研究》就提出帝國主義在中國遇到的是什麼社會？什麼形式的生產方式？對這個社會發生過什麼問題？於是，中國社會性質的問題，成為討論與探索的對象。這些問題後來成為中國學者，在三十年代展開的「中國社會史大論戰」爭議的內容。

蘇聯學者對中國社會性質的討論，同時也影響了日本的馬克思論者。如森谷克己的《中國社會史諸問題》與早川二郎、秋澤修二等分別在他們辦的《歷史科學》、《經濟評論》、《唯物論研究》等刊物上，發表有關中國社會性質問題的論著。所以，結合馬克思的思想討論中國社會性質問題，已是當時流行的風氣。這種風氣同時影響到中國，「中國社會史大論戰」的序幕已掀開，參加論戰的多是五四時代受到馬克思思想感染的青年，而這批較郭沫若年輕的一輩，又多是從日本留學歸來的。這是郭沫若亡命日本時所遇到的潮流，他當然不會放棄這個機會。而且這時王國維沉湖自殺不久，王國維對甲骨文和金文研究，已闢創出一條新的蹊徑，還留下一塊廣大待墾的園地。於是郭沫若就利用王國維留下的基礎，和馬克思理論結合起來，討論中國古代社會。用舊的屍體來表現新的生命，是郭沫若文學創作慣用的手法。現在他又將這種手法，應用到中國古代社會研究方面去。

對於中國古代社會，胡適與胡漢民等在《建設雜誌》，論辯「井田」有無時，已經觸及。不過，郭沫若選擇這種方法研究中國古代社會，卻是胡適無法做到的。所以，當民國十九年，郭沫若將他這幾年以杜衎的筆名，發表的一系列關於中國古代社會研究的論文，定名為《中國古代社會研究》，由上海大東書局出版。到這個時候的郭沫若終於躍出文學的圈子，披上新的學術甲冑，躍馬挺槍公開向胡適挑戰了。他在《中國古代社會研究》的自序裡，就明白地說：

> 胡適的《中國哲學史大綱》，在中國的新學界上也支配了幾年，但那對於中國古代的實際情形，幾曾摸著了一些兒邊際？社會的來源既未認清，思想的發生自無從說起。所以我們對於他所「整理」過的一些過程，全部都有重新「批判」的必要。

我們的「批判」有異於他們的「整理」。「整理」的究極目標是在「實事求是」，我們的「批判」精神是要在「實事之中求其所以是」。「整理」的方法所能做到的是「知其然」，我們的「批判」精神是要「知其所以然」。「整理」自是「批判」過程所必經的一步，然而它不能成為我們所應該局限的一步。

郭沫若要批評的除了胡適個人，還有胡適領導的「整理國故」，他要以批評代替整理，企圖全盤否定整理國故運動。八年前胡適贈送郭沫若一本《國學季刊》，現在終於得到了回報。不過，這只是一個開始，因為郭沫若在《中國古代社會研究》出版不久，民國二十年四月，上海開明書局又出版了他的《屈原》。這本書包括了〈屈原的存在〉、〈屈原的作品〉、〈屈原的研究與思想〉等，這是郭沫若研究屈原的開始。後來他又寫〈屈原研究〉，並出版了《蒲劍集》，還創作了《屈原》的歷史劇。對於屈原，郭沫若的確投下不少時間。他研究屈原，是從〈屈原的存在〉出發的。關於屈原的存在問題，由於胡適認為屈原是個神話人物，他的存在與否還是個問題。所以，郭沫若在《屈原》出版時說：「否定屈原存在是新文化運動的結果，人對古代的一切，都想用另一副眼光加以懷疑、加以批評。過去不成問題，現在都成問題了，屈原存在與否便是一個例子。」他並且直接指出製造這個問題的就是胡適。並且批評胡適，自五四以來提倡實證主義，一切都要真憑實據，問題卻在提出的證據是否絕對可靠上。

郭沫若對胡適是緊追不捨的。可是名滿天下，謗譽隨之的胡適，卻對郭沫若的攀纏，始終沉默不語，這是郭沫若最遺憾的事。終於在民國二十六年結束流亡歸國前，郭沫若又寫了〈駁說儒〉。胡適的〈說儒〉原發表在《中央研究院史語所集刊》第四本第三分，這是胡適由疑古變為信古後，非常「大膽假設」的一篇文章，認為儒是殷代的宗教、一種柔順的宗教，後來經孔子將柔順轉變剛毅中正，恢復了殷代的光榮。因此胡適認為三年之喪是殷代的制度，《易經》的「需」卦即原始儒教的形容，由〈正考父鼎銘〉可以證明儒教的柔順，〈商頌・玄鳥〉是預言孔子誕生的詩。郭沫若對胡適提出的論證，一一批駁。他說三年喪是孔子創制的，《易經》是戰國時作品，〈正考父鼎銘〉是偽作，〈商頌・玄鳥〉是讚美成湯的詩，並非預言。〈駁說儒〉寫於民國二十六年五月，正好可作為郭沫若去國十年，為批判胡適而研究中國古代社會的總結。這篇文章在郭沫若歸國後不久發表，當時適值蘆溝橋抗日戰爭爆發，這篇郭沫若認為批判胡適最重要的文章，竟被大時代的浪濤吞沒了，並沒有引起人的注意。這是郭沫若深以為恨的事。

當郭沫若帶著〈駁說儒〉的稿子，乘船經過黃海，看著起伏的波濤感慨良深，寫下了一首歸國感懷詩，其中有一句「四十六年餘一死」。想到自己十年來耕耘的辛酸，如果能憑著這篇〈駁說儒〉將胡適一擊而倒，他願足矣。沒有想到這篇文章不僅沒有引起學術界的注意，而且知者甚少，他只有繼續和胡適周旋了。所以，在抗日期間郭沫若雖已經自陷於政治漩渦之中，他還是繼續和胡適鬥爭，他研究諸子的《十批判書》，就是為了批判五四以後的「梁（啟超）胡（適）餘波」，但不論怎麼吶喊，胡適已遠在重洋外，根本是無法聽見的了。所以，他在歸國後十年又寫了一首，其中有句類似回國時寫的「五十六歲餘骨鯁」，那塊骨鯁是什麼，當然不言可喻了。

不過，那塊在郭沫若喉頭的骨鯁，終於在民國四十三年一吐為快。中共建立政權後，郭沫若任中共中國科學院長，這是中國大陸學術領導最高的負責人，事實上他已達到最初取胡適而代之的願望。但胡適的思想仍然在學術界根深蒂固存在著，這是令郭沫若寢食難安的。於是，在民國四十三年十月，郭沫若撐著反資產階級思想的旗幟，透過俞平伯的《紅樓夢》研究批判，擴大為胡適思想批判。郭沫若強調說，對胡適資產階級思想的批判，是思想戰線上一場極重要的鬥爭。因為胡適的資產階級唯心論學術觀點，在中國學術界是根深蒂固的，在不少高級知識分子中還有不少潛勢力。在某些人的心目中，胡適還是學術界的「孔子」，這個「孔子」還沒有被打倒！

於是郭沫若透過他主持的中國科學院與中國作家協會舉行聯席會議，通過一項聯合批判胡適思想的計劃，擬定九項內容，分別是胡適哲學思想批判、胡適政治思想批判、胡適歷史觀點批判、胡適文學思想批判、胡適哲學史觀點批判、胡適文學史觀點批判、胡適的考據在歷史和文學研究工作中的地位和作用的批判、《紅樓夢》的人民性和藝術成就和對歷來《紅樓夢》研究的批判。通過這些批判，郭沫若說最後要把胡適的反動思想，在學術界和文藝界的遺毒，加以徹底清除。接著一個全面性的胡適思想批判運動，隨即熱烈展開了。胡適變成了一個箭垛，不論識或不識都彎弓向胡適射去。

郭沫若舉著政治的棒子，向胡適重擊下去，他終於吐出他喉中的骨鯁，開懷暢笑了。但旅居在美國的胡適也笑了，因為他沒有想到他的思想，竟動員了這麼多人析解。而且透過對他思想的批判，他才發現「在這全部工作中的努力，固然不很成功，但在某些方面也做了一些事。」經過這次的批判，中國大陸的知識分子有機會重讀了胡適的著作，胡適思想的遺毒，也透過那八冊胡適思想批判的「黑資料」，在中國大陸公開流傳。借句現成的馬克思術語說，在否定的否定之後，胡適的思想反被肯定了。所以，在一九七九年以後，胡適思想很容易就被「平反」了。這是郭沫若生前所沒想到的，因為他一九七八年就死了。如他地下有知，真的要含恨九泉了。

所以，郭沫若對胡適的追逐攀纏的過程，是非常漫長而曲折的。雖然錯綜複雜又迂迴，但還是有線索可尋。而且這一切都是他吻了胡適之後才開始的。

郭沫若在日本千葉縣

一九二八年二月二十四日，郭沫若以吳誠的化名，從上海亡命日本，一九三七年七月二十五日，又以楊伯勉的化名，從日本登船返國，前後十年間，他蟄居在與東京一衣帶水之隔的千葉縣市川東葛郡須和田二六七番，由一個浪漫的文學創作者，蛻變為一個中國古史的研究者。一九七八年郭沫若死後，中國大陸的史學工作者，根據周恩來所說郭沫若「懂得在革命退潮期怎樣保持活力，埋頭研究，補充自己，也就是為革命作了新貢獻，準備了新的力量。他的海外十年，充分證明了這個真理」。因此眾口一聲地認為，郭沫若以中國古代史料，結合馬克思思想所作的中國古史研究，尤其對資產階級「買辦學者」胡適提出的公開挑戰，都有一定的政治目的。

不過，對於中國史研究，郭沫若自己卻說，他亡命日本十年，開始了中國古代社會研究，祇是把無處發洩的精力，用在殷墟甲骨文字與殷周文字探討方面，事實上是娛情聊勝於無所事。假如有更實際的工作做，他並不甘心做一個舊書本子裡的蠹蟲。這麼說，郭沫若對中國古史研究完全是偶然的，卻無心插柳而柳成蔭了。郭沫若在他自己寫的回憶文章裡，歡喜將自己文學創作或學術研究，作英雄式的天才誇大，或故作中國文人式的瀟灑，因而對他自己的中國古史研究作上述描繪，是不足為奇的。不過在近代中國知識分子之中，能一筆畫出兩個太陽的，除了郭沫若外絕無他人。所以，對將功利與機會主義的運用，達到爐火純青地步的郭沫若來說，他一生從不做對自己無益無用之事。即使為政治服務，也會把個人的利益建築在政治之上。因此，他的中國古史研究，就不僅是為了政治或娛情那麼單純了。這的確是一個值得探索的問題。

郭沫若由文學向中國學術領域過渡，據他自己說是非常偶然的。他說到日本快半年以後，寫作的欲望動了，想把小時候背得爛熟的《易經》來作一番研究。因為他覺得《易經》所包涵的宇宙觀是合符辯證法與唯物論的。他感到《易經》把自然界看成一個流動的過程，是一種「變化不居，周流六虛」的東西，而且還探索到變化的原因是矛盾的對立。所謂「剛柔相推而生變化」，由太極而生兩儀，兩儀而八卦，和細胞的倍數分裂相似。他認為，過去對《易經》的研究都披著一件神祕的外衣，而且在粗糙的觀察中夾雜著過量的想像成分。但兩三千年前就有這樣有體系的組織觀念，是值得作對象闡發的。

可是，當時他手邊一本中國古書也沒有，於是去東京神田本鄉三丁目，花了六個銅板，買了一部明治十四年辛巳新鐫的《易經》，是日本水戶藩藩學讀本，薄薄的上下兩冊，附有日式的句讀，及卷首偶有標準的反切和字義外，將經傳分開，沒有注疏的白文。郭沫若說這止合他之意，可以免去和古人的注疏糾纏。他費了六天工作，便寫成了〈周易的時代背景與精神生產〉。這是郭沫若正式向中國古代史研究領域跨出的第一步。

不過，郭沫若當時對中國古代史的知識，祇限於傳統的經傳和子書方面。他四五歲開始受舊式教育，每天必讀《四書》《五經》。十三四歲的時候，接近先秦諸子，先讀《莊子》，再讀《道德經》、《墨子》、《管子》、《韓非子》。十七八歲時做過一些諸子的抄錄，不過那祇是把警粹的句子抄下來，目的是為了做文章時辭藻的運用，和中國古史研究沒有直接的關係。而且在這個時候以前，他的興趣集中在文學創作，很少注意到這一方面，雖然也寫過兩三篇關於古代意識形態的文章，祇不過順潮流湊熱鬧，根本談不上所謂研究。

郭沫若在他的〈周易的時代背景與精神生產〉脫稿第二天，就被日本東京橋區警察局拘捕了三天。回來後，又開始研究起《詩經》和《書經》來，費了半個月的時間，寫成〈詩書時代的社會變革與其思想上的反映〉。但這篇文章寫妥後，郭沫若發現在材料和方法上都有了問題。在材料方面，除了上述的《易經》外，關於《書經》所憑藉的本子，也祇是花了幾毛錢，在東京買的朱注和蔡注本。根據這些材料就進行對中國古代社會的分析，不僅非常可憐，更是非常大膽的。雖然《詩》、《書》、《易》三部書，儘管是一般人所相信可靠的書，但傳了幾千年有無數先人之見羼雜其中，編簡既難免有錯奪，文字也經過好幾次的翻寫。尤其有問題的是三部書的年代都沒有一定標準。因此，論中國古代史單根據這三部書作研究資料，在出發點上便有了問題，所得的結果就會有「蜃氣樓的危險」。至於方法上，郭沫若運用辯證唯物論研究中國歷史的發展，但最初的研究就犯了公式主義的毛病，死死地將唯物主義，硬往中國古代資料上套，既然根據的材料和方法都有了問題，所得的結論自然是難獲自信的。因此，他說他的努力豈不是拿著銀樣蠟鎗頭在和空氣作戰嗎？於是，他便失去了當初一鼓作氣的盲動力。

所以，郭沫若認為有切實研究考古資料的必要，首先是甲骨文。關於甲骨文，郭沫若在岡山高等學校肄業時，甲骨文研究最初的拓墾者羅振玉和王國維正僑居京都，他在圖書館曾見過《殷墟書契》的名目。於是到東京上野圖書館，檢到了《殷墟書契前編》，立即借閱。但書的內容除了書前有羅振玉簡略的序文外，都是些拓片。這些拓片對當時的郭沫若來說，差不多是一片墨黑。他祇好再找另一個門徑，由售中國古籍的文求堂店主人田中慶太郎，推薦了一冊天津石印本增訂本的《殷墟書契考釋》。這本書有甲骨文字彙的考釋，正是郭沫若需要的入門書。可是定價十二元，他無力購買。不過，田中慶太郎卻告訴他，這些材料東洋文庫應有盡有，祇要有人介紹，就可以隨便閱讀。當時東洋文庫的負責人是石田干之助，郭沫若就找了石田的同班同學藤村成吉介紹。藤村成吉是日本著名的左翼作家，郭沫若岡山六高的德文老師。於是郭沫若便進入東洋文庫，文庫裡藏著豐富的甲骨和金文資料，全部歸他獨覽了。

以後的一兩個月之內，郭沫若讀畢了庫中所藏的一切甲骨文和金文的著作，也讀完了王國維的《觀堂集林》，並且還讀了安德生在甘肅、河南等地的彩陶遺跡報告，又讀了北平地質研究所關於北京人的報告。掌握了這些材料以後，郭沫若說，他對中國古代的認識，算得到了一個比較可以自信的把握了。所以，他關於《詩》、《書》研究部分最後寫著：「一九二八年八月二十五初稿，十月二十五日改作」，從初稿到最後改作，其間相隔兩個月的時間。這兩個月的時間，由於從事甲骨文與金文的鑽研，使他在研究的程序上起了很大的轉變。這個轉變使郭沫若成為一個中國古史的研究者。從一九二八年十二月完成了〈詩書時代的社會變革與其思想上之反映〉，到一九三七年四月十五日，作〈殷契萃編序〉，前後一共出版了《中國古代社會研究》、《殷周青銅器銘文研究》、《甲骨文字研究》、《金文叢考》、《兩周金文辭大系》、《古代銘刻匯考續編》、《殷契萃編》等八種關於中國古文字與古史研究的著作。

郭沫若甲骨和金文方面研究成果，很快得到國內學術界的肯定。認為他的甲骨文的研究，繼承了王國維對甲骨文拓荒的基礎，有進一步的擴展。尤其是他的《甲骨文字》卷二、《卜辭通纂》卷三、《中國古代社會研究》的〈卜辭中的古代社會〉、〈殷周奴隸社會考〉，以及〈古代社會研究的自我批判〉，對殷代史跡探索提供了新的途徑。他自劉體智藏的甲骨中，取其十分之一，得一千五百九十五片而成的《殷契萃編》，在考釋中如以日的出入為祭，闡釋〈堯典〉的「賓霓出日」、「賓餞入日」是殷禮，又以鳳為爽，步有方位來說明殷人的神話遺痕都是新穎的見解。在金文研究方面，郭沫若的《兩周金文辭大系》、《兩周金文辭大系考釋》，對世存的鐘鼎文字作了總結的系統整理。郭沫若根據器銘本身所表現的年代，然後再由器物、花紋、人名地名等輾轉互證，對於西周文字獲得其確定年代或近似的年代，共一百六十二件。至於東周列國的遺物，則以國為別，並且以年代貫穿，得一百六十一件，書前並有研究銅器紋化形制的〈彝器形象學初探〉一篇，是中國近代銅器研究的奠基工作。郭沫若以紀年作為器物製作的依據的方法，顯然受富岡謙藏、梅原末治等日本研究中國銅鏡的影響。中國近代學者古史研究的方法可分為四類，一、把書本考證學與傳統思想結合起來治古史的，從顧炎武起，以戴震、高郵二王、錢大昕、陳垣等為代表；二、把書本的考證學與實用主義方法結合起來治古史的，以胡適等為代表；三、以書本考證學與新出土的甲骨材料結合起來治古史的，從孫詒讓開始，而以羅振玉、王國維等為代表；四、把書本的考證學、甲骨史料與唯物史觀結合起來治古史的，以郭沫若為代表。郭沫若在這一方面的研究，被認為是自五四以來，李大釗應用唯物史觀分析儒家思想後，另一個新的起點。

不過，為什麼郭沫若突然會將興趣轉向中國古史的研究？關於這個問題，先從當時他的文學創作方面探索。五四以後的近十年間，郭沫若是馳騁在文壇上的一員健將，他既創作又翻譯。在創作方面不論詩、戲劇、散文、小說，他都玩上一角，而且也玩得不錯。不過，自從一九二六年三月，應聘南下廣州之後，很長的時間，不僅沒有文學創作，就是連理論的文章也差不多中斷了。郭沫若離滬亡命日本不久之前，為他自己的《地平線下》寫的序引中，就說這個長時期是他創作的「石女時代」。的確，郭沫若的創作高潮已過，自一九二六年三月以後，他除了修改自己過去的舊稿結集出版，似乎再沒有新作出了。後來亡命日本，日本是他舊遊之地，這次又是亡命而來，自當別有一番滋味在心頭。尤其他又是醉心屈原的，論理說該迸發新的創作力量，有新的作品出現的。可是卻沒有；除了最初為了生活，翻譯了一系列辛克萊的作品，就是發表他的自傳《我的童年》、《反正前後》了。雖然自傳也可說是一種創作。但一個人除了自認已沉澱到歷史裡去了，還沒有到寫回憶錄的年齡，就出售自己的私生活，的確是很可悲的事，那似乎意味著自己光榮的日子一去不復返了。郭沫若在他文學創作的道路上，的確遇到了困境。不過，郭沫若卻不能承認這個殘酷的事實。因此，必須尋找另一個突破。而選擇了以馬克思的觀點解釋中國古代社會，作為自我突破的目標，是非常可能的。

雖然，郭沫若自己曾說：「人知好利之害，不知好名之害尤為甚，所以不知者，利之為害粗而易見，名之為害細而難知。」三代以下無不好名，而郭沫若好名尤甚。尤其他隱名埋姓亡命日本，靠著國內的接濟與後來的稿費和版稅，維持一家六口閒居川市的生活，雖不能說富裕，但也不算菲薄了。可是對於名的突然失去，他卻是耿耿於懷的。所以當他隱名埋姓初到日本，聽到東京中國留學生，談論不知郭沫若到什麼地方去了。他不禁竊竊自喜地說：「我能不感奮嗎？國內外的青年朋友們關心，不是他們予了我無上的安慰和鼓勵，不是他們使我覺得強有力的支柱在扶持我嗎？」到日本後，他以麥克昂的筆名在國內發表文章，後來《創造週報》刊登復刊啟事，魯迅名列第一，「麥克昂的變名居第二」，非常沾沾自喜。對於日本報紙登過他的照片，被視為左派要人，監視他的刑警認為他是個大人物等等，卻勾起他過去光榮的回憶。但在日本所受到的冷落或寂寞，的確是他非常難耐的。所以當郁達夫到日本，邀郭沫若同去參加日本人士歡迎他的宴會，看到郁達夫受到日本人的禮遇，心裡就難免有所暗慕了。

他以麥克昂的筆名寫文學作品，後來又以杜衎、杜顽庶等假名，發表關於中國上古史的文章，卻非他所願。所以，當他的《中國古代社會研究》一九三〇年在上海由大東書局出版，在報上刊登預約的廣告時，郭沫若說：「他們在報紙上大登廣告，徵求預約。那廣告之大，在當時曾突破紀錄，這個替我發洩了不少精神的鬱積，我很高興，並不是因為這樣使我大出了一次鋒頭。不，我不是鋒頭主義者。老實說，有時候，我自己看見郭沫若三個字都有點討厭。但我看見那大規模的廣告實在高興。」由於這預約廣告，郭沫若歡欣之情溢於言表。所以如此，由於這本書用他的原名發表，於是便一時成啞謎的杜衎才又現了原形。因此，郭沫若到日本之後，為了想恢復自己失落的名聲，想創造新的名聲，而選擇了中國古史研究，也是非常可能的。

至於應用馬克思的唯物辯證法解釋中國歷史，郭沫若說是經過創造社後期朋友們的「擠」，而被擠出來的。創造社是一群天真的人的天真結合，主張個性自由與組織自由，是創造社最初兩個無形的標語，這兩個標語總歸起來，就是極端個人主義的表現。所以，他們雖然自認為是馬克思主義者，而且發出吶喊。不過，即使那吶喊有血有淚，還是非常天真的。因為他們對自己生活的社會認識不夠，而且也沒一個共同一致向前邁進的目標。他們最初蝸居在亭子間中創作的作品，所彈的基調脫不了生活的壓迫和自身委屈的傾訴，和實際的社會似乎沒有多大關係。其後各人找到自己啲飯的地方，生活有了著落，那滿腹的委屈就煙消雲散了。郭沫若最初期的作品，也免不了對生活委屈的傾言，充滿了懷才不遇的牢騷。不過，郭沫若和成仿吾、郁達夫不同，因為他比較世故，且有更大的野心。創造社祇是他最初出發的基地，不是他最終的目標。除非他自甘情願，否則不論創造社的朋友們如何擠他，也是擠他不出的。郭沫若是個永遠不會放棄他那種英雄式自我的人。不過，他卻能看準時代的變。知道在變動中，把自己放在什麼地方，而且是不會錯過機會的。關於這一點，郭沫若和走在他前面的梁啟超是相似的，都是吸收新思潮而不傷食的人。

馬克思思想在第一次世界大戰後，已成為歐洲流行的意識形態，五四時期由陳獨秀、李大釗透過《新青年》介紹到中國來。而且由於俄國十月革命的鼓舞，在這個時期成長的青年，多少都受到這種意識形態的感染。尤其郭沫若又在馬克思思想傳入中國轉運站的日本受教育，他對於這種時髦的潮流當然不甘落後的。至少在創造社初期，他對馬克思學說還是個門外漢。甚至有人勸他讀河上肇個人辦的雜誌《社會問題研究》，他當時並不感覺著怎麼的必要。即使在一九二四年一月列寧死了，郭沫若寫了〈太陽沒了〉的悼詩，但當時對馬克思列寧主義仍沒有明確的認識，祇有想檢討這種思想的憧憬。但就在這一年的十月，他翻譯河上肇的《社會組織與社會革命》由商務出版了。這是一本河上肇的論文集，很多地方曲解了馬克思的本意。但郭沫若卻視同瑰寶，並且自認為譯了這本書之後他開始醒覺了。所以他當時對馬克思思想的認識，還是相當膚淺與倉促的。

後來郭沫若又寫了〈馬克思進文廟〉，至亡命日本似再沒有類似的著作發表了。不過，他亡命日本之時，卻遇到了馬克思思想研究的新潮流。一九二七年，中國國民黨在上海發動了「四一二」清黨，使共產國際將中國共產黨寄生在中國國民黨內部發展的政策受到嚴重的挫折。因此，引起共產國際內部，托洛斯基對斯大林所執行的中國革命政策進行批判。認為農民革命不可能成功，而且在殖民地國家進行革命也是不會成功的。因此，斯大林在一九二八年的共產國際第六次大會上，對托洛斯基的右傾機會主義進行批判，同時提出「殖民地半殖民地革命綱領」，總結了中國共產黨在中國革命失敗的經驗。共產國際內部兩條路線的鬥爭，同樣也反映在意識形態領域之中，蘇聯的經濟與歷史學者，針對一九二六至二七年，中國共產黨在中國革命的失敗進行討論，因而對中國的社會性質也深入探索，但卻發生不同意見的爭議。有的認為中國兩千年根本沒有封建社會，所以現代中國社會不可能存在封建殘餘。有的則認為中國古代曾經發生過亞細亞生產方式。蘇聯東方古典社會論者馬扎耳，一九二八年出版的《中國農村經濟研究》就提出帝國主義在中國遇到的是什麼社會？什麼形式的生產方式？對這個社會發生過什麼問題？於是對中國社會性質問題進行廣泛的討論。關於中國社會性質的問題，同時在日本學者之間也在討論，如森谷克己的《中國社會史諸問題》，及早川二郎、秋澤修二、相川春喜也分別在《歷史科學》、《經濟評論》、《唯物論研究》等學術刊物上，發表有關中國社會性質問題的論著。所以，結合馬克思思想討論中國社會問題，已是當時非常流行的風氣。這種風氣同時也影響到中國，「中國社會史大論戰」的序幕已經展開，參加論戰的多是在五四時代受到馬克思思想感染的青年。而這批較郭沫若年輕的一輩，又多是從日本留學歸來。這是郭沫若亡命日本時所遇到的潮流，他當然不會放棄這個機會。同時這時王國維沉湖自殺不久，王國維對甲骨和金文研究已開闢出一條蹊徑，尚留下一塊廣大待墾的園地。於是郭沫若就利用王國維留下的基礎，和馬克思理論結合起來討論中國古代社會。用舊的屍體來表現新的生命，是郭沫若文學創作慣用的手法。現在他又將這種手法，應用到中國古史研究方面去。

郭沫若從事中國古代社會研究，除了以上分析的可能原因外，還有一個他不便說明，但卻是非常重要的原因，那就是要和胡適對抗。當他的《甲骨文字研究》初稿完成後，寄給他的「未識友」容庚。容庚是郭沫若最敬仰的王國維四個治古史的學生之一，當時在北平燕京大學教書，並主編《燕京學報》。容庚看後，轉給中央研究院史語所的傅斯年。傅斯年看了，希望他的書能在中央研究院《史語所集刊》發表，然後再出單行本。稿費一千字五元，單行本另抽版稅百分之十五，郭沫若也認為當時也算相當公平了，但他卻鐵面拒絕了。他說他有潔癖，中央研究院是官辦的。因此，回信給容庚說：「恥不食周粟。」

事實上，對所謂的「周粟」，郭沫若並不是那麼堅決拒絕的。後來一九三七年日本歸國，食的就是他所恥的「周粟」，收下南京國民政府匯去的六百塊錢，其中二百元還是中國駐日大使許世瑛先墊的。他所以斷然拒絕他的《甲骨文字研究》在中央研究院《史語所集刊》發表，是由於傅斯年是當時史語所的負責人，而傅斯年又是胡適的學生。和胡適對立並進行挑戰，是郭沫若、成仿吾、郁達夫成立創造社之初既定的決策；郭沫若說：「第一步和胡適對立，和文學研究會對立，和周作人等《語絲》對立，在旁系上和梁任公、張東蓀、章行嚴也發生糾葛。」

創造社一成立就擺出戰鬥的架式，似乎要和參加五四新文化運動的各幫派都對立起來。主要的目標當然還是胡適，這種心態是十分容易了解的。創造社最初構成的分子，都是從日本接受教育陶養出來的。五四新文化運動最大的轉變，就是直接來自歐美的影響，代替了二十世紀初所受的日本影響。因此這批留學日本，又沒有直接參加這個歷史性的運動的青年人，在心理上不免有某種程度的失落或冷落的感覺，很自然地採取了對抗的行動。對抗胡適，郭沫若最初不像成仿吾那麼決絕。雖然郭沫若說他自己是一個偏向主觀的人，但他卻認為藝術本身是具有功利性的，所以作家有時也要迎合時勢，在社會上才容易收一時之效。迎合時勢而收一時之效，也許就是郭沫若一生應用得最純熟的技巧。所以，在最初創造社雖然對胡適進行對抗，但郭沫若在私下裡，卻和胡適保持著「新舊的友誼」。但公開行文時，卻對「胡大博士」熱諷冷嘲。因為郭沫若衡量時勢，他自己雖然沒有參加歷史性的新文化運動，但如果要在其中取得一席之地，就必須以新文化運動第二個發展階段的代言人自居，以創造社為基地，向新文化啟蒙運動的領導人物進行挑戰，於是，胡適就懷璧其罪了。

因此，如果說郭沫若對中國古代社會的研究，是被創造社的朋友們「擠」的，倒不如說是被胡適「擠」的，來得恰當些。因為在創造社成立將近一年，一九二三年的三月，郭沫若也從日本九州帝大醫科畢業，他的詩集《女神》、《星空》相繼出版。在文學上已有他既得的地位。不過，這時國內的文化與學術氣氛已經轉變，整理國故運動正積極展開，北京大學也創辦了《國學季刊》。胡適在《國學季刊》寫了發刊宣言，提出了國學研究的新方向：一、用歷史的眼光擴大國學研究的範圍；二、用系統的整理來幫助國學研究資料；三、用比較的研究來幫助國學的整理與解釋。無可否認地，《國學季刊》的創刊，是自五四新文化運動以來，中國學術現代化另一個新的起點。郭沫若和胡適初次見面，胡適認為郭沫若的「新詩頗有才氣」但「思想不大清楚，功力也不好」。而贈了他一冊新出版的《國學季刊》，這無疑對郭沫若發生了很大的震撼。

但對於國故整理運動，創造社的成仿吾諷刺說，是一批無聊文人，只顧搜羅死文字，據以相爭的無聊的運動。郭沫若也認為對於這種整理事業的批評，不可估之過高。整理事業充其量只是一種報告，是一種舊價值的新的評估，並不是一種新價值重新創新。國故整理在文化上所效的貢獻殊屬微末。他甚至說：「我們應努力做出些傑作來，供百年後考據家考證。」郭沫若雖然如此說，事實上，他在這個期間也有跳出文學創作的範圍，向被嘲笑的國學領域跨步的企圖。在這個時期他先後發表了幾篇「無用之中有大用焉」的國學論文，那是：〈讀梁任公墨子新社會之組織法〉、〈中國文化之傳統精神〉、〈儒教精神之復活者王陽明〉，以及〈惠施的性格與思想〉，但因為那時他不是專家，一直沒有引起讀者的注意。

由於胡適在北大講學，常據他從西洋得來的治學方法，考證中國歷史上的問題，以及從鄭樵、姚際恆、崔東壁得到啟示，使顧頡剛對古史的威信開始搖動，寫成對古代傳說懷疑的「層累地造成的古史觀」，在《努力週報》的《讀書雜志》發表後，引起學術界的熱烈的討論。後來討論的文章，一九二六年由顧頡剛編成《古史辨》第一冊出版。郭沫若這時正應廣東大學（次年改名中山大學）之聘，前往擔任該校文學院院長，這是他由文學向學術研究過渡的第一步，對這場熱烈的論戰，竟不能置喙。因此，郭沫若亡命日本後不久，即展開對中國古史與古文字探索，可能是由這個原因促成的。所以，當他的《中國古代社會研究》完成後，在他寫的自序裡，就明白地說：

> 巫覡已經不是我們再去拜求的時候了，就是在近代資本制度下新起的騙錢醫生，我們也應該要聯合起一個拒醫的同盟。
>
> 胡適的《中國哲學史大綱》，在中國的新學界上也支配了幾年，但那對於中國古代的實際情形，幾曾摸著了一些兒邊際？社會的來源既未認清，思想的發生自無從說起。所以我們對於他所「整理」過的一些過程，全部都有重新「批判」的必要。
>
> 我們的「批判」有異於他們的「整理」。
>
> 「整理」的究極目標是在「實事求是」，我們的「批判」精神是要在「實事之中求其所以是」。
>
> 「整理」的方法所能做到的是「知其然」，我們的「批判」精神是要「知其所以然」。
>
> 「整理」自是「批判」過程所必經的一步，然而它不能成為我們所應該局限的一步。

所謂「整理」，也就是胡適所領導展開的國故整理。到這時候，郭沫若終於躍出文學的圈子，披上新的學術甲冑，提槍躍馬公開向胡適宣戰了。不過，這還祇是一個開始，但卻已和他以前唐吉訶德式的戰鬥完全不同了。

郭沫若研究古器物學，對中國古代社會面有了解之後，他的興趣便逐漸轉到意識形態方面去。的確，郭沫若在王國維所謂「於創通條例，開拓閫奧」方面，有了新的突破，更可以他對古史研究的成就，加入《古史辨》的行列了。這時《古史辨》已由古史傳說研究，轉向對古代神話與宗教方面探索，郭沫若也隨著向意識形態領域轉進。在一九三四年與三五年內，他先後寫了關於屈原的研究，〈老聃、關尹、環淵〉，還有用日文寫的《周易時代》和〈先秦天道觀之進展〉。他的〈先秦天道觀之進展〉，和收在《甲骨文字研究》裡的「釋祖妣」，對於「社」即是「高禖」，「高唐」又即是「郊社」的考釋，對中國古代宗教與宗教思想，提供非常新穎的見解。到這個時候郭沫若中國古代史研究業已奠定，於是進一步向胡適挑戰而寫了質問胡適的〈駁說儒〉。

不過，在郭沫若寫〈駁說儒〉之前，曾流連於屈原和《楚辭》方面一段時間。一九三一年一月，《離騷今言釋》脫稿。四月他的《屈原》由上海開明書店出版。這本書輯有〈屈原的存在〉、〈屈原的作品〉、〈屈原的研究與思想〉。這是郭沫若研究屈原的開始。後來他又由這個基礎寫成了《屈原研究》以及《蒲劍集》一系列關於屈原的文章，甚至於創作了《屈原》的歷史劇。對於屈原，郭沫若的確投下了不少時間。不過，郭沫若研究屈原是從屈原的存在問題出發的。他說最近好些學術界的先生們，對於屈原的存在問題發生了疑問，認為屈原只是個神話中的人物，古代根本沒有這個人。他認為，這種推測：

> 是十多年來新文化運動的結果，因為由於近代科學的發達，懷疑精神和批判精神急劇進展，人對古代的一切，都想用另一副眼光加以懷疑，加以批評。因此，過去不成問題的東西，許多現在成為問題了。

把過去不成問題而製造了許多問題的，當然就是胡適。屈原的存在與否，就是一個例子。郭沫若說，在這些懷疑屈原的人之中，第一個就是胡適。胡適在中國學術界是有地位的，所以自他提出否定屈原存在的論調後，就有很多人響應。他批評胡適是一位道地的實驗主義者，自五四以來，提倡實驗主義不遺餘力。一切都要真憑實據，不過問題是在乎論證是不是絕對可靠。郭沫若指出胡適提出的理由有好幾條，瑣屑的且不說，其中重要的一條出於《史記・屈賈列傳》：「及孝文崩，孝武皇帝立」，把孝景丟開了。胡適便說屈原傳靠不住，因而否定屈原的存在。胡適是提倡實驗主義的，用科學的方法批判文化遺產，但這次所用的方法，郭沫若認為殊不科學。郭沫若在研究屈原過程中，不僅批判了胡適，並且更批判了胡適在五四新文化運動中所提倡的實驗主義。

至於質問胡適的〈駁說儒〉，是針對胡適發表在《中央研究院歷史語言研究所集刊》第四本第三分的〈說儒〉而發的。胡適的〈說儒〉認為孔子所以成為聖人，是由於五百年前商人亡國時有一個「聖人」出來拯救他們的民族，得到靈感。這是胡適由疑古轉信古後，非常「大膽假設」的一篇文章。胡適以為儒是殷代的宗教，殷遺民後來淪為奴隸，因此儒教最初是一種柔順的宗教，至孔子才把柔順恭敬變為剛毅中正，恢復了殷代的光榮。至於〈說儒〉的論證，胡適認為三年之喪是殷代的制度，《易經》的「需」卦即是原始儒教的形容，由〈正考父鼎銘〉可證明儒教的柔順，〈商頌・玄鳥〉乃是預言孔子誕生的詩。郭沫若說他的〈駁說儒〉，與胡適的出發點一致，但見解不一樣，所以結論不同。郭沫若對胡適提出的論證，一一批駁，他認為三年之喪是孔子創制的，《易經》是戰國時期的作品，〈正考父鼎銘〉是偽作，〈商頌・玄鳥〉是讚美成湯之詩，並非預言。由此他所獲的結論：儒教起源於奴隸制開始崩潰之際；儒教被重視後，儒家便成了一種職業，和農工商一樣成為人選擇職業的一種對象。

郭沫若質問胡適的〈駁說儒〉，寫於一九三七年五月自日本歸國前不久，正好作為郭沫若去國十年研究中國古史的總結，也可以作為他為何研究中國古史的旁證。不過，發表時適值蘆溝橋事變與八一三戰役爆發，郭沫若這篇批評胡適最重要的文章，竟被時代的大波瀾湮沒了，未曾得世人的注意。不過，郭沫若對胡適的批判，並不因為大時代波瀾澎湃而終止。他在一九四三年七月二十一日的日記這樣寫道：「讀方授楚《墨學源流》，乃在梁（啟超）胡（適）餘波推蕩中，在打倒孔家店之餘，欲建立墨家店。」於是他開始草寫墨子思想，這是他這次恢復諸子研究的第一篇文章。雖然對墨子的看法，與他約略二十年前改變了。但某種程度上，仍然是繼承當年想與梁啟超討論墨子的餘緒而發展的。後來他研究諸子而結成的《十批判書》，也是對五四以來諸子討論所作的清算。

因此，郭沫若對胡適批判在繼續進行著。一九四九年中共建立政權後，郭沫若擔任中共中國科學院院長，取得中國大陸學術領導地位。但胡適學術思想仍然根深柢固存在著，必須進行徹底的剷除。終於在一九五四年，由於批判俞平伯的《紅樓夢研究》，擴大為「對胡適資產階級思想的批判，是思想戰線上一場極重要的鬥爭」的「胡適思想批判」。這場大批判就是由郭沫若親自領導下進行的。在批判俞平伯的過程中，郭沫若發表了「文化學術界應開展反對資產階級錯誤思想的鬥爭」的談話，他說：

胡適的資產階級唯心論學術觀點在中國學術界是根深蒂固的，在不少的一部分高等知識分子當中還有著很大的潛勢力。我們在政治上已經宣佈胡適為戰犯，但在某些人的心目中胡適還是學術界的「孔子」。這個「孔子」我們還沒有把他打倒，甚至可以說我們還很少去碰過他。

現在，郭沫若不僅像過去要去碰胡適，而且更進一步徹底打倒並粉碎胡適的學術思想。因此，郭沫若說中國近三十年來，資產階級唯心論的代表人就是胡適，這是一般人所公認的。胡適在解放前被稱為聖人，稱為當今的孔子，受美國帝國主義的扶植，成為買辦階級第一號代言人。由於胡適被宣佈為頭等戰犯，他的政治生命已死亡。但胡適思想仍潛在學術界和教育界，電影《武訓傳》和《紅樓夢研究》的思想和立場，都和胡適反動思想有密切關聯。

接著郭沫若又批判胡適的研究方法，他說：胡適在進行研究工作販賣的兩句話：「大膽假設，小心求證」，自己吹噓這就是科學方法，其實胡適根本不懂科學，他是反動哲學唯心論實驗主義的信奉者，跟著他的老師美國的實驗主義者杜威，把最基本的科學方法也作了唯心主義的歪曲。郭沫若認為胡適先有成見的牽強附會，將假設當成結論，結果只是些主觀的、片面的、武斷的產物。但胡適卻以這種方法和態度，否認了屈原的存在，否定了《紅樓夢》對封建社會的批判，否認了帝國主義對中國的侵略，胡適曾經主張全盤接受，全盤西化。他曾經說過：「被孔丘、朱熹牽著鼻子走，固然不算高明，被馬克思列寧斯大林牽著鼻子走，也不算好漢。」郭沫若最後說：「他這個自封『高明』的好漢，就是想牽著我們的鼻子走，一同去花旗國做順民。」因此，郭沫若透過他所主持的中國科學院與作家協會，舉行聯席會議，通過一項聯合召開胡適思想批判討論的計畫，擬定了九項內容，分別批判胡適的哲學思想、政治思想、歷史觀點、文學思想和其他有關的問題，每一項問題由主持人寫成文章，公開報告並進行討論。最後的目的：「用這種的辦法，把胡適的反動思想在文藝界和學術界的遺毒，加以徹底式清除。」於是一個全面而深入的胡適思想批判運動，隨即就熱烈展開了。一批受過資產階級教育的知識分子，以及胡適的故舊和學生，都被捲入這個批判運動。寫文章和胡適劃清界線，並對胡適進行無情的批判。

不過，這場大批判的展開，並不偶然。就在批判胡適思想前不久，由中國科學院哲學社會學部創辦的《歷史研究》出版了。在《歷史研究》發刊號上，郭沫若寫了一篇發刊「宣言」，他說：

> 近百年來，中國受著資本主義國家的侵略，資本主義的科學文明逐漸搖動了中國封建社會的堡壘，幾千年的封建社會為現實所揭破，想依照資本主義的方式，用以改革中

> 國社會的要求，受到強有力的促進，然而在中國逐漸醒覺期中，資本主義國家已經轉進到帝國主義階段。它們要求是把中國殖民化，長期停留在被榨取的狀態，使得中國進入了半封建半殖民的泥坑裡。這在觀念形態上的反映，便由封建社會的唯心史觀而變為買辦階級的唯心史觀，「全盤接受，全盤西化」，便是這種觀點最後的結晶。買辦階級的代言人，他們比封建時代的歷史家更進了一大步，不是把中國的歷史固定而倒立，而是把中國的歷史整個抹殺了。

郭沫若這篇〈開展歷史研究，迎接文化建設高潮〉的宣言，雖然沒有點名喊話，卻已非常明顯地何所指了。《歷史研究》的創刊，表現了中共史學工作者，已越過資料編輯與馬克思列寧主義理論的學步階段。進一步「應用馬克思列寧主義的立場，認真的研究中國歷史，對每一個問題要根據詳細的資料加以具體的分析，然後劃出理論來」，開始解釋中國歷史了。所以，郭沫若的那篇「宣言」，象徵著中共史學發展的一個新起點，也意味著郭沫若對胡適數十年的批判，最後終於有成了。

所以，郭沫若的中國古史研究與批判胡適是齊頭並進的，其歷程非常錯綜曲折。日本千葉縣十年的蟄居，卻提供他一個更上層樓的機緣。

第二輯

第二冊

陳寅恪的「不古不今」之學

陶潛已去羲皇久
我生更在陶潛後

——陳寅恪　庚戌柏林重九作

「紀念陳寅恪教授國際學術討論會」，一九八八年五月二十六日至二十八日，在廣州的中山大學舉行。現在廣州中山大學所在，原來是嶺南大學的校園，寅恪先生初來嶺南講學，到最後含恨而終，一直住在這個校園裡，再沒有遷動過。

寅恪先生初來的幾年，日子還稱安定，至少他不必再風波萬里，流離歷年了。他可以漫步於紅牆綠蔭之中，聽鳥語蟬詠，任木棉花落自紛紛，或小樓燈前獨守坐，任憑風雨叩窗來。

他甚至以為自此可以飽餐南州飯，隱和陶詩畫閉門了。但卻沒有想到，後來竟有無端無謂的政治喧囂，時時侵擾著他，而且物質生活也越來越艱困了。尤其是最後幾年，寅恪先生的身體和尊嚴，更受到嚴重的損害和汙辱，許多論著和詩稿，因抄家而軼散，至今仍無法尋回，真的是令人懷古傷今淚漣了。

幸好寅恪先生這時淚眼已枯，無須更看影底河山頻換世了，而且在他的研究領域裡，早已存在著一個永嘉風暴後離亂的歷史場景。因此胸中自有白雲青山，隱藏著一個風雨中寧靜的桃花源，然後才能「果臢一枝無用筆，飽濡鉛淚記桑田」。而有「高樓冥想獨徘徊，歌哭無端紙一堆」，使得《再生緣》再生。更「拈出南冠一公案，可容遲暮細參論」，來探索「明清痛史新兼舊」。這段日子雖苦，寅恪先生卻能「為口東坡還自笑，老來事業未荒唐」，遺下了豐碩的研究成果。所以，在寅恪先生暮年「扶病披尋強不休，燈前對坐讀書樓」的環境中，尋覓他研究的心路歷程，的確是詩意盎然的。

這次寅恪先生的學術討論會，由社會科學院歷史研究所、中山大學歷史系聯合舉辦。參加會議的有散在中國大陸各地，寅恪早年傳薪，如今已白髮蕭蕭的門生故舊；也有在寅恪先生開拓學術領域，雖然歷經艱辛，仍默默披搜的學者專家；更有初履江湖而披掛上陣的少年英豪。當我聽說史學界的耆老時彥鄧廣銘、季羨林、周一良、唐長孺、王永興、楊志玖、韓國磐等也將趕來參加，於是，我這個曾在魏晉拾荒，卻又脫隊多年的落伍者，臨時提出申請，五月二十五日上午，在天氣燠熱，悶雷隱隱聲中，乘火車穿越羅湖深圳，踏上離別近四十年的故土，參加生前堅持學術獨立自由與尊嚴，死後更超越政治與時空，為海峽兩岸史學工作者同欽共仰的陳寅恪先生學術討論會。

「紀念陳寅恪教授國際學術討論會」，由北京大學歷史系周一良教授的講話揭開了序幕。家學淵源深厚，且得寅恪先生真傳的周一良，在分析了寅恪先生自謂「平生為不古不今之學，思想囿於咸豐同治之世，議論近乎曾湘鄉張南皮之間」之後，繼續講到他個人受教於寅恪先生的情形。

周一良說他於一九三一年，考入剛開辦歷史系的輔仁大學，當時輔仁大學歷史系雖有名師陳援庵、余嘉錫等，但低年級學生卻無緣親近。於是次年又轉到燕京大學，由於聽寅恪先生的表弟俞大綱說，寅恪先生學問淵博，非一般人所及。於是，周一良到清華大學「偷聽」寅恪先生的課。周一良說所謂「偷聽」，因為當時沒有辦旁聽手續。寅恪先生講的「魏晉南北朝史研究」，正講到石勒，旁引博證且加按語，不僅指出問題之所在，並講出問題之所以然來，真是高不可攀，深不見底。和他在一起聽的除了俞大綱，還有中央研究院史語所的勞榦、余遜。大家都歡喜京戲，下課談論，說聽寅恪先生的課，就像聽楊小樓的戲一樣過癮。

周一良一九三六年大學畢業，寅恪先生推薦他入史語所，周一良說史語所是個很好的地方，可以自由自在讀書和研究。在這之前，他在燕京受鄧之誠的影響，寫了〈魏收之史學〉。到史語所後，在寅恪先生指導下，先後發表了〈論宇文周之種族〉、〈領民酋長與六州都督〉、〈北朝的民族問題與民族政策〉及〈乞活考〉等。後來周一良得了哈燕社研究日文的獎學金，寅恪先生說這樣也好，可以掌握工具。於是周一良放洋，在哈佛七年，先是研究日文與梵文，後來又在那裡教日本史。在教書之餘，還翻譯些佛教典籍，他說在這方面當然要請教寅恪先生的。

周一良說寅恪先生從一九三一年，開始在清華大學研究院講「魏晉南北朝史研究」，不僅開拓了這個研究的領域，以後研究魏晉南北朝史的何茲全、譚其驤、劉汝霖、勞榦、姚薇元、余遜、楊聯陞、藍文徵、嚴耕望、徐高阮等，或直接受業、或間接啟迪，都受了寅恪先生的影響。

寅恪先生和周一良有深厚的師弟情誼，寅恪先生〈魏書司馬叡傳江東民族條釋證及推論〉的注記寫道：

> 噫！當與周君往復商討之時，猶能從容閒暇，析疑論學，此日回思，可謂太平盛世。

> 今則巨浸稽天，莫知所屆。周君又遠適北美，書郵阻隔，商榷無從，搦管和墨，不禁涙泗之泫然也。

寅恪先生所說的周君，即周一良。周一良坐在鋪著藍色檯毯的講桌後面，桌上有盆盛開的插花，花旁還亮著一盞檯燈，檯燈的光圈，恰映在周一良銀髮覆額紅潤的面龐上，他平靜緩和的語調，似山林間潺潺的澗水，娓娓道出受業於寅恪先生的情形，更增添了討論會濃厚的感情氣氛。

接著在分組討論會上，另一個當年「偷聽」寅恪先生「佛教文學」的北大外文系學生，現在仍然在北大東語系任教的季羡林教授，報告了〈從學習筆記本看陳寅恪先生的治學範圍和途徑〉。所謂「學習筆記本」，是寅恪先生家人與中山大學歷史系在清理寅恪先生遺物時，發現的六十四本寅恪先生在德國留學時，隨手劄記的讀書筆記。筆記絕大多數用鉛筆寫成，字跡潦草，辨認困難，但內容卻非常豐富。這些看起來無足輕重的筆記本，對了解寅恪先生治學範圍和途徑，卻有非常重要的意義，更是其他資料無法代替的。

季羡林將這些筆記本仔細查閱，並將其歸納分類，其中計藏文十三本、蒙文六本、突厥回鶻文一類十四本、中亞與新疆語二本、佉盧文二本、梵文、巴利文與耆那教十本、西夏文二本、吐火羅文一本、滿文一本、朝鮮文一本、摩尼教一本、印地文一本、俄文與伊朗文一本、希伯來文一本、算學一本、柏拉圖（東土耳其文）一本、亞里斯多德（實為數學）一本、《金瓶梅》一本、《法華經》一本、天台梵本一本、《佛所行讚》一本。

這些筆記本是寅恪先生在德國讀書時，隨手箚記並隨時查閱的本子，回國後又增加了些材料，所以有些筆記本實際是用來積累材料的。但從這些筆記本可以看出，寅恪先生治學的範圍是非常驚人的。專就外國文字而言，英德法俄文是工具文字，對上述各種文字，都曾下過深淺不同的工夫。還有些文字如印地語、尼泊爾語等等，他曾涉獵過，至少也注意到了。專從筆記本的內容與數量來說，寅恪先生致力最勤的是中亞、新疆一帶的歷史、文化和語言的研究，以及蒙文和滿文。祇是後來他專門從事六朝隋唐史的研究，應用這些文字發表的文章反而不多，所以寅恪先生在這方面的造詣與才華，並沒有完全表現出來。不過，季羨林特別強調說，寅恪先生「蓄之於內者多，而用之於外者少」。

季羨林接著又提了一個很有趣的問題，那是關於寅恪先生的數學筆記本，其中所記的是微積分方程式，說明寅恪先生在數學方面，也不是處於初學階段。他是專治文史的，竟也鑽研數學，是十分有意義的事，這反映那時的寅恪先生，已注意到科際整合的問題了。研究問題必須從目錄入手，寅恪先生當然也不例外，筆記本中存有大量書目，第八本有關於中亞、西藏研究的書目二百多種，筆記本其他地方也隨時出現書目。從當時的水準看來，這些書目已非常完備了，就是今日仍然有參考的價值。

最後，季羨林用充滿感情的語調說，六十四本筆記本算是不少了，但可能不是全部，一定還遺散了些，但能留下這麼多，已經不容易了。因為從空間說，由德國到中國，地跨數萬里；就時間而言，從二十年代到八十年代，相越半個多世紀，其間經歷抗日、內戰及後來的十年浩劫。到現在還能看到這麼多筆記本，套句老話說，真是神靈的呵護。

真是神靈的呵護！如果沒有季羨林，這六十四本筆記本，即使發現，也沒有能完全辨認，就成了一堆廢紙了。這位時時面露笑容，帶有濃郁山東鄉音，平易近人的語言學者，由於聽了寅恪先生的佛教文學，立志要走寅恪先生學術的道路。終於在一九三五年到德國留學，入哥廷根(Gottingen)大學學習梵文、巴利文、吐火羅等語文。後來因戰亂隔絕，滯困德國十年，忍飢挨餓仍苦讀不輟。季羨林自我調侃說，那十年是個很好的磨練，沒有東西吃、天天挨餓，不知飽是什麼滋味。後來「大飢荒」那幾年，人家捱不住，他還頂得下去，都是在德國熬出來的。一九四五年寅恪先生到英國講學，他寫信向寅恪先生求援，寅恪先生回信推薦他到北大教書。

季羨林一九四六年回國，在南京俞大維家中見寅恪先生，剛好代胡適任北大校長的傅斯年也在座，就這樣季羨林到北大東方語文系教書，並兼系主任。沒有想到四十年後，竟由他來整理寅恪先生那些很少人能懂的筆記本，說來真是有緣了。

誠如季羨林所說，由於後來寅恪先生的興趣，轉向「不古不今」的魏晉隋唐，應用這些文字寫的論文不多，雖然這次討論會也有關於寅恪先生對邊疆史研究的報告，但並不多，僅聊備一格而已。所以，這次寅恪先生學術討論會發表的論文，集中在魏晉隋唐，而且又在寅恪先生立下的格局中游走著。如討論曹操的少年時代，是寅恪先生在講課時提出來的。談唐代的藩兵制度，是由寅恪先生〈論唐代之藩將與府兵〉一文啟發下寫成的。講漢唐西域四個古文化區中漢文化的流行，是對寅恪先生討論六朝譯經，另一個角度的了解。論北朝的府兵制，是對寅恪先生所謂南人北來集團的探索。研究梁末少數民族酋帥和庶民階級武力的興起，是寅恪先生對南朝歷史研究的一個重要觀點。探討唐代河朔地區的胡化，也是在寅恪先生提到這個問題的基礎上，所作的進一步討論等等。因此，寅恪先生四十多年前寫的《隋唐制度淵源略論稿》、《唐代政治史述論稿》，成為經典著作，「至今仍嘆為觀止，受益無窮」。所以，寅恪先生「在學術研究開拓了新領域，並取得豐碩的成果。在國內外學術界起了巨大的影響，學術的遺產是豐碩的、寶貴的，值得我們繼承和發揚的。」

整個學術討論會盡是感激和讚美之詞，而缺少理性的探討和析論，給人一種感覺是寅恪先生偉大、很偉大、非常偉大。當然，在這個時代史學研究領域裡，寅恪先生很偉大是可以肯定的。至於是否已經非常偉大，還是應該保留的。這種對寅恪先生的學術感情洋溢的評價，似乎又陷在一九五八年史學革命，對歷史人物評價的絕對框限之中，很難對寅恪先生有一個較客觀的認識和了解。

寅恪先生在〈馮友蘭中國哲學史上冊審查報告〉中說：

> 對於古人之學說，應具了解之同情，方可下筆。蓋古人著書立說，皆有所為而發。故其所處之環境，所受之背景，非完全了解，則其學說不易評論。

不僅對古人，也是探索寅恪先生個人論著的基點，從這個基點出發進行探索，或許對寅恪先生的學術思想，得到一個較接近性的了解。尤其他的許多著作都是「有所為而發」的，正像他在〈哀江南賦〉中所說那樣：

> 用古典以述今事，古事今情，雖不同物。若於異中求同，同中見異，融會異同，混合古今。

這種融會異同，混合古今的表現方法，不僅局限在他的詩作中，更明顯地也存在於他的學術論著裡。

一九六四年的夏天（甲辰五月十七日），寅恪先生七十五歲的生日，他的學生蔣天樞不辭千里從上海到廣州，為他目枯足臏的老師祝壽，更顯示了他們亂世裡深厚的師生情誼。於是，寫了一篇〈贈蔣秉南序〉，給當年他在清華研究院教過的老學生：

> 清光緒之季年，寅恪家居白下，一日偶檢架上舊書，見有《易堂九子集》，取而讀之。不甚喜其文，唯深羨其事。以為魏丘諸子值明清嬗蛻之際，猶能兄弟戚友保聚一地，相與從容講文論學於乾撼坤岌之際，不謂為天下之至樂大幸，不可也。當讀是集時，朝野尚稱苟安，寅恪獨懷辛有索靖之憂。果未及十稔，神州沸騰，寰宇紛擾。寅恪亦以求學之故，奔走東西洋數萬里，終無所成。凡歷數十年，遭逢世界大戰者二，內戰更不勝計。其後失明臏足，棲身嶺表，已奄奄垂死，將就木矣。默念平生固未嘗侮食自矜、曲學阿世，似可告慰友朋。至若追踪昔賢，幽居疏屬之南、汾水之曲，守先哲之遺範，托末契於後生者，則有如方丈蓬萊，渺不可即，徒寄之夢寐，存乎遐思而已。嗚呼！此豈寅恪少時所自待及異日他人所望於寅恪者哉？雖然，歐陽永叔少學韓昌黎

之文，晚撰五代史記，作義兒、馮道諸傳，貶斥勢利，尊崇氣節，遂一匡五代之澆漓，返之淳正，故天水一朝之文化，竟為我民族遺留之瑰寶。孰謂空文於治道學術無裨益耶？蔣子秉南遠來問疾，聊師古人朋友贈言之意，草此奉貼，庶可共相策勉云爾。甲辰夏五七十五叟陳寅恪書於廣州金明館。

這篇〈贈蔣秉南序〉寫於一九六四年的夏天。半年前的一九六三年冬天，寅恪先生「不為無益之事，何以遣有涯之生」，十年持續不輟，終於將《錢柳因緣詩釋證稿》初告完成了。全書後有〈稿竟說偈〉，說偈最後兩句是「臥榻沉思，然脂瞑寫。痛哭古人，留贈來者」。所謂「留贈來者」，頗有太史公「藏之名山，俟後世聖人君子」的意味。也就是說這是他學術論著的收山之作，自此以後再也不必為文章所累了。所以在這年的春節寫了一首詩：「我今自號過時人，一榻蕭然了此身」，「閉戶高眠辭賀客，任他嗤笑任他嗔」，這是寅恪先生詩作裡難見的瀟灑，真是無債一身輕了。

後來從一九六五年夏天，到一九六六年的春間，寅恪先生又寫了「以家世之故，稍稍得識數十年間興廢盛衰之關鍵。今日述之，可謂家史而兼信史歟」的《寒柳堂記夢未定稿》，是寅恪先生的回憶錄。這時吳晗的〈海瑞罷官〉受到批判，揭開文革風暴的序幕，寅恪先生已有山雨欲來風滿樓的預感，寫這篇《記夢》或準備作個「交代」。在這段期間裡，寅恪先生似乎對自己過去的論著，作了一次自我檢查，不僅寫了「知我罪我，請俟來世」的〈論再生緣校補記後序〉，時間是一九六四年（歲次甲辰）十一月十八日。又在一九六五年寫了「兩黨分野未甚明確，……亦不必執此目為於魏晉兩朝皇室有所偏袒也」的〈逍遙遊向郭義及支遁義探源〉的〈附記〉，的確是「東坡文字為身累，莫更尋詩累是非」了。

蔣天樞在這個時候到廣州，真是最難風雨故人來了。寅恪先生在廣州的生活，有兩次感情的激盪，一是一九六一年的七月，他的知己老友吳宓從重慶來探望他，劫後重逢，百感交集。別時，寅恪先生贈吳宓詩，其中有「青鏡鉛華初未改，白頭哀樂總相干。」及「桑下無情三宿了，草間有命幾時休；早來未負蒼生望，老去應逃死後羞」之句。一次就是這次蔣天樞南來問疾。寅恪先生已經料到此次別後生無再見了，因而寫下了〈贈蔣秉南序〉。後來蔣天樞回憶說：「追懷一九六四年夏謁先生於廣州，復承教誨，一別遂不獲再見，慟何如之！」所以，〈贈蔣秉南序〉是寅恪先生志業著述最後總結，說得更沈痛些，寅恪先生在〈贈蔣秉南序〉裡說到「棲身嶺表，已奄奄垂死，將就木矣。」這是一篇寅恪先生預先為自己寫定的輓詞，或如陶淵明寫的自祭文，而藉著贈蔣天樞而表露出來，真是用心良苦！

寅恪先生的〈贈蔣秉南序〉，除了「默念平生固未嘗侮食自矜、曲學阿世，似可告慰友朋」外，充滿了離亂和絕望的思緒。所謂離亂有兩個不同的層次，一個是寅恪先生所生存的離亂時代，一個是在這個離亂時代裡，寅恪先生個人的艱辛經歷。在這個動亂的時代裡，不僅寅恪先生嚮往的文化理想超越政治權力的「天水一朝」，渺不可即。就是他的鄉賢魏際端率領兩弟魏禧、魏禮，與南昌的彭士望、林時益，同邑的李騰蛟、丘維屏、彭任、曾燦等九人，在明清變革之際，隱居寧都翠微峰，保聚一地，躬耕自給，講文論學於易堂之中的卑微願望，亦不可得，的確是非常可悲的。

不過，這種離亂的思緒是寅恪先生少年時代就縈繞心中無法解開的結，他在《柳如是別傳》緣起中，就說：

> 寅恪少年時家居江寧頭條巷，是時海內尚稱乂安。而識者知其將變，寅恪雖年在童幼，然亦有所感觸，因欲縱觀所未見之書，以釋幽憂之思。

這種感觸後來由於王國維之死，變得格外深沈了。王國維沈湖自盡，寅恪先生不僅寫了輓聯、輓詩，還有很長的輓詞，兩年後又為清華研究院寫了〈王觀堂先生紀念碑銘〉，後來《王靜安先生遺書》付梓，寅恪先生又為王國維的遺集寫序。所以，寅恪先生和王國維在清華園的交遊，不祇是「回思寒夜話明昌，相對南冠泣數行」而已。寅恪先生認為他與國維的交往，是「許我忘年為氣類，北海今知有劉備」，所以，王國維對寅恪先生的影響是多方面的。

在《柳如是別傳》中，寅恪先生釋河東君金明池〈詠寒柳詞〉：「春日釀成秋日雨，念疇許風流，暗傷如許。」認為「釀成」，是事理所必經之意。並且說實悲劇主人翁之原則。古代希臘亞里斯多德論悲劇，近年海寧王國維論《紅樓夢》，皆同此旨。而且王國維的美學觀點，也常出現於傳中。當年他可能曾與王國維討論過錢柳因緣問題。寅恪先生說：

> 唯憶昔年寅恪旅居北京，與觀堂同遊廠甸，見書攤列有章（式之）氏此書（《錢曾傳》），先生笑謂寅恪曰：這位先生是用功的，但此書可以不做。時市人擾攘，未及詳詢，究不知觀堂之意何在？

當然，寅恪先生後來然脂瞑寫費了十年的工夫，倒不是為了探索王國維之意何在。不過，在王國維自沈四十年後，寅恪先生完成了這部他最後的著作，對於「明清痛史新兼舊」，已是「好事何人共討論」了，卻是事實。

王國維突然沈湖自盡，寅恪先生少了個共商磋與請益的師友，其悲痛之情可想而知。對寅恪先生而言，認為王國維之死不僅是他個人的損失，也是中國文化轉變之際一顆巨星的隕落。於是，他對王國維之死，從魂銷「猶餘賸水殘山，留與纍臣供一死」的家國之思中超越出來，認為王國維之死是「文化神州喪一身」。所以，寅恪先生寫的王國維輓詞就說：

> 凡一種文化值衰落之時，為此文化所化之人，必感苦痛，其表現此文化之程量愈宏，則其所受之苦痛亦愈甚。迨既達極深之度，殆非出於自殺，無以求一己之心安而義盡也。

因此，王國維是中國傳統文化衰落之時的殉道者。在寅恪先生看來，中國文化的定義，具體表現在《白虎通》的三綱六紀之中。這是中國文化抽象理想最具體的表現，但這種抽象的理想必須藉有形的社會制度與經濟制度作為具體的依託，如果具體的依託不變，抽象的文化理想得以持續。不過，寅恪先生感慨至王國維自沈的那幾十年間，社會與經濟制度由於外族侵迫，發生極劇的變遷。使中國文化精神所寄的抽象理想，不必待外來學說的衝擊，已消沈於不知不覺之間。所以，他沈痛地說：

雖有人焉，強聒而力持，亦終歸於不可救療之局。蓋今日之赤縣神州值數千年未有之鉅劫奇變。劫盡變窮，則此文化精神所凝聚之人，安得不與之共命而同盡，此觀堂先生所以不得不死。

王國維不僅是一個文化的殉道者，而且以一死表現了獨立自由的意志。所以寅恪先生在〈王觀堂先生紀念碑銘〉中特別強調，王國維之死，「非所論於一人之恩怨，一姓之興亡」，並且說這種獨立自由的意志，是超越時空存在的。所以，寅恪先生在〈王靜安先生遺書序〉裡說：

> 寅恪以謂古今中外志士仁人，……不止局於一時間一地域而已。蓋別有超越時間地域之理性存焉。而此超越時間地域之理性，必非其同時間地域之眾人所能共喻。……嘗綜攬吾國三十年來，人世之劇變至異，等量而齊觀之，誠莊生所謂彼亦一是非，此亦一是非者。若就彼此所是非者言之，則彼此終古未由共喻，以其互局於一時間一地域故也。

寅恪先生說如果讀王國維的遺書，不但能想見其為人，想見王國維所處之世，「或者更能心喻先生之奇哀遺恨於一時一地，彼此是非之表歟？」

寅恪先生將王國維之死的奇哀遺恨，由家國之思提升到超越時空的文化領域，並且與三十年來人世的劇變結合起來，的確是一個突破性的昇華。所以王國維之死不僅對寅恪先生心靈上是一個很大的衝擊，同時對寅恪先生日後研究路線的轉變，也發生很大的影響。

寅恪先生在清華園執教之初，治學的興趣偏重於比較佛典原文與諸譯本之異同。也就是他在〈論許地山先生宗教史之學〉所說的：

> 寅恪昔年略治佛道二家之學。然於道教僅取以供史事之補證，於佛教亦止比較原文與諸譯本字句之異同。

寅恪先生通域外文字多種，尤精梵文與巴利文，比較佛典諸譯本的異同，正是他學問之精髓所在；而且這種專家之學，環顧宇內，也祇有他一人才能勝任，後來卻放棄這種絕學，專注於「不古不今之學」，的確是耐人尋味的。

所謂「不古不今之學」，一般解釋是指寅恪先生後來專治的魏晉隋唐而言，不過，對於

「不古不今之學」，或可另作超越今古文經學，專治乙部之學解。也就是寅恪先生在〈楊樹達論語疏證序〉所說：「平生頗讀中華乙部之作，間亦披覽天竺釋典，然不敢治經。」寅恪先生不治今文或古文的經學，是有原因的。一是他在〈朱延豐突厥通考序〉中所說：

> 曩以家世因緣，獲聞光緒京朝勝流之緒論。其時學術風氣，治經頗尚《公羊春秋》，……後來今文《公羊春秋》之學，遞演為改制疑古，流風所被，與近四十年間變幻之政治、浪漫之文學，殊有連繫。此稍習國聞之士所能知者也。

二是他在〈陳垣元西域人華化考序〉所說：

> 以誇誕之人而治經學，則不甘以片段之論述為滿足，因其材料殘闕寡少及解釋無定之故，轉可利用一二細微疑似之單證，以附會其廣泛難徵之結論。其論既出之後，固不能犁然有當於人心，而人亦不易標舉反證以相詰難。

寅恪先生認為這種治經的方法，「譬諸圖畫鬼物，苟形態略見，則能事已畢，其真狀之果肖似與否，畫者與觀者兩皆不知也。」寅恪先生不治經學，不是不喜而是不願。

但治史與治經不同，寅恪先生認為：

> 史學之材料大都完整而較備具，其解釋亦有所限制，非可人執一說，無從判決其當否也。

這是寅恪先生不治古文或今文的經學，專治「不古不今」的乙部之學的原因。在史學的範疇之中，寅恪先生說他「不敢觀三代兩漢之書，而喜談中古以降民族文化之史」，也就是所習言的「不古不今」魏晉隋唐之史了。所以，寅恪先生所謂的「不古不今之學」，可以分兩方面講，即寅恪先生治非今文，亦非古文經學的乙部之學，另一方面在乙部之學中，他所治的又是「不古不今」的魏晉隋唐之史。

寅恪先生不治經學，或者與他遭逢的世變有關。他在〈先君致郭子竹丈手札二通書後〉說：

> 嗚呼！八十年間，天下之變多矣。元禮文舉之通家，隨五銖白水之舊朝，同其蛻革，

又奚足異哉！又奚足道哉！

這即是他所說的「今情」，至於他治史學，則是為了尋求世變的原因，轉向歷史探索尋求答案，則是他所謂的「古事」。將古事今情融會為一，就是寅恪先生治「不古不今之學」的精神所在了。雖然，一九三一年清華改制，寅恪先生在歷史系講授魏晉、隋唐專題，開始治「不古不今之學」的興趣，不過，在寅恪先生心中早有變亂的感觸。但在巨大的變易真正發生之時，寅恪先生卻遊學國外，後來回國執教，與王國維在清華園中「寒夜話明昌」之時，從王國維的言行之中，才真正體驗到這次變革的巨大。所以，王國維沈湖自盡，不僅是一個沈痛的震撼，更促使他心中的今情與古事相銜，轉向歷史探索找尋變亂的原因，也是非常可能的。另一方面，一九三一年，正是「九一八」事變發生的那一年，這種民族的巨變，或者也是寅恪先生轉而探索「民族文化」之史的原因之一。沒有想到這個轉變，竟使寅恪先生在這個研究領域，無心插柳柳成蔭了。

在中國歷史之中，寅恪先生較嚮往的是「天水一朝」，不僅在〈贈蔣秉南序〉中致意，當年他講隋唐史開始時就這麼說，並且對司馬光的《資治通鑑》推崇備至，後來他寫《寒柳堂記夢》，就是仿溫公的《涑水紀聞》而作。而且兩宋也是中國文化蛻變的重要時代。因為以農業為基幹的中國文化，在春秋戰國成熟，經秦漢定型之後，曾經歷了幾次的蛻變。一次在魏晉，一次在兩宋，一次在從近代「三千年一大變局」開始，直到我們生活的現在，仍然在蛻變之中。每次文化的蛻變與革新，都在動亂痛苦中掙扎好幾百年，然後在這個經過調整與重組的文化基礎上，就會出現一個實踐前代文化理想的時代。因此，隋唐實現了魏晉，明清實踐了兩宋文化蛻變與革新後的文化理想。

雖然，魏晉與兩宋同樣是中國文化蛻變時期，但所表現的意義並不相同。兩宋是中國文化澄清與再凝聚的時代，也就是排斥自隋唐五代以來，混雜其中的非中國文化因素，然後以中國本位文化的基礎重新再凝聚。不過，在中國歷史發展過程中，魏晉南北朝卻是一個衰微和離亂的時代。兩漢統一的大帝國崩潰後的四百年間，戰亂相繼連年，政權嬗遞頻仍，人民背井離鄉，輾轉流徙，邊疆民族自長城外內滲，在黃河流域建立或久或暫的統治政權，更增添了這個時代的衝擊力。「攜白首于山野，棄稚子于溝壑，顧故鄉而哀嘆，向阡陌而流涕」，正是這個離亂時代的寫照。在意識形態方面，由於作為兩漢最高指導原則的儒家思想，居於權威的地位之後，失去了原有的活力與彈性。發展到後來逐漸凝結和僵化，無法適應漢帝國崩潰的變動環境，不得不由第一線向後撤退。於是，原來籠罩在這個權威下的其他各家思想和學術，都紛紛掙脫舊時的桎梏，向新的途徑發展；同時天竺思想又越城而來，掀起這時代意識形態領域裡新的激盪。

所以，魏晉南北朝是一個動亂的時代，是一個轉變的時代，是漢民族單獨在長城內活動終結的時代，是一個帝國解體另一個帝國重組的過渡時代。在解體和重組之間，所表現的時代性格是非常矛盾與複雜的。這種矛盾與複雜的性格，也反映在我們這個時代的文化蛻變之中。這個時代也正是寅恪先生自己生存的時代，雖然他不願面對，但卻無法逃避的。因此想從魏晉南北朝的矛盾與複雜時代的性格中，尋覓他自己生存時代的變亂原因。

最近，大陸黃山書社出版了一冊寅恪先生《魏晉南北朝史講演錄》。這本《講演錄》由當時（一九四七年至四八年間）萬繩楠在清華大學歷史研究所就讀，選修寅恪先生的魏晉南北朝史筆記整理成書的。在整理期間除了參考寅恪先生有關論文外，並且還參用了寅恪先生後來在中山大學編的《兩晉南北朝史參考資料》。這本《參考資料》完全是材料的彙編，由高等教育部列為《高等學校交流講義》，五十年代初期油印成冊。《參考資料》與《講演錄》所列的篇目相同，第一篇是〈魏晉統治者的社會階級〉。因為有「社會階級」之名，而認為寅恪先生用階級分析來講史。實際上這一篇講的是魏晉統治集團的權力結構，和所謂階級成分無關，似乎不必將寅恪先生硬往那個框框裡拉。而且寅恪先生在《唐代政治史述論稿》上篇也用「統治階級」的。這個「階級」和那個「階級」，似乎沒有必要的關聯。

寅恪先生認為魏晉的興亡嬗遞，不是司馬、曹氏兩的勝敗問題，而是儒家的豪族與非儒家的寒族勝敗問題。關於這個問題他在幾篇論文曾進一步的分析。他的〈崔浩與寇謙之〉就說：

> 蓋東漢儒家以孝治天下，非若魏武帝出自閹宦寒門，其理國用人以才能為光，而不仁不孝亦在拔擢之列者可比。……東漢與曹魏，社會風氣道德標準改易至是，誠古今之鉅變。

又說：

> 兩漢之時雖頗以經義折獄，又議論政事、解釋經典，往往取儒家教義，與漢律之文比傳引申，但漢家法律，實本嬴秦之舊。雖有馬鄭諸儒為之章句……，亦未嘗以儒家經典為法律條文也。然則中國儒家政治理想之書如《周官》者，典午以前，因已尊為聖經，而西晉以後復更成為國法矣。此亦古今之鉅變。

寅恪先生認為漢魏之間，魏晉之際，前後有兩次「古今之鉅變」，都與儒家經典有關。一是曹魏突破了儒家的經典規範，用人唯才是舉，明白宣佈士大夫所遵奉的金科玉律破產，魏武三令不是權宜之計，而是標明其政策意旨所在，是社會政治道德的大變。但司馬氏家族的開國重要設施，卻都以儒家經典為據，尤其釐訂法律更增撰《周官》為諸侯律篇，更將儒家經典變為法律條文，也是「古今之鉅變」。這種所謂「古今之鉅變」同時也發生於現代，也就是他在王國維輓詞裡所說的：

> 吾中國文化之定義，具於《白虎通》三綱六紀之說，其意義為抽象理想最高之境……。夫綱紀本理想抽象之物，然不能不有所依托，以為具體表現之用；其所依托以表現者，實為有形之社會制度。而經濟之制度尤其最要者。……近數十年來，自道光之季，迄乎今日，社會經濟之制度，以外族之侵迫，致劇疾之變遷。綱紀之說，無所憑依，不待外來學說之掊擊，而已銷沈淪喪於不知覺之間。……蓋今日之赤縣神州值數千年未有之鉅劫奇變。

這種數千年來未有的「鉅劫奇變」，由於作為抽象理想最高之境的綱紀，失卻其憑依而引起的。也與儒家經典有關，和魏晉兩次「古今之鉅變」，所表現的意義是相同的，真是他所謂的今情古事融會為一了。在這種「鉅劫奇變」之中，雖有人「強聒而力持，亦終歸於不可救療之局」，王國維就因此而死，若不死苟存，祇有「處身於不夷不惠之間，託命於非驢非馬之國」（〈俞曲園先生病中囈語跋〉），隨波逐流，任其飄零了。人在「鉅劫奇變」中飄零，離亂的思緒就盈襟滿懷了，這種離亂的思緒，同時也表現在寅恪先生的論著之中。

一九二八年三月，寅恪先生請俞平伯用楷書書寫韋莊的〈秦婦吟〉，書後有俞平伯的跋：

> 余與寅恪傾蓋相逢，忘言夙契，同四海以漂流，念一身之蕉萃，所謂去日苦多，來日大難，學道無成，憂生益甚，斯信楚囚對泣之言，然不自病其惑也。

這篇跋文也充滿了離亂之感，俞平伯在跋文最後說：

> 惟念古今來不乏鴻篇巨製，流佈詞場，而寅恪兄乃獨有取於此，且有取於稚弱之筆法，則其意固在牝牡驪黃之外也。

後來寅恪先生據此，寫成了〈讀秦婦吟〉、〈韋莊秦婦吟校箋〉。他說：

> 戊辰之春，俞銘衡君為寅恪寫韋端己〈秦婦吟〉卷子，張於屋壁。八年以來，課業餘暇，偶一諷詠，輒苦不解，雖於一二字句稍有所校釋，然皆瑣細無關宏旨。獨端己此詩所述長安至洛陽，及從洛陽東奔之路程，本寫當日人民避難之慘狀。

探索當日人民避難流離的慘狀，是寅恪先生寫〈讀秦婦吟〉、〈韋莊秦婦吟校箋〉的原因。寅恪先生認為依〈秦婦吟〉所述，秦婦出長安的日期，約在中和二年二月，黃巢洗長安城之後。長安經此一役，苟非巢黨，殊難苟存，韋莊出長安也應在此不久。大多數避難者從長安東奔洛陽的路線，就是詩中所描述的。這是一首紀實之作，韋莊託秦婦之口道出。韋莊所寫「人民避難之慘狀」，是其他詩作所未見的，寅恪先生「獨取此」的「牝牡驪黃之外」之意。不過，寅恪先生將俞平伯寫的〈秦婦吟〉，張於屋壁，諷詠了八年，除了寫了〈讀秦婦吟〉與〈校箋〉的離亂外，似仍有未竟之意。這未竟之意或者就是〈秦婦吟〉最後的幾句：

> 奈何四海盡滔滔，湛然一境平如砥。避難徒為闕下人，懷安卻羨江南鬼，願君舉棹東

復東，詠此長歌獻相公。

在舉世滔滔，如何舉棹東復東，尋覓那個湛然一境平如砥的地方，也許更是寅恪先生致意的地方。於是他的今情與古事結合起來，就出現了他《隋唐制度淵源略論稿》的「河西文化」：

魏晉以降，中國西北隅，即河隴區域，在文化學術史上所具之特殊性質，……此偏隅之地，保存漢代中原之文化學術，經歷東漢末，西晉之大亂，及北方擾攘之長期，能不失墜，卒得輾轉灌輸，加入隋唐統一混合之文化，蔚然為獨立之一源，繼前啟後，實吾國文化史之一大業。

他又說：

凡河西區域，自西晉永寧至東晉末世，或劉宋初期，百有餘年間，其有關學術文化者亦可窺見一二。蓋張軌領涼州之後，河西秩序安定，經濟富饒。既為中州人士避難之地，復是流民移徙之區。百年間紛事擾攘固所不免。但較之河北山東屢經人亂者，略勝一籌。故託命河西之士庶，猶可以蘇喘息長子孫，而世族學者自得保身傳代以延其家業也。

永嘉風暴後，祇有涼州一隅，秩序比較安定，是士庶可以託命蘇喘，文化得以持續的地方，這裡正是〈秦婦吟〉所謂的「湛然一境平如砥」，也是寅恪先生特別致意之處。但在「鉅劫奇變」的今世之中，真是心涼地更冷，不知何處是涼州了。既然涼州於今世不可得，寅恪先生不得不另有所寄，因而有〈桃花源記旁證〉之作。

寅恪先生的〈桃花源記旁證〉，認為陶淵明的〈桃花源記〉，由寓意與紀實兩個部分組合而成。關於紀實部分，寅恪先生經過考證後，所得的結論是這樣的：真正的桃花源在北方的弘農或上洛，而不在南方的武陵。〈桃花源記〉的紀實部分，是根據義熙十三年春夏間，劉裕率兵入關時，戴延之所見聞的資料寫成的。因此，真正桃花源裡的人，所避的是苻秦不是嬴秦。不過，至於陶淵明所描繪的桃花源，是否真正在北方的弘農或上洛，倒是次要的問題；重要的是寅恪先生藉陶淵明的〈桃花源記〉，推論出魏晉時期的另一個問題，也就是在當時的戰亂中，人民據險自保而築構的塢堡。

寅恪先生認為西晉末年，戎狄、盜賊並起，當時中原避難者逃離本土，避走他鄉，有北託庇慕容氏政權的，有渡江而南的。還有些不能背井離鄉的，大都糾合宗族鄉黨，屯聚塢堡據險而守，以避戎狄盜賊的侵擾。《晉書》稱蘇峻糾合數千家，結堡本縣；田疇入徐無山，營深險敞平地，躬耕以養父母，百姓歸之，數年間至五千餘家；郗鑒與千餘家，俱避於嶧山等等；寅恪先生認為他們既築堡自守：

必居山勢險峻之區人跡難通之地無疑，蓋非此不足以阻胡馬之陵軼，盜賊之寇抄也。凡聚眾據險者，固欲久支歲月及給養能自足之故，必擇險阻而又可以耕種及有水山之地。其具備此二者之地，必為山頂平原及溪澗水源之地，此又自然之理也。

這是寅恪先生為桃花源提供實際的自然環境。永嘉之後，中原地區的人民為了求生存，據險築堡自守，不僅躬耕自給，並且為了維持塢堡內部的安寧，形成一套自我約束的規範。成為一個自給自足自衛自治的社會單位，自處於動亂的風雨之外，保持著風雨中的寧靜，的確類似〈桃花源記〉的境界。正是寅恪先生在少年時期就嚮往的藏身之地，也就是他在〈贈蔣秉南序〉中所謂：

> 魏丘諸子值明清嬗蛻之際，猶能兄弟戚友保聚一地，相與從容講文論學於乾撼坤岌之際，不謂為天下之至樂大幸，不可也。

至於〈桃花源記〉的寓意部分，寅恪先生認為陶淵明混合了劉驎之入山採藥的故事，並且點綴以「不知有漢，無論魏晉」等語而成。「不知有漢，無論魏晉」，是陶淵明無君臣長幼尊卑的理想社會。在這個理想社會之中，如王介甫在〈桃源行〉所說，是雖有父子無君臣的。這正是陶淵明在〈桃花源記〉寓意所在，藉此表示不與劉宋新政權合作的政治態度。陶淵明的政治態度，沈約《宋書・隱逸・陶淵明傳》說得非常清楚：「自以曾祖晉世宰輔，恥復屈身後代，自高祖王業漸隆，不肯復仕。」寅恪先生關於這個問題，沒有在〈旁證〉細表，但在〈陶淵明思想與清談之關係〉卻有進一步的分析：

> 東晉之末葉宛如曹魏之季年，淵明生值此時，既不盡同嵇康之自然，更有異何曾之名教，且不主名教相同之說如山、王輩之所為。蓋其己身之創解乃一種新自然說，與嵇、阮之舊自然說殊異。惟其仍是自然，故消極不與新朝合作，雖篇篇有酒……，而無沈湎任誕之行及服食求長生之志。

所謂自然與名教，是魏晉清談談辯的內容。寅恪先生認為與當時政治社會有密切的關係，曹操出身閹宦豪族，不重名教，至司馬氏篡魏，而起了名教與自然之爭。因為司馬氏家族是東漢的世家，尊崇名教。到這時凡是與司馬氏合作者，必崇名教；而前朝遺民反對與司馬氏合作者，則尚自然，二者由於政治社會背景的不同，而有崇名教與尚自然之分。至於陶淵明的「新自然說」，可以代表當時清談思想演變的總結。

寅恪先生治「不古不今之學」，很少談玄學與思想，但涉及這個問題卻對陶淵明獨有鍾情。認為陶淵明的「舊義革新，孤明先發而論，實為吾國中古時代之大思想家。」平實而論，在中古思想史的發展過程中，陶淵明的思想還不足佔一席之地，寅恪先生卻對他予以這麼高的評價，還是有他自己的「今情」的。陶淵明思想最突出的地方，就是生活在現實社會之中，卻自逐於紛紜之外，不與劉氏政權合作，這也是《晉書》將陶淵明列入〈隱逸列傳〉的原因。

儒家思想的表現，有積極和消極兩個不同的層面，也就是出和處的問題。所謂出，即是積極為現實政治服務，那就是為往聖繼絕學，為萬世開太平的內聖外王。至於處，即自逐於紛紜之外，和現實政治保持一定的疏離。所謂「蟬蛻於塵囂之中，自致於寰區之外」，這是范蔚宗《後漢書》立〈逸民列傳〉的意旨所在。孔子對於這兩種不同的表現，予以同等的道德評價和讚揚。司馬遷《史記》首立〈伯夷列傳〉，表示他以儒家的消極的成分，選擇歷史人物作為敘事的標準。班固《漢書》立〈古今人表〉，表示他以儒家積極的成分，選擇歷史人物作為敘事的標準，這是《史記》和《漢書》不同之處。套句寅恪先生現成的話：「此為讀史者不可不知也。」

寅恪先生對陶淵明有如此崇高的評價，表現了他對自己所經歷的任何現實政權，也都採取消極不合作的態度。吳宓說寅恪先生的思想始終堅持未變，也許指的就是這一點。寅恪先生自逐於現實政治的紛紜之外，多少受了他父親散原老人的感染。散原老人自戊戌政變後，即絕緣於政治，詩酒自娛，而以詩名稱譽士林。淩雲漢閣主人論散原的詩說：

> 壬子間楊昀谷贈詩：四海無家對孤影，餘生猶幸有江湖。足為詩人寫照。曩者春明勝流雲集，則蘇贛間有江湖；今中南裙屐雨稠，則舊王城為江湖，頗聞北徙之故，乃不勝要津風雅之追求。

散原老人北徙，豈僅「不勝要津風雅之追求」而已，按寅恪先生《寒柳堂記夢未定稿》說：

> 袁（世凱）氏知先君摯友署直隸布政使毛實君丈（慶蕃）、署保定府知府羅順循丈（正

鈞）及吳長慶提督子彥丈（保初），依項城黨直隸總督楊士驤寓天津，皆令其電邀先君北遊。先君復電謂與故舊聚談，固所樂為，但絕不入帝城，非先得三君誓言，決不啟行。三君遂復電謂止限於舊交之晤談，不涉他事。

於是散原老人先到保定，再到天津，歸途復過保定，飲酒吟詩而已，不論世事，然後南返金陵。「做人不可有我，做詩必須有我」，是老人心境的寫真。

「絕不入帝城」，是散原老人堅持的原則。北洋時代的權力中心在北京，他卻寄居金陵，國民革命軍北伐成功，定都南京，他又從南京遷徙到北平去了。其目的是和政治保持絕對的距離。所謂「四海無家對孤影，餘生猶幸有江湖」，正是散原老人後半生的寫照。所幸那時還有個江湖供他隱逸，可以從容「且做神州袖手人」。「且做神州袖手人」是散原老人的詩句，當初鄭孝胥為散原老人選詩結集，散原老人認為這首不應選入，這首非「真我」，其實這首詩如散原老人自己說。雖然，寅恪先生一生也想像他父親一樣，且做神州袖手人，不幸他的那個時代已無山林可供退隱，更無江湖可棲。而且飄泊在離亂的歲月裡，也無暇擷採東籬菊了。他的〈庚寅春答吳雨僧重慶書〉詩說：

> 絳都赤縣滿兵塵，嶺表猶能寄此身。菜把久叨慚杜老，桃源今已隔秦人。

這種離亂與無奈的心情，不僅他的知己老友，就是我們也可以體會的。

飄泊在離亂之中，寅恪先生唯有讀書，可以少紓憂生之念，他的〈陳述遼史補注序〉說：

> 回憶前在絕島，蒼黃逃死之際，取一巾箱坊本《建炎以來繫年要錄》，抱持誦讀。其汴京圍困屈降諸卷，所述人事利害之迴環，國論是非之紛錯，殆極世態詭變之至奇。然其中頗復有不甚可解者，乃取當日身歷目睹之事以相印證，則忽豁然心通意會。

然後將他的今情與古事融會為一。這種今情古事的融會，不僅表現在他的論著裡，同時也深深藏在他心底。於是，他心中又隱隱出現了一個風雨中寧靜的桃花源。雖然那個桃花源，如他自己所說：「譬諸遙望海上神山，雖不可即，但知來世尚有此一景者。」也祇有在這種世上沒有山林，他胸中自有山林的情況下，他才能使《再生緣》再生，才能然脂暝寫十年，為我們留下了《柳如是別傳》。所以，寅恪先生似乎無須再把「桃花源」，固定在地圖上的某個小黑點了。

陳寅恪有個弟弟

最近北京暢銷書排行榜，竟出現了一本陸鍵東寫的《陳寅恪的最後二十年》，而且列名第二。在所謂改革開放的中國大陸，一切以經濟為先。這本寫「失明臏足」的史學家陳寅恪，最後悲愁歲月的傳記，而獲人青睞，的確使炎炎的北京，出現了個清沁的夏天。

這本書去年（一九九五）年底已經出版，四月才行銷香港，那邊的學生就寄來一本。後來一個學生來臺北考試，又帶來一本，他們知道我搜集陳寅恪資料的。最近北京的周一良先生又賜寄一冊。一良先生是魏晉南北朝史研究的大家，而且也是陳寅恪眾多弟子中，最得其神韻的一位。現雖年過八十，且有病纏身，仍著述不輟。前幾年右腕骨折，還堅持以左手繼續寫作，似在努力追回過去因政治紛擾，虛擲的幾十年的歲月，大陸老一輩的著名史學家似乎都是這樣。一良先生對自己的著作要求甚苛，但對時彥之書則甚少臧否。現在既寄這本書給我，一定是本好書。

這的確是本好書。過去十多年研究陳寅恪的專著和文章不少，但那些文章讀來讀去，總覺得缺少些什麼。現在這本書一出，原來縈繞在陳寅恪身旁的迷霧被吹散。不僅使我們看到一個年老病殘，削瘦愁苦的陳寅恪，更可以觸及他心靈深處的悲愴。作者陸鍵東前後三年，徘徊於北京的清華園和廣州的康樂園，尋覓陳寅恪飄泊的身影。最後他說：「數年間，我在寂靜的書房和檔案館感受著窗外春秋數易。當近千個枯燥的日子在筆下輕輕地滑了過去，當全書最後一個感嘆號重重地劃下時，止不住眼角流下了一行清淚。我不知我這樣描述是否無愧於歷史，是否對得起一位終身呵護文化若生命的學者。我只感覺到我一直活在這兩者濃濃的感嘆中幾不能自拔……」

陸鍵東所描繪的在這兩方面都做到了。他對陳寅恪懷有深深的溫情和敬意，落筆於同情與了解之間，但卻不迴護，然後從那段也許他個人也曾經歷的歷史緩步行來，這樣才能化枯燥的檔案為趣味的掌故，最後從掌故中提升為材料。輔助讀者對一個倔強的生命，浮沈於現實濁流中，所迸發的悲憤吶喊，聽來格外動人心弦。尤其透過那些掌故，對陳寅恪隱晦詩篇中「古典」和「今情」，剖析得絲絲入扣，娓娓道來，一如讀詩話。這些詩篇都是探索陳寅恪心靈深處最直接的材料。同時也可以對陳寅恪晚年「然脂瞑寫」，寄情紅妝，述事言情，「痛哭古人，留贈來者」，有一個接近性的了解。

陸鍵東已滌盡大陸史學的政治鉛華，突破以往人物評價二分法的桎梏，描繪出陳寅恪悲情的晚年。而且筆鋒蘸著濃郁的感情，行文流暢優雅。所以，《陳寅恪的最後二十年》不僅是歷史的，也是文學的，但卻沒有《文化苦旅》後來的雕琢痕跡。讀罷全書，心沈似鉛，廢書再嘆，難道陳寅恪的生命真的如此悲苦嗎！過去我也曾這麼想，現在讀了《陳寅恪的最後二十年》，這種印象更深刻了。因為就陳寅恪個人而言，他一生面臨著兩個絕境。一是文化絕繼的絕境，一是他個人身世的絕境。前者，在王國維沈湖自盡後，變得更絕望了。後者，陳寅恪一生始終想掙脫現實政治的絆羈，尋覓一個可以棲身的桃花源，這卑微的願望始終無法實現，晚年更陷於政治的泥淖，含恨而終。

陳寅恪身負兩個無法解脫的絕望，他的一生實在生活得太沈重，太悲苦了。遠不如他的七弟陳方恪一生過得逍遙自在，又那麼灑脫。在眾多兄弟之中，陳寅恪排行第三，老七陳方恪是特殊的一個。

陳方恪字彥通，自幼聰敏過人，記憶力強，過目不忘。深得散原老人的溺愛。散原老人陳三立是清末四公子之一，以詩聞名於世。所以寒柳堂子弟中，衡恪以畫名，寅恪史學著名當世，都能詩。但散原老人卻當眾說：「做詩，七娃子，尚可。」陳方恪對詩另有看法，與他父親不同。他認為做人不可有我，做詩必須有我。他說我的詩就是我的詩，卓然自立於唐宋以外。但卻不歡喜讀書，最初隨兄長們從王伯沆習經史，進小學讀書，柳貽徵是他老師。王、柳都是江南名宿。後來入上海天主教辦的震旦學院，課餘，馬相伯親自教他法文、拉丁文。

陳方恪自震旦畢業，梁啟超介紹他到中華書局任雜誌部主任。陳方恪的祖父陳寶箴在湖南行新政，梁啟超在他創辦的時務學堂執教。這時陳方恪已和當時上海名流包笑天、狄平子相交，涉足花叢，入不敷出。於是陳方恪辭職去北京，梁啟超又介紹他去鹽務署工作，後來又任財政部祕書，出入八大胡同，夜夜笙歌彈唱，小小京官的俸祿，已不夠開銷。散原老人一紙八行書，介紹給江西督軍陳光遠。陳光遠一見陳方恪就開門見山說：「老侄，你要出鋒頭，還是缺錢用？」陳方恪立即答道：「開銷太大，求老伯給碗飯吃。」陳督軍就因人設事，委了陳方恪個省田畝丈量局局長。陳方恪上任後立下官箴，六親不認，送錢上門，丈量土地千畝縮成八百，無錢則得寸進尺。後來又任景德鎮稅務局長、督軍府祕書長兼二套口統稅局局長，都是肥缺。如是一年多，陳督軍召見，拍拍腰包說：「老侄，可以了吧！」陳方恪答道：「多謝老伯栽培。」立即遞上辭呈。

陳方恪辭官之後，腰纏大洋十餘萬，乘輪順流而下，直奔上海。於是十里洋場又多了一位貴公子，章臺走馬，成了長三堂子的恩客。家中用膳，他和他的如夫人兩人一桌，他的愛貓獨據一桌，各有專廚料理，貓食開銷每日銀洋兩元。花錢似流水，三年不到錢已用盡。於是，陳方恪倦鳥知還，又回到南京。散原老人見愛兒歸來，非常高興。但當時家中經濟已經捉襟見肘，因此，陳方恪向老人建議，家中的書堆著沒人看，成了廢紙，不如換點錢貼補家用。於是陳方恪在蘇州開了間含光閣書店，兩年間陳家累世所藏善本，都被蘇滬書商低價購去，書店就此關門。當是時，國民政府定都南京，散原老人不願居於「帝都」，準備離京雲遊廬山。臨行，將所居的散原精舍售得的價款數萬元，交陳方恪保管，數年間也化為烏有。

陳方恪走投無路，祇好求助父執唐蔚芝。唐蔚芝於光緒年間在農工商部任職，辭官歸里後興辦教育，先後創辦了交通大學與無錫的國文專修科。唐蔚芝說幫助可以，唯有教書一途。於是陳方恪由無錫而上海，執起教鞭來了。據說後來還出任過上海某大學的教務長。抗戰軍興，陳方恪又回到南京，一度在龍蟠里國學圖書館，負責圖書管理工作。後來因掩護地下電臺被敵偽拘捕。經朋友奔走，才釋放出來，不過卻吃了不少苦頭。四九年中共渡江，陳方恪留下來沒走。他沒走倒不是迎接新社會，他說當時他沒走，因為他有「嗜好」，共產黨來了，絕不允許這種嗜好存在，他可以藉此戒絕。

從所謂的舊社會過渡到新社會，許多人經歷了思想改造，三反五反，反右等等的折磨，陳方恪自我解嘲說，他卻經歷了打麻將的「三翻」。所謂「三翻」，陳方恪說陳毅率軍進入南京後，為安撫各界，舉辦了盛大的宴會招待各方。陳毅問接待人員：「都請到了嗎？」接待人員說：「還有一人，是陳寶箴的孫子，陳三立的兒子。」陳毅問：「是陳衡恪、陳寅恪的弟弟嗎？」立即派汽車接。當時陳方恪正困居陋巷之中，三餐不繼。經此一請，陳方恪從陋巷中翻身出來，擔任了南京市的政協委員，派到南京圖書館工作。陳方恪說這是他的第一翻。

至於第二翻，在一九五九年，當三面紅旗招展，反右的時刻，陳方恪的一個學生吳天石，出任江蘇省宣傳部副部長兼教育廳長，到南京後，就去拜候老師陳方恪，並調整他到《江海學刊》編輯部工作。第三翻就更大了。陳方恪說有次毛澤東宴會上，說到陳方恪的祖父陳寶箴在湖南推行新政，他就讀的湖南第一師範就是陳寶箴創辦的。毛澤東並談起陳家的後人情況，他說：「陳衡恪、陳寅恪我知道，至於……」在座者隨即回答老二陳隆恪在上海文物保護會，老八陳登恪學法國文學，在武漢大學教書。至於老七陳方恪在南京。經毛澤東一問，陳方恪得到三級教授的待遇，又遷進牯嶺路的小花園洋房居住。

經此「三翻」，一生放蕩，了無牽掛的陳方恪，雖然與陳寅恪都生活在那個社會裡，但他晚年的境遇就順暢清閒多了。而且他深諳黃老退藏於密之道，可以悠游於風浪之中。在一次各界人士的座談會上，討論的是很嚴重的問題。在座的都沈默不語，最後推他講話，他稍作沈吟就說：「報告各位一個好消息，東街口的北京羊肉館，新做的羊肉煨餅，肉極肥嫩，好極了，大可吃得。」

一九六五年冬天的半夜，陳方恪突然小便阻塞，急診住院。檢查後，醫生對他說：「老先生，你的病是五十年前種下的根子！」陳方恪立即說：「我年輕時荒唐，年輕時荒唐！」他住在南京軍區總醫院的特等病房裡，有位朋友去探病，他甚是疲憊，但談了一會，突然興起，撐著身子說：「出了院，我們去弄一頓！」

所謂「弄一頓」，就是選個館子大嚼一頓。然後陳方恪將頭埋在枕頭裡，半閉著眼睛，一家家館子細數起來。最後，他說最好能找胡長齡料理一頓。胡長齡是南京的首廚，當年在「老萬全」習藝時，他們就相識，前後有半個世紀了。陳方恪想吃胡長齡做的「燉菜核」。「燉菜核」和「燉生敲」都是南京的佳餚。南京秋冬之際產一種白菜，當地稱為「矮腳黃」，取其菜心二三十支，先以豬油煸炒到四成熟，然後置於砂鍋之中，不加滴水，文火慢煨，菜汁真味完全燉出。至於「燉生敲」，南京人稱鱔魚為生敲。即以活殺鱔魚，切成寸多的長方塊，下油炸透，放入砂鍋，加少量肉片，大量蒜頭，上好的醬油汁，文火慢燉。鱔魚香酥，湯汁濃厚，是南京兩味著名的佳餚。「燉菜核」用的白菜以霜後產者為佳，陳方恪住院在冬季，正是吃

「燉菜核」的時節。

胡長齡出身南京貧寒人家，十四歲入「老萬全」習藝。「老萬全」由紹興來南京的章桂生，創於清末，專營紹興陳酒，並輔以洋河大麴。所以，最初稱「老萬全酒棧」。國府定都後，南京成了全國政治中樞，官商雲集。於是章老闆在南京夫子廟鬧市盡頭的利涉橋旁，新張「老萬全菜館」。進門靠牆仍堆著酒罈，仍是酒棧規模，由一小門入內，才是酒樓，是蘇州林園建築，有樓閣亭臺之勝。正廳門首懸木刻集宋詞聯一幅：「波暖塵香，看檻曲縈紅，檐牙飛翠；醉輕夢短，在燈前倚枕，雨外薰香。」橫匾是「停艇聽笛」。室內陳設甚是雅致，樓向秦淮，有石欄可繫畫舫。

「老萬全」的菜餚，號稱「京蘇大菜」。所謂「京」，南京是六朝的首都，至於「蘇」並非蘇州，而是南京在清朝是江蘇省會所在，是為「京蘇」。「京蘇大菜」的特點是甜鹹適中，油膩不重，能得其本味，融合了附近的淮揚風味，自成一格。「老萬全」的名菜有「素魚翅」，以上等龍口粉絲、蝦肉、雞茸和蛋清調製而成。另一名餚則為「貢淡海參」，貢淡即大粒淡菜，與海參於砂鍋中煨燉而成。胡長齡自「老萬全」出師後，即轉到「金陵春」掌廚。「金陵春」開創於民國初年，設在貢院街的南側，秦淮河的北岸。這一帶由西而東，排列著「第一春」、「金陵春」、「長松東號」、「海洞春」、「老萬全」。北轉至桃葉渡邊，還有「老寶新」清真館，端的是「夜泊秦淮近酒家」了，所售的都是京蘇大菜。

「金陵春」又稱「金陵春中西辦館」，既稱「中西辦館」，即兼營西餐，走的是上海「一枝春」西菜中味的改良路子。「一枝春」是上海西餐館老字號，當年胡適與郭沫若初會，就在此地。「金陵春」是三十年代南京最大的菜館，門面有九開間寬，三層樓，後廳緊靠秦淮河。胡長齡在「金陵春」掌廚已小有名聲，民國二十三年秋末，張學良在此請黨國元老林森、邵力子、于右任、吳稚暉等人，席開四桌的「燕翅雙烤席」，即由胡長齡主理。菜單計有：四花盤、四鮮果、四三花拼、四鑲對炒、黃燜排翅、一品燕菜、金陵烤鴨方、麒麟鱖魚、菊蟹盒、蜜汁山藥、砂鍋菜核。兩道點心，蘿蔔小酥餅、四喜蒸餃、棗泥夾心包、各客冰糖湘蓮。這席「燕翅雙烤席」是南京菜館中檔次最高的筵席。

南京變色後，胡長齡的文化雖不高，但卻超越前進。一九五八年開始的學哲學運動，胡長齡努力學思想，曾在《大公報》與《商業工作》等報刊，發表〈有事請教毛主席〉、〈「矛盾論」打開了我的心竅〉，並先後到清華大學、南京軍事學院、省市委黨校發表〈刀、砧板的矛盾和統一〉的講演。一九八五年胡長齡總結他一生的烹調經驗，出版了《金陵美餚經》。胡長齡既成了活學活用毛澤東思想的模範，並任南京市委員，開會講演已沒有時間掌杓。所以探病的訪客說，不如去「綠柳居」，陳說他不想吃素。西餐？他又搖頭，不如去「曲園」譚延闓留下的湘菜館子，陳方恪也沒有接腔。最後訪客說他去找胡長齡約定，請他親自籌劃，親自動手，祝賀陳方恪病癒出院。

不過，陳方恪並沒有病癒出院，細數金陵名餚後不到一個月，一九六六年的一月，就病故了。他病故時的病房，設備甚佳，原來是敵偽時期，岡村寧次的司令部。房舍精緻，雪松滿窗，幾縷暖暖的冬陽射入，病室顯得格外明朗寧靜，陳方恪瀟灑地走了。當時文革風暴乍起，風雨未急。事隔三年，一九六九年十月七日晨五時許，七十九歲的陳寅恪因心力衰竭、腸阻塞、腸麻痺病逝。當時陳寅恪正被批判為反動學術權威，「比狗屎還臭」，並被趕出居住了十八年的康樂園，逝世的經過迄今不詳，所以陸鍵東說陳寅恪「含冤去世」。

傅斯年與《歷史語言研究所集刊》

《歷史語言研究所集刊》（下稱《集刊》）六十六本第一、二、三分的《傅斯年先生百歲誕辰紀念集》，已於民國八十四年六月，在臺北出版。距傅斯年民國十七年十月，在廣州創辦的《集刊》第一本第一分，已經六十六年了。

在過去一個多甲子的歲月裡，中國經歷了不同的動盪時期。中央研究院歷史語言研究所在動盪中播遷，前後由廣州、北平、上海、南京、長沙、昆明、四川李莊、南京、臺灣楊梅、最後南港舊莊；由華南到華北、從東南到西南，最後遷臺，九次遷徙，行遍大半個中國。雖歷經艱辛，但歌絃不輟，而《集刊》且能持續出刊，在中國同類學術刊物中，的確是少見的。

《集刊》的創刊，象徵著中國史學的研究真正從傳統邁向現代，以後《集刊》繼續出版，影響中國現代史學的層面擴大。所發表的論文從上古到明清，任何一個時代都有，其內容則有民族、政治、經濟、法制以及地理和自然科學的論文。和《集刊》性質一類的學報，如北京大學的《國學季刊》、清華大學的《清華學報》、燕京大學的《燕京學報》、輔仁大學的《輔仁學誌》，雖有類似之處，但祇有《集刊》從出版以來，差不多沒有間斷過，而且是集稿態度單純而嚴肅的，這是其他學術刊物所沒有的，是一面引導中國史學從傳統邁進現代的旗幟。

一 《歷史語言研究所集刊》與《中山大學語言歷史學研究所週刊》

《集刊》因中央研究院歷史語言研究所設立而創刊，歷史語言研究所則由傅斯年向當時的大學院院長蔡元培倡議而設置的：

(十七年)一月，國立中山大學文科主任，中華民國大學院中央研究院籌備委員傅斯年，向大學院院長蔡元培陳述語言學與歷史學的重要，設置歷史語言研究所。

所以，傅斯年是歷史語言研究所與《集刊》的創辦人。自此至其遽逝，一直掌握歷史語言研究所的研究方向，並堅持《集刊》發刊的工作旨趣。李濟說：「傅斯年先生創辦本所，建立工作基礎，制定研究方針，綜理所務，前後二十三年(一九二八～五〇)。」當時傅斯年在廣州，任國立中山大學文科主任，並兼國文、歷史二系主任。傅斯年於民國八年去國留學，民國十五年冬歸國，返里探親後，即轉赴廣州擔任此職。傅斯年任中山大學文科主任，是朱家驊舉薦的。民國十五年朱家驊主持中山大學的校務，為了充實文學院，想找一個對新文學有創造力，並對新史學負有時名的學者，主持國文和歷史系。於是就和戴傳賢與顧孟餘商量，聘傅斯年擔任這個職務。傅斯年到任以後馬上全力以赴，延聘有名的教授，並於次年秋天，創立中山大學語言歷史學研究所，招收研究生，同時創辦了《中山大學語言歷史學研究所週刊》（以下稱《週刊》）。

傅斯年在籌備中央研究院歷史語言研究所之時，中山大學的語言歷史學研究所已經成立。所以，中央研究院歷史語言研究所的籌備，是在中山大學語言歷史學研究所的基礎上進行的。因此，歷史語言研究所在籌備期間，與中山大學語言歷史學研究所不僅有相承，而且相重的關係。朱家驊說：歷史語言研究所，自民國十七年春籌備之初，就由傅斯年負責主持的。當時，他在廣州中山大學任文學院長兼歷史系主任，他在系內已辦有語言歷史學研究所，所以為了方便起見，就在廣州籌備。名稱上把歷史兩字，改列語言之先，歷史語言合稱，是他根據德國洪堡爾德一派學者理論，經過詳細的考慮而決定的。歷史語言研究所正式成立於民國十七年十月二十二日。案《顧頡剛年譜》民國十七年十月條下說：

十四日，參加中央研究院歷史語言研究所第一次會議。二十一日，又赴會，並看該所新屋（東山恤孤院後街三十五號柏園）。二十二日，該所自中大借用的籌備處遷至新址，正式開辦。

在十月二十二日以前，中央研究院歷史語言研究所的籌備處，設在中山大學校區之內，與該校新成立的語言歷史學研究所在設備、人員甚至經費方面都很難劃清。歷史語言研究所遷入柏園才是正式成立之日，也是《集刊》創刊之時。《集刊》的第一本第一分同時在十月出刊，代表一個學術機構研究方向的同人刊物，和這個學術機構同步誕生，也是國內學術機構少見的。

《集刊》所以能迅速創刊，完全得到中山大學語言歷史學研究所與《週刊》同人的支援。傅斯年說：「這個歷史語言研究所，本是受大學院之委託在廣州的三人籌備。」所謂「在廣州的三人」，即傅斯年、顧頡剛、楊振聲。顧頡剛說：「十七年春，應中央研究院長蔡元培約，與傅斯年、楊振聲任歷史語言研究所常務籌備委員。」顧頡剛擔任常務籌備委員後，即著手起草「歷史語言研究所組織大綱」，並編列該所預算表，以及《集刊》集稿和編輯工作。《集刊》隨伴著歷史語言研究所的成立而在廣州創刊，《集刊》第一本第一分共一百一十七頁，除〈所務記載〉的〈造像徵集啟〉及〈本所對於語言學工作之範圍及旨趣〉外，《集刊》第一本的目錄計有：

〈發刊辭〉蔡元培，〈歷史語言研究所工作之旨趣〉本所籌備處，〈跋唐寫本切韻殘卷〉董作賓，〈釋「朱」〉商承祚，〈建文遜國傳說的演變〉胡適，〈殷栔亡丈說〉丁山，〈易卦爻辭的時代及其作者〉余永梁，〈占卜的源流〉容肇祖，〈數名古誼〉丁山，〈周頌說附論魯南兩地與詩書之來源〉傅斯年。

其中除蔡元培的〈發刊辭〉外，〈歷史語言研究所工作之旨趣〉由傅斯年親自執筆，以「本所籌備處」的名義發表。這篇文章在五月中已經定稿。因此，《集刊》的集稿與編輯工作在歷史語言研究所籌備之初，已由顧頡剛負責進行。他在三月二十五日寫信給胡適說：

孟真能讀書，能辦事，而不太上軌道……現在中央研究院要辦《集刊》，或可按住他的野性，作出一文。先生一文已收到，肯把這文放在中央研究院集刊嗎？

胡適的一文，就是第一本的〈建文遜國傳說的演變〉，至於傅斯年的那篇〈周頌說附論魯南兩地與詩書之來源〉論文，則是被顧頡剛逼出來的。其他的論文則是當時中山大學國文、歷史系的同仁、或語言歷史學研究所的工作人員，董作賓就是在研究所負責民俗歌謠方面的編輯。

顧頡剛負責《集刊》的集稿與編輯工作，因為他是中山大學語言歷史學研究所《週刊》的負責人。傅斯年接任中山大學文學院主任後不久，就聘他的好友，當時因《古史辨》名滿學術界的顧頡剛，從廈門大學到廣州來。顧頡剛民國十六年四月到廣州，最初負責中山大學圖書館圖書採購工作。八月間顧頡剛從滬杭購書回到廣州，傅斯年已經開始籌備中山大學的語言歷史研究所，並任該所籌備主任。不過，在語言歷史學研究所籌備期間，傅斯年在外奔走，語言歷史研究所的事務工作，則由顧頡剛負責。當時顧頡剛寫信給胡適說：

語言歷史學研究所雖未成立，而已有房子、書籍、職員、出版物，同已經成立一樣，這一方面孟真全不負責，以致我又有實無名地當了研究所主任。

顧頡剛向胡適抱怨說當時他除了教書、編講義、上課、理書外，其他的零星工作就是編刊物、開會、接洽事務。他並且說「我自知無這方面的才具，不過在自己主管的範圍內肯負責的。」

也就是向胡適說他並沒有辜負傅斯年所託。

在語言歷史學研究所籌備期間，並準備出版包括《週刊》在內的各種刊物。十月十六日，中山大學語言歷史學研究所在傅斯年處開會，會議議決，由顧頡剛、余永梁、羅常培、商承祚編輯《國立中山大學語言歷史學研究所週刊》，顧頡剛、楊振聲、杜定友等編輯《中山大學圖書館週刊》，鍾敬文、董作賓編《歌謠週刊》。

《週刊》於十一月一日創刊，從決定出版《週刊》，到《週刊》的出版，前後祇有半個月，時間的確是非常迫切的。《週刊》的發刊詞說：

> 語言學和歷史學在中國開端甚早，中國所有的學問比較成績最豐富的也應推這兩樣。但為歷史上種種勢力所縛，經歷了二千餘年還不曾打好一個堅實的基礎。我們生當現在，既沒有功利的成見，知道一切學問，不都是致用的；又打破了崇拜偶像的陋習，不願把自己的理性屈服於前人的權威之下。所以我們正可承受了現代研究學問的最適當的方法，來開闢這些方面的新世界。

這篇發刊詞雖然出自顧頡剛的手筆，但卻鮮明地表現了傅斯年的學術理想和目標。發刊詞首先將語言和歷史結合起來，認為這兩種學問在中國開端甚早，並且留下豐富的成績，祇是經歷了兩千年沒有打下基礎。後來傅斯年在〈歷史語言研究所工作之旨趣〉中進一步分析，認為語言學和歷史學在中國所以衰歇，因為題目已經固定，材料卻沒有擴充，工具也沒有添新。不過，在中國語言和歷史的材料卻是最多的，歐洲人對中國語言和歷史的研究起步很晚，對於這些材料求之難得，我們卻坐看這些材料毀壞亡失。傅斯年對於這種狀況著實不滿，更不服氣的是這種學問的材料，也被歐洲人搬走甚至偷去。所以，傅斯年想借用幾個不太陳的工具，處理些新獲見的材料，所以才有語言歷史學研究所的設立。

至於發刊詞所謂「我們生當現在，既沒有功利的成見，知道一切學問，不都是致用的。」後來傅斯年在〈歷史語言研究所工作之旨趣〉中，進一步分析，反對歷史語言的研究，不是「所謂普及那一行中的工作」。他認為中國希望製造一個新的將來，雖然取材於歐美的物質文明，但也要取精神於「未衰敗的外國」。歷史學和語言學的發達，自然和教育有相當關係，但卻不是什麼經國的大業，不朽的盛事，祇是些學院中的學究，願意將其一生消耗在這些不生利的事物上而已。

傅斯年因「不滿意」具有悠久歷史傳統，而且頗有成績的中國歷史學和語言學式微，「不服氣」這些珍貴的學術資料，被歐洲人搬去或偷走，因而發憤創置中央研究院的歷史語言研究所，並且希望率領一批學者，終生從事這種無關經國大業又不生利的工作。《週刊》發刊詞首先將語言學和歷史學結合在一起，這種學問過去兩千年在中國已有豐富的成績，並強調歷史和語言學的研究不是為了致用的。這是傅斯年學術研究的理想和方向，也是當初創辦中山大學語言歷史學研究所的目的。後來傅斯年為《集刊》創刊而寫的〈歷史語言研究所工作之旨趣〉，事先已透過顧頡剛筆下的《週刊》發刊詞為他道出。所以，《集刊》的「工作之旨趣」，在《週刊》創刊之時，已雛形初具了。

當時一般都說中山大學的語言歷史學研究所，是仿北京大學研究所國學門的規模而設置，研究所《週刊》則採《國學門週刊》的形式。事實也是如此，顧頡剛曾任北京大學國學門的助教，並負責《國學門週刊》的編輯工作。而且在中山大學語言歷史學研究所成立前後，出身北京大學國文系或國學門的商承祚、羅常培、容肇祖、董作賓、丁山，先後由廈門大學轉入中山大學執教。到校以後並直接參加語言歷史學研究所的工作。他們不僅參加所務會議，並且負責實際業務，顧頡剛、商承祚、羅常培負責《週刊》的編輯工作，容肇祖則是《民俗週刊》的審稿人，董作賓採集歌謠，並編輯《歌謠週刊》，成為中山大學語言歷史學研究所與《週刊》的骨幹。

北京大學國學門下設有歌謠研究會、方言調查會、風俗調查會、考古學會。其中風俗調查會曾進行調查妙峰山風俗，並由國學門出版〈妙峰山進香專號〉。中山大學語言歷史學研究所成立後，仍繼續進行調查的工作，由容肇祖、商承祚到韶關調查古蹟及歷史遺蹟；俄國人類學者史祿國與生物系的任國榮到廣西實地調查猺人生活情況，後來由《週刊》編輯〈廣西〉猺人專號〉。所以，中山大學語言歷史學研究所不僅規模承襲北大國學門，最初的研究路線也是一脈相承的。商承祚、容肇祖等不僅參加語言歷史學研究所的工作，並且是《週刊》主要的撰稿人。後來這些《週刊》的論文作者。又是《集刊》第一本第一分創刊號論文的寫作者。如果沒有這批論文的直接的支援，《集刊》不可能在中央研究院歷史語言研究所正式成立之日同時創刊的。

中山大學語言歷史學研究所，不僅與北京大學國學門一脈相承；而且中山大學的語言歷史學研究所，與中央研究院的歷史語言研究所更是「同胞之姊妹」。歷史語言研究所北遷後，《週刊》報導〈語史界消息〉就說：

> 國立中央研究院之歷史語言研究所，與本所關係非常密切，蓋不僅峙立南北，為國內僅有之研究歷史語言之機關，且此兩機關之產生，亦出於同幾位學者之擘畫，正不啻為同胞之姊妹也。

傅斯年歸國後到廣州，前後一年的時間，先後創辦了中山大學語言歷史學研究所和中央研究院歷史語言研究所，並相繼發行了《週刊》和《集刊》，這兩個研究所在創辦之初，有不可分割的關係，如果沒有《週刊》的支援，《集刊》是不可能如期刊行的。

傅斯年剛出國留學的時候，初與歐美的新事物接觸，似乎曾有些困惑。但卻沒有影響他內心的憧憬和追求的希望，當時曾寫下一首名為〈自然〉的詩，其中有「一點動機，散做無數動機，化為一團團的興趣，然後有了世界。」他回國後，就憑著那一點動機，化為的團團興趣，在短短的時間內，相繼創立了語言歷史與歷史語言兩個研究所，並刊行了對後來史學影響很大的《集刊》，的確跨出他「為中國而豪外國」的學術理想第一步，不僅為他個人，同時也為中國現代學術與史學，拓墾出一個新世界。

二　〈國學季刊發刊宣言〉與〈歷史語言研究所工作之旨趣〉

歷史語言研究所創立之初，規模仿北京大學研究所國學門，《集刊》的編輯形式，則是仿照國學門發行的《國學季刊》，一直沿用至今。創刊於民國十二年一月的《國學季刊》，其編輯略例之一，即論文白話文言不拘，但一律用新式標點，用橫行寫印，並附英文提要。一本研究國學的刊物，卻以一種新姿態出現，編排的方式自左向右橫排，文章全部使用新式標點符號，就當時的學術界而言，的確是一種革命。

由胡適起草的〈國學季刊發刊宣言〉，與傅斯年手撰的〈歷史語言研究所工作之旨趣〉，不僅是中國現代學術史重要的文獻，而且也是引導中國現代史學發展的兩面旗幟。〈國學季刊發刊宣言〉說：

> 國學的使命是要使大家懂得中國過去的文化史；國學的方法是要用歷史的眼光來整理一切過去文化的歷史。國學的目的是要做成中國文化史。國學的系統的研究，要以此為歸宿。一切國學的研究，無論時代古今，無論問題大小，都要朝著這一個大方向走。

所以，《國學季刊》雖然是北大國學門的同人刊物，〈國學季刊發刊宣言〉對當時研究漢學或國學原則和方法，作了一番簡要和廣泛的說明，不僅是北大同人在各方面努力和實驗的目標，同時也是新國學研究的綱領，更重要的是為當時「整理國故」的學術風氣樹立一個標竿。

所謂「整理國故」，是新文化運動發展的第三個階段。分析新文化的意義，胡適認為就是尼采所說的「重新估定一切價值」，即對中國傳統文化的價值觀念，作一個新的評價。一個廣義的新文化運動應從三方面進行：一是研究當前社會、政治、宗教、文學、道德各種具體而實際的問題。二是輸入海外的新理論、新觀念和新學說，幫助解決上述面臨的具體而實際的問題。三則是整理國故，也就是對中國傳統文化作系統嚴肅的批評與改造。經過三方面的努力，必然產生第四方面的結果，那就是「再造文明」。所以，通過嚴肅分析當時面臨的各種現實問題，經過輸入新學理或新觀念幫助解決問題，同時以批判的態度，對傳統固有文明進行了解和重建，最後就可以產生一個適合現代社會的新文明。

對傳統文化作系統批判與重建的「整理國故」，是新文化運動承前啟後的重要環節。清朝的漢學家所以能對國故學有重大的成就，因為他們所用的方法，無形中暗藏科學的方法，這種暗藏的科學方法是一種不自覺的科學方法。至於整理國故所用的方法，則是一種自覺的科學方法，並且更加上許多防弊的方法，其成績一定超越前代，至於這種所謂的「自覺的科學方法」，具體地表現在〈國學季刊發刊宣言〉之中。

所謂「國學」，〈國學季刊發刊宣言〉說是國故學的縮寫。中國過去的文化歷史都屬於國故的範疇，國故這個名詞是中立並不含褒貶意義。國學研究的範圍包括過去三四千年的文化，因此必須以歷史的眼光擴大國學研究的範圍。國故學既然包括過去的歷史文化，但歷史是多方面的，單記朝代的興亡固然不是歷史，過去的種種上至思想學術之大，下至隻字或山歌之細都是歷史，都屬於國學研究的範圍。

雖然，國學研究的範圍包括過去數千年的歷史文化，國學研究的目的，在整理過去的一切歷史與文化。但〈國學季刊發刊宣言〉所討論的，卻集於清朝近三百年的學術思想，認為這是一個古學的復興時期。總結這個時期的成績，一是對古籍的整理，二是訓詁學，也就是用合乎科學的歸納法，找出古辭，古字的原始意義，三是逐漸發展而形成的校勘學，以確定古籍的真偽。經過許多大師以版本，訓詁，校勘方法，對古籍作系統的整理，許多經書與古籍已較過去易讀。此外還有古籍的翻刊與古物的發現。三百年來第一流的學者思想精力都集中在這方面，他們對古學所作系統整理的努力與貢獻，是值得肯定的。

不過，三百年古學研究的焦點，祇集中幾部儒家的經書上，脫不了儒書一尊的成見，而且清儒鑒於宋儒專靠理解的危險，所以努力避免主觀的見解。所以，三百年來祇有經師沒有思想家，祇有校書者沒有史學家，而且他們的努力對社會生活，幾乎全不發生影響。所以，過去三百年的學術，過於注重功力而忽略了理解，由於缺乏比較的材料，研究的範圍過於狹小，祇在幾部儒家的經典中打轉，始終脫不了個陋字。

針對過去的缺失，〈國學季刊發刊宣言〉提出今後國學研究的方向，認為對國學的研究僅靠材料的聚積是不夠的，還須對材料有系統的整理。關於對材料的整理，應分別以索引式、結帳式、專史式的整理方式進行。因為沒有經過整理的材料，不僅沒有條理而且不易檢尋。若要增加學術進步的速度，減少學者精力的耗費，就是將一切大部或不易檢查的書，編成索引，便於人人能用古書。另一方面，一種學問到了一個時期，有總結帳的必要。學術上的結帳功用分兩方面，其一是將一種不成問題的學術部分，整理出來，交給社會，二是將不能解決的問題提出來，引起學者的注意。所謂結帳，就是總結以往的成績，作為未來研究的新方向。索引式的整理，是要古書人人能用；結帳式的整理，是要古書人人能讀。然後以此為基礎，進行專史式的整理，也就是有系統的研究中國歷史文化。最後，並且提出國學研究的三個努力目標，即一，用歷史的眼光擴大國學研究的範圍；二，用系統整理部分國學研究的材料；三，用比較的研究幫助國學材料的理解和解釋。

這篇〈國學季刊發刊宣言〉，胡適於十一月五日夜間開始起草，至十一月九日定稿。胡適說他作文章「算這篇最慢了」，他十一月五日的日記說：

> 作《國學季刊》序言，約一萬字，頗費週折；這是代表全體的，不由我自由說話，故筆下頗費商量，我做的文章之中，要算這篇最慢了。

這篇宣言所以寫得緩慢，由於代表全體，他個人不能自由發表個人意見，所以下筆頗費思量。這年三月，北京大學決定停辦《北大月刊》。因為研究所的成立，準備分別創辦《文藝》、《自然科學》、《社會科學》、《國學》等四個季刊，《國學季刊》由胡適負責籌辦。三月二十一日召開《國學季刊》第一次編輯會議，由國文系教授國學門主任沈兼士，國文系教授周作人、劉文典、馬裕藻、錢玄同、鄭奠，史學系主任朱希祖，經濟系主任顧孟餘，經濟系教授李大釗，哲學系教授單不庵，英文系主任胡適等組成編輯委員會，並舉即將出任教務長的胡適任編輯委員會主席，起草《國學季刊》發刊辭。

代表研究所國學門的《國學季刊》，其編委以國文系並兼任國學門的教授為主。北京大學研究所國學門於民國九年成立。研究所國學門成立的目的，〈國立北京大學研究所國學門成立章程〉（下稱〈國學門成立章程〉）說，為「歐美各國新發明之學術，率由其傳統之學術闡揚而來。則闡揚吾國固有之學術，以期有所發明。」

〈國學門成立章程〉並且說，「近年歐美學者已稍稍移其注意於我國固有之學術」，但我國固有學術「率有混沌紊亂景象。六經諸子書傳之久矣。數千年間，人自為解，莫不以為真能發六藝諸祕。」而至乾嘉諸老出，「古學略有條理，系統之可得。」然而「乾嘉諸老能治名物訓詁之間，而義理之途未闢者甚多也。」認為「今日闡揚之學術，其道尤要於整理。」過去「乾嘉諸老能以數千年渾沌紊亂之學術稍作整理，使有條理系可言，頗有近代科學之法。惜未獲科學之法，故其成績僅至此而止。」因此，現在對國學研究，應「取乾嘉諸老之成法，而益科學之方法，更得科學之輔助。」國學研究的途徑，則「既須繼乾嘉諸老之所未竟，又須治乾嘉諸老所未及」，所以整理固有學術之道，宜分兩方面進行，一為整理學術，「整理學術者，將古人學說以科學方法分析之，使有明白之疆界，純一之系統，而後得見古人之面目，無渾沌紊亂之弊。」二為整理學術之材料，「整理學術，必先整理其材料，吾國古籍不為不富，就學術各方面而分類整理之。」

以科學的方法整理固有的學術文化，是當時學術界流行的趨向，北京大學國學門順應這個潮流而立。所以，〈國學門成立章程〉所提出的以科學的方法對固有的學術作系統的分析，使渾沌紊亂的固有學術有「明白之疆界」，及對學術材料作分類的整理，和胡適所提倡的「整理國故」在某種程度上是相近的。胡適認為「整理國故」的目的就是從紊亂的傳統學術中，理出一個條理和脈絡，並尋出一個前因後果之後，重新肯定其真正的價值。不過，〈國學門成立章程〉所提出的對固有學術作系統的分析，予以明確的界定，以及對學術資料作分類的整理，祇是胡適整理國故的過程，不是最終的目的。雖然，胡適認為調和是懶人懦夫的行徑，但胡適起草的〈國學季刊發刊宣言〉似乎有某種程度的調和成分。〈國學門成立章程〉可能出自後來國學門主任沈兼士之手。沈兼士和國學門部分成員多是留學日本，或出自章太炎門下，對胡適倡導的新文化運動，即使不反對也採保留態度，所以，胡適起草〈國學季刊發刊宣言〉，不僅以〈國學門成立章程〉為藍本，並且對他們作某種程度的妥協，所以在宣言最後說：

我們現在治國學，必須要打破閉關孤立的態度，要存比較研究的虛心。第一，方法上，西洋學者研究古學的方法早已影響日本的學術界了。……我們此時應該虛心採用他們的科學的方法補救我們沒有條理系統的習慣。第二，材料上，歐美日本學術界有無數的成績可以供我們的參考比較，可以給我們開無數新法門，可以給我們添無數借鑑的鏡子。

五四新文化運動最大的轉變，就是對西方文化的吸收，由歐美直接輸入，代替以往由日本轉口的輸入。作為新文化運動領導者胡適，在談到輸入學理，絕少將歐美和日本相提並論的，而且上述方法和材料的論據，正是〈國學門成立章程〉所提的整理固有學術兩條途徑的闡釋。後來胡適到南京東南大學國學研究會演講，講的題目是〈再談談整理國故〉，一開始就說：

「行篋無書，只得將整理國故的方法，和在北京諸同志對於整理國故的意見報告。」並且說：

> 現在一般朋友，在北京提倡一個國學研究所，用新的方法，事半功倍的去收實效，而在大學內，尤其是應當提倡的。「國故」兩字是章太炎先生提出，比從前用的「國粹」好多了；其意義即中國過去的歷史、文化史，包括一切。

這次的演講，與前次所講〈研究國故的方法〉，提出以歷史的觀念，系統的研究與整理，已有所不同。講的內容完全是他起草的〈國學季刊發刊宣言〉，所謂「國學研究所」，即北京大學研究所國學門，至於「一般朋友」即《國學季刊》的編委會的成員。所以胡適在他的日記中說他起草的《國學季刊》序言，「是代表全體的，不由我自由說話。」因此，「筆下頗費商量」，不是沒有原因的。

雖然，〈國學季刊發刊宣言〉是一篇妥協後的文章，胡適不能暢所欲言，但卻也將其個人一部分理念融於其中。因此，後來胡適借此作為他倡導整理國故成果的實踐。不過，由於〈國學門成立章程〉的整理渾沌紊亂的固有學術，使之有一明白之疆界，及對學術材料分類的整理的局限。雖然〈國學季刊發刊宣言〉認為學術的進步分對材料的聚積與剖解，與對材料的貫通兩方面進行。但事實上其所宣佈的研究方向，祇是透過對傳統學術作索引式、結帳式及專史式的整理，最後得以用歷史的眼光擴大國學研究的範圍；系統的整理部勒國學研究的材料；用比較的方法幫助國學材料的整理和解釋。凡此種種，國學研究還停留在材料的整理階段，並沒有進入新的學術研究領域。另一方面，國學研究包括過去的一切歷史文化，理想的國學研究系統包括民族史、語言文字史、經濟史、政治史、國際交通史、思想學術史、宗教史、文藝史、風俗史、制度史在內的中國文化史。所以〈國學季刊發刊宣言〉說，國學研究也就是進行有系統的中國文化史的研究。因此，國學研究者就是歷史學家。作為一個史學家須有兩種能力，一是精密的功力，一是高遠的想像，沒有精密的能力不能做搜集和批判材料，沒有高遠的想像不能構造歷史的系統。

所以，〈國學季刊發刊宣言〉某種程度說是一篇史學宣言，透過對材料的系統整理，引導中國史學由傳統向現代過渡。所謂由傳統向現代過渡，僅停留在對材料作系統的整理，並沒有進一步形成一個研究的體系。後來傅斯年在《集刊》創刊，發表的〈歷史語言研究所工作之旨趣〉，認為史學這門學問就是到處尋找新材料，隨時擴大舊範圍，才有四方發展，向上增高的空間。不僅系統地整理材料，並且進一步占有材料與應用材料，建立一支中國現代史學研究的隊伍，引導中國史學跨越傳統正式邁入現代。

〈國學季刊發刊宣言〉和〈歷史語言研究所工作之旨趣〉相較，傅斯年基本上反對「國學」這個觀念。他認為過去研究的材料多半是中國的東西，而且對這些材料過去已有了些研究，以後研究堆積起來比較方便些。但世界中無論那一種歷史或語言學，要想做些科學的研究，祇有用同一種方法。所以，這些學問決不是以國別或邏輯的區分，不過是因地域方便的分工。國故本來是國粹，而所謂國學祇是一種改良的存古學，而「國學」或「中國學」等名詞，說來都不甚吉祥，西洋人已造了支那學或「新諾邏輯」的名詞。如果中國還有將來，這個名詞就不甚通達。就所謂國學在歷史語言的範圍而論，為了追求這些題目的解決與推進，就擴充材料與工具而言，勢必弄得不故了。這並不是名詞的爭執，而是精神差異的表現。

所謂精神表現的差異。雖然，胡適認為國學或史學的方法是科學，但就本質而言，國學或史學屬於人文學科的範疇。不過，傅斯年卻認為歷史學不是著史。近代的歷史學只是史料學，利用自然科學提供的一切工具，整理一切可遇的材料，自地質學以至目下的新聞紙，而史學外的達爾文論就是歷史方法之大成。也就是說不僅史學方法是科學的，史學本身也是科學的一支。將人文學科中的某些科目視為科學，在傅斯年出國留學之前，就有這樣的認知。傅斯年就讀北大時，致校長蔡元培〈論哲學門隸屬文科之流弊〉說：

今文科統括三門，曰哲學，曰文學，曰史學。文史兩途，性質固不齊一，史為科學，文為藝術。今世有以科學方法，研治文學原理者，……然是不過文學研究之一面，其主體固是藝術，不為科學也。為文學之一部，而中國「文史」一稱，相習沿用久矣。循名責實，文史二門，宜不必分也。返觀哲學，於文學絕少聯絡，不可以文史合科之例衡之。文學與哲學合為一門，於文學無害也，而於哲學則不當。哲學主知，文學主情，哲學於各種問題恆求其能決，文學則恆以不解解之，哲學於理事分析毫釐，文學則獨以感象為重，其本異，其途殊。今固不可謂哲學與文學渺不相干，然哲學所取資於文學者，較之所取資於科學者，因不及什一也。……今學生所以主張哲學門應歸入理科者，不僅按名求實，以為哲學不應被以文科之名也。……若就教授上之聯絡而論，哲學門尤宜入之理科。物理門之理論物理，化學門之理論化學，數學門之天文學，聚數論，微積分，動植物門之生物學，人類學，皆與哲學有親切之關係。在於西洋，凡欲治哲學者，其算學知識，必須甚高，其自然科學知識，必具大概，吾校之哲學門，乃輕其所重，絕不與理科諸門謀教授上之聯絡，竊所未喻也。

傅斯年在這封信中，雖然認為史學是科學，但由於長久以來文學和史學「相用至殷」，中國自來文史並稱，相習沿用已久，文史二門暫不宜必分。至於哲學則不然，哲學與文學的關係遠，與科學卻有親切的關係，哲學屬於科學的範疇，應劃歸理科。蔡元培覆函說：「治學者不能不根據科學，即文學史學莫然，不特文學史學近皆用科學的研究法也。文學必根據心理學及美學等。今實驗之心理學及實驗之美學，皆可屬於理科者也。史學必根據於地質學、地文學、人類學等，如哲學可入理科，則文史亦然。如以理科之名，足為理科之代表，不足以包文學，則哲學之玄學，亦決非理科所能包也。至於分設文哲理三科，則彼綜錯之處更多。以上兩法似皆不如破除文理兩科之界限，而合組大學本科為適當也。」傅斯年對蔡元培的覆函深為不滿，後來到英國寫信給胡適說：

> 近中溫習化學、物理學、數學等，興味很濃，回想在大學時六年，一誤於預科一部，再誤於文科國文門，言之可嘆。

所以，傅斯年初到英國研習心理學，並且對胡適說：

> 下學年所習科目半在理科半在醫科。此年之中對於求學之計劃比前所定又稍有變更。

> 總之年限增長，範圍縮小。哲學諸科概不曾選習。我想若不於自然或社會科學有一二種知道個大略，有些小根基，先去學哲學定無著落。

傅斯年為實現他哲學應劃歸理科的理想，出國後就投身於理科的研習，後來討論傅斯年的思想，都說他對科學的認知，受國外思潮的影響。但從以上資料可以了解，如果傅斯年的科學精神援之於外，不如說蘊之於內更恰當些。經過八年海外的潛沈，歸國後終於以這種理想，創立歷史語言研究所。傅斯年說：「中央研究院設置之意義，本為發達近代科學，非為提倡所謂固有學術。故如以歷史語言之學承固有之遺訓方不欲新工具，益其觀念，偶成與各自然科學同列之事業，即不應於中央研究院中設置歷史語言研究所，使之與天文、地質、物理、化學同論，今者決設置。下以自然科學看待歷史語言之學。」即立意將歷史語言劃入科學的範疇。

所以傅斯年認為史學工作是整理史料，不是作藝術的建設，不是作疏通的事業，不去扶持或推倒這運動，或那個主義。〈歷史語言研究所工作之旨趣〉即以此為基礎展開。

〈歷史語言研究所工作之旨趣〉認為雖然歷史學與語言學在中國，已經有了很好的開端，但發展至今卻落後，不是沒有原因的。因為凡是一種學術研究能運用直接材料的，就可以促使這種研究進步。運用直接材料是一種科學研究。在科學研究中的題目是事實的滙集，由於對事實的研究而產生新的題目。新的事實證明舊的問題已不成問題，自然失去其原來問題的價值。但卻解決由事實引發的問題，而促使這類學術的發展與進步。其次，一種學術必須擴充其研究的材料。因此，作學問不是去讀書，而是動手動腳找材料。隨時擴大材料的範圍，務必能使學術研究增加應用的工具，因為現代的歷史學研究，已成了各種科學方法的匯集，地質、地理、考古、生物、氣象、天文等，都是提供歷史研究的工具。沒有客觀處理歷史語言研究的精神，就不會感覺擴充材料與工具的必要，這是中國近代歷史學語言學衰落的原因。所以，應用直接材料擴充材料的範圍與研究應用的工具，是現代歷史語言學發展的新方向。

應用直接的材料，將材料整理妥當，則事實就自然明顯了。所謂有一分材料出一分貨，沒有材料就不出貨。透過材料將兩件事實聯繫起來，其間仍有距離的空間，但對這個空間可以設想，但卻不能推論。因為主觀的假設視為當然，是非常危險的事，因此，存而不補，證而不疏，是處理材料的態度和手段。也就是在材料之內使其發現無遺，材料之外則不超越。至於對材料的疏通與普及，則不是歷史語言研究分內事。和胡適起草的〈國學季刊發刊宣言〉相較，傅斯年的〈歷史語言研究所工作之旨趣〉，已超越對固有學術系統整理的階段，直接應用材料進行研究，透過對材料「存而不補，證而不疏」的客觀處理，將歷史語言學建設得如生物學地質學一樣，最後將科學的東方學的正統，在中國樹立起來。

如果說〈國學季刊發刊宣言〉引導中國史學由傳統向現代過渡，〈歷史語言研究所工作之旨趣〉則是一面中國史學跨越傳統，邁入現代的旗幟。由於廣州地處當時學術中心的邊陲之地，而且傅斯年去國八年沒有捲入學術是非的漩渦，他可以毫無掛慮地突破「整理國故」籬藩，拓創中國史學的新境界。不過，在語言歷史學研究所與歷史語言研究所初期草創之時，希望藉胡適當時的聲望，南下廣州助他們一臂之力，可是胡適不僅沒有去，並且對傅斯年創立的兩個研究所，戲稱「狡兔二窟」，傅斯年於此甚為梗梗。寫信給胡適說：

> 中央研究院之語言歷史研究所業已籌備，決非先生戲稱謂狡兔二窟，實斯年等實現理想之奮鬥。為中國而豪外國，必是勉匍匐以赴之。現在不吹，我等自信兩年之後必有可觀。

兩年後，歷史語言研究所遷往北平，隨著《集刊》第一本第二、三、四分的出版，傅斯年創辦的歷史語言研究所，又進入另一個新的發展階段。

三　《歷史語言研究所集刊》與《六同別錄》

傅斯年在〈歷史語言研究所工作之旨趣〉中說：「稍過些時，北伐定功，破虜收京，這個研究所的所在，或一部分在廣州。一部分在北京。」後來他的想法實現了。語言歷史學研究所留在廣州的中山大學，歷史語言研究所遷往北平。

民國十八年三月，歷史語言研究所開始遷往北平，六月遷入北海公園的靜心齋。將原先準備籌設的八組合併為三組，第一組歷史學，第二組語言學，第三組考古及人類學。分別由陳寅恪、趙元任、李濟為主任。《集刊》繼續在北平出版。

歷史語言研究所遷北平後，《集刊》第一本第二、三、四分，第二本第一、二分先後出版，共載論文三十八篇，作者二十六人。這些作者有隨歷史語言研究所由廣州遷來的丁山、羅常培、史祿國（S. M. Shiro Kogoroff，俄國人類學家）、董作賓；有北京大學的劉復、朱希祖、朱倓父子、徐中舒、陳垣、林語堂、王靜如；以及清華大學國學研究院的陳寅恪、趙元任等。他們後來分別擔任歷史語言研究所的專任、特約或通訊研究員。傅斯年說：

> 民國六至十五年間，北京有了兩個漢學的研究所。一北大，態度極向新方向走，風氣為胡適之等所表率，惜在其中工作者，或未能以為專業，後來並因政治情形工作停頓。又有清華之研究院，此院以王靜安之力，頗成一種質實而不簡陋，守舊而不固執的學風。惜又不久停頓。凡此種種，皆是甚好之萌芽。

在北平出版的《集刊》作者，分別來自北大研究所國學門或清華國學研究院，即使隨歷史語言研究所北上的論文撰述者，也是出身北大或北大國學門。傅斯年所謂北大國學門「後來因政治情形工作停頓」，那時北京大學由於政府的財政收入始終未能改善，實在非常困難，實際的情形是國家政局在動盪之中，北方軍閥混戰不已，教學和研究無法進行，教授紛紛離開北京，南下另謀生計。

至於清華學校的國學研究院，在北京國立八校經濟拮据之時，衹有清華學校經費獨立不受影響。校長曹雲祥於民國十三年秋，計劃改制，設立大學各學系及國學研究院，並請胡適代為設計國學研究院。胡適略仿昔日書院及英國大學制，籌設國學研究院。十四年春，聘請梁啟超、王國維、趙元任為導師，李濟為講師。校方擬請王國維主持院務，王國維堅辭，另聘吳宓為主任。八月開學。清華國學研究所開辦，在當時教育界是件創舉。國學研究院的基本觀念，是想用現代科學方法整理國故。清華國學研究院在當時北方學術界非常活躍，以近代科學方法整理國故，得到社會熱烈的支持。民國十六年夏，北方局勢不穩，六月二日，王國維自沈昆明湖，研究院同學如山頹木壞。此後，梁啟超辭職回天津養病，吳宓回任外文系，清華國學研究院至十八年夏天，遂告結束。

北大國學門與清華國學研究院是當時學術界領導整理國故的兩個機構，歷史語言研究所遷至北平時，已形同虛設了。傅斯年領導的歷史語言研究所恰好接收了兩個研究所累積的成果，不僅擴充了《集刊》的稿源，同時也充實了歷史語言研究所的研究工作人員。更重要的是清華國學院的陳寅恪、趙元任、李濟也加入歷史語言研究所，分別主持歷史、語言、考古的研究工作，他們留學歐美，對中國學術未來的發展，與傅斯年有相同的理念。他們的結合象徵中國學術已經超越「整理國故」，由傳統向現代的過渡階段，正式進入現代學術研究領域。

陳寅恪與傅斯年同在德國留學，他們在當時的留學生中，潛心向學，心無旁騖，被稱為「寧國府門口的一對石獅子，是最乾淨的」。傅斯年對陳寅恪的學養更是欽佩。傅斯年在廣州創辦歷史語言研究所時，陳寅恪已回國在清華執教。因為歷史語言研究所準備北遷，先在北平成立分所，其聘請陳寅恪任分所主任。至於李濟的參加，《顧頡剛年譜》十七年十一月條下說：「到中研院史語所，歡迎李濟、趙元任。伴彼等參觀中大語史所及圖書館。」當時李濟並不認識傅斯年，他從歐洲回國，路經香港，順便到廣州新成立的中山大學看看，遇到他的朋友莊澤宣。莊澤宣說剛好傅斯年想找他。李濟說見了傅斯年，跟他談的是辦歷史語言研究所的事。並且要他擔任田野考古的工作，因為傅斯年要從事新式的田野考古工作，已經派董作賓到河南從事殷墟的試掘。這時趙元任夫婦正在廣州旅行，勸傅斯年歷史語言研究所遷北平比較好，傅斯年請趙元任回北平先辦語言所，歷史所等他到後再說。李濟說「我感到陳寅恪和趙元任先生都已答應參加中央研究院歷史語言研究所的工作，分別主持歷史組和語言組，現在要我來主持考古組，地位和他們相等，而我年紀比較輕，這使我感到非常榮幸。」自此，李濟、趙元任、陳寅恪與傅斯年結合成志同終身不渝的工作伙伴。

陳寅恪、趙元任、李濟參加歷史語言研究所，建立起該所的研究架構與方向。傅斯年雖然接收了北大國學門與清華國學研究院累積的成果，但他認為這些成果祇是「甚好之萌芽」，仍有許多問題存在，所以他說：

> 北大所領導之對付「國故」之新的態度，為最有潛力者。然而工作多是零碎的，而其成績總覺是個人的，一時的，在組織上未能應付已熟之時機也。自民國十五六年以來，有一派少年文史學者，頗思大規模的向新的方向走，以為文史學之發展，決非個人單

> 獨的工作，或講學的風氣，所能濟事，必須有一個廣大精嚴的組織，以臨此際會，方可收大效力。

傅斯年認為現代的研究工作，已不是個人單獨的零碎工作，必須有一個廣大嚴密的組織，才能收其成效。所以在傅斯年創立歷史語言研究所時，即有此構想，〈歷史語言研究所工作之旨趣〉說：

> 歷史學和語言學發展到現在，已經不容易由個人作獨立的研究了，他既靠圖書館或學會供給他材料，靠團體為他尋材料，並且須得在一個研究的環境中，才能大家互相補其所不能，互相引會，互相訂正，於是乎孤立的製作漸漸的難，漸漸的無意謂，集眾的工作漸漸的成一切工作的樣式了。

傅斯年已經創造了一個研究環境，現在進一步準備組織一支「集眾」的研究隊伍，吸收「一派少年文史學者」參加。於是，傅斯年、董作賓、李濟、梁思永等都到北大兼課，想在講課中選拔人材。後來北大的畢業生如胡宣厚、張政烺、傅樂煥、王崇武、勞榦等都進入歷史語言研究所。其中勞榦前後經歷了研究所九遷中的八遷，成為傅斯年栽培「集眾」研究部隊中重要的骨幹。

勞榦在北大歷史系就讀時，曾修習傅斯年的史學方法論。傅斯年看過他的試卷後，要他畢業後到史語所去。勞榦說：「但因史語所待遇較低，而我有母親需要照顧。畢業後就到濟南教了一年書，又到曹州教了半年書，民國二十一年冬天，才回到研究所。從那時起，我雖曾赴美，但與史語所一直保持親密的關係。」勞榦又說：「我初入研究所時，歷史語言研究所和北大文科研究所並未合作創辦，史語所有意辦普通的研究所，稱為研究生。半年之後，傅先生改變了辦普通研究所的想法，把我調到南京社會研究所，做了一年助理研究員，後來又回到史語所來。」勞榦是傅斯年培養研究隊伍的一個典型的例子。勞榦抗戰期中在李莊寫給胡適說：

> 學生自從抗戰以後，隨歷史語言研究所從長沙到昆明，再到李莊，已經很多年沒有見到先生了……學生之《居延漢簡考釋》，已致函重慶請孟真先生託人帶去美國，此書印刷太壞，工人錯誤百出，而且當時恐篇幅太大，釋意太簡，未能盡量發揮。

當時在李莊，是歷史語言研究所最艱困的時期，勞榦卻完成了他的《居延漢簡考釋》。同時歷史語言研究所又出版了《六同別錄》與《史學與史料》。

六同，是蕭梁時代的郡名，其郡治似即在當時歷史語言研究所所在地——四川南溪縣李莊鎮，或相去不遠。抗戰軍興，歷史語言研究所開始在動亂中遷播，民國二十六年七月，上海戰雲密佈，中央研究院決定西遷。八月，歷史語言研究所遷抵長沙，分別駐入韭菜園的聖經學校，及南嶽的聖經學校。當是時，烽煙四起，前途茫茫，所中的部分人員，四下奔散。二十七年一月，歷史語言研究所的人員及眷屬，以及圖書和設備，一部分經貴州赴昆明，一部分取道廣西至桂林，然後再轉道越南赴昆明。抵昆明後，先選定拓明東路與青雲街三號為所址，後因日機空襲，再遷至市郊的龍泉鎮的響應寺及龍頭書場。後因滇邊軍事吃緊，歷史語言研究所準備再遷四川。因昆明常有敵機轟炸，傅斯年決定歷史語言研究所再遷，一定遷到一個在地圖上找不到的地方。於是派芮逸夫赴四川尋覓適當所址，最後選定四川南溪縣李莊板栗坳的張家大院。民國二十九年十一月，歷史語言研究所遷往李莊，途中歷經艱辛，終於暫時定下來，至抗戰勝利復員還都，前後五年。

當時傅斯年因公事的關係常在重慶，所務先由董作賓代理。除李方桂、董作賓外，在所的人員有向達、丁聲樹、岑仲勉、張政烺、王崇武、陳槃、勞榦、石璋如、董同龢、高去尋、凌純聲、芮逸夫、全漢昇、楊時逢、李光濤，以及寄寓的王獻堂、屈萬里。此外，還有北京大學的文科研究所。北大、清華、南開組成西南聯大後，合辦本科，研究所則由各校分別辦理。北大恢復文科研究所，由傅斯年代理主任，後來一部分隨歷史語言研究所遷往李莊，設立北大文科研究所辦事處，由鄧廣銘負責。研究所的學生有王明、任繼愈、馬學良、劉念和、逯欽立、胡慶鈞、王叔岷、李孝定、王利器等，後來其中部分研究生畢業後便留所工作。

當時的生活是非常艱困的。整個張家大院，祇有一盞煤油燈，是傅斯年從重慶帶給董作賓的。點的都是桐油燈，他們在桐油燈下熬夜不懈，一個個的鼻孔如煙囪。那時抗戰已進入最艱苦的階段。物質條件到了不可忍堪的階段，但他們卻個個努力不輟，傅斯年所謂「集眾」的研究隊伍就是在這艱苦時期養成。他們的研究成果，具體地展現在《六同別錄》與《史學與史料》上。

抗戰爆發以後，歷史語言研究所的出版品遭遇到困難。傅斯年在〈本所刊物淪陷港滬情形及今後出版計劃〉中說，歷史語言研究所各項刊物，原來自刊自售，於民國二十三年六月，改委託商務印書館出版。抗戰以後，情勢轉變，然內地無法精印，兼以印刷費有限，迫不得已仍委託商務印書館辦理，但三四年來，印刷遲緩，而且自太平洋情勢緊張，歷史語言研究所交付商務印書館的稿件或已印成的書刊全部不知下落。所淪陷的書刊，凡二十一種，總計在三百萬字以上。其中《集刊》九本一分至十本二分均淪陷於上海。其出版與否均不得而知，於是將九本一分暫行空出，待抗戰以後，查明情形，調整補印。並且將若干單篇論文，輯為《集刊》外編，油印出版，因此而有《六同別錄》與《史學與史料》的出版。

〈《六同別錄》編輯者告白〉說：「我們的刊物關於語言學者，需要用國際音標，其他的又需要大量的銅版、鋅版、刻字、線表、照相影印等，我們沒有錢……目下祇好就李莊營業的小石印館，選些需要刻字、音標，而不需要圖版的湊成這一本，用石印印出。其他需要照相影印的，仍然沒有辦法。」《六同別錄》後來作《集刊》第十三本及十四本，作者則有石璋如、周法高、張政烺、李濟、董作賓、屈萬里、勞榦、逯欽立、高去尋、何茲全、王崇武、傅樂煥、董同龢、馬學良等。至於《史學與史料》則以岑仲勉的論文為主，岑仲勉，廣東人，由陳垣推薦入所，此外還有全漢昇、谷霽光等。後編為《集刊》第十五本。傅斯年在〈史學與史料發刊詞〉說：

> 本所同人之治史學，不以空論為學問，亦不以「史觀」為急圖，乃純就史料以探史實也。史料有之，則可因鈎稽有此知識。史料所無，則不敢作臆測，亦不敢比附成式。此在中國，固為司馬光以至錢大昕之治史方法。在西洋，亦為軼克莫母森之著史立點。

史學可為絕對客觀者乎？此問題今姑不置答，然史料中可得之客觀知識多矣，有所不足，不敢不勉，此命名之意也。

傅斯年於此更申其〈歷史語言研究所工作之旨趣〉的目標，《六同別錄》與《史學與史料》的論文作者，都是傅斯年自歷史語言研究所遷北平後，自北大「少年文史學者」中，培養的「集眾」研究隊伍，現在已經長成。他們的史學論文寫作，都以傅斯年提示的原則為準則，這個準則即〈「中國上古史」編輯計劃的緣起及其進行過程〉所說：

史語所創辦的最大目的，就歷史方面說，在為史學作基礎工作；創辦人傅斯年先生認為這才是研究所範圍以內的事，也是本所同人的主要業務。至於「通史」一類工作，本所同人雖亦有偶爾嘗試者，但只能算是進行有餘力的工作。

《中國上古史》從民國五十二年開始編寫，從這個〈緣起〉中的小註可以發現，傅斯年在〈歷史語言研究所工作之旨趣〉中，所謂「材料之內使他發現無遺，材料之外我們一點也不越過去說」的存而不補，證而不疏處理材料的方法，似乎遭遇困境，這種情形在編寫《中國上古史》待定稿之前，勞榦已在他的〈歷史的考訂與歷史的解釋〉中說，嚴格的歷史學或狹義的歷史學是應當劃定範圍，不許越雷池一步。但對歷史的解釋工作自然也可讓有興趣的學者去做。鑑往知來雖然不是科學，卻在政論的園地中，有其立足之點。並且從解釋走到預測，也是一個很順當的趨向，也不是全無用處，可以給人一個希望，或給人一些遠景，使得人類社會的理想，更加豐富。《集刊》既定的寫作格式，似已經在醞釀轉變了。

一個地圖上找不到的地方

傅孟真先生於民國十七年，在廣州創辦中央研究院歷史語言研究所，到現在已經六十多年了。在過去一個多甲子的歲月裡，中國經歷了不同的動盪時期。歷史語言研究所在動盪中，前後歷經廣州、北平、上海、南京、湖南長沙、雲南昆明、四川李莊、南京、臺灣楊梅、南港舊莊。從華南到華北，從東南到西南，最後到臺灣，九次遷播，行遍大半個中國，歷經艱辛，但卻歌絃未輟。在九次的遷播中，抗日戰爭時，由長沙而昆明，最後遷到李莊板栗坳，是歷史語言研究所最困苦的一段歲月。

抗戰軍興，江南戰雲低沈，歷史語言研究所隨中央研究院西遷。民國二十六年八月，遷抵長沙，暫時租賃韭菜園與南嶽的聖經學校房舍，安頓工作人員與眷屬居住。當時烽煙四起，四顧茫然。十二月十二日，南京淪陷的消息傳來，歷史語言研究所準備再遷，舉行所務會議決定，所中工作同仁家已淪陷，無家可歸者，隨所遷徙，有家可歸者，暫歸故里，待所址遷定後再行通知。至於不願隨所遷徙，自謀生計者，則聽由自便。

歷史語言研究所考古組，於十二月十四日下午，在長沙的清溪閣二樓，特別舉行了一場離別宴。石璋如的〈清溪醉別〉說：「菜上來，大家起立，說恭祝研究人員、文物能平安遷到理想的目的地，一杯；祝三組（考古組）同仁，不論隨所或他去，日後均能保持聯繫與安全，一杯；然後再恭祝小屯，一杯；西北岡，一杯；瓦樹村，一杯；大孤堆，一杯。（以上各地都是考古組發掘的地方）六杯下肚，酒量也差不多了。後來你和我對，我和你對。有些同仁大聲喊出積壓在胸中的不平。由於空肚子喝酒，太過量了。飯菜尚未上桌，多已大醉，臥倒在清溪閣的樓板上。」國仇家恨鬱結，酒入愁腸，明日又是天涯，但卻不知歸程何處，其情甚是悲壯。第二天宿醉未醒，準備離去的同仁，已經在整理行裝了。其中劉燿，據說抱了本郭沫若的《中國古代社會研究》去了延安，後來改名尹達。

二十七年一月，歷史語言研究所由長沙遷往昆明，所內同仁及眷屬，以及圖書、儀器、標本等，一部分直接取道貴州赴昆明，一部分則取道廣西，在桂林暫住，並在陽朔祝聖寺設立臨時工作站，再取道越南赴昆明。二三月間所內人員與設備，陸續抵達昆明。賃昆明拓明東路六六三號及青雲街藍靛花巷三號為所址。後來因日機轟炸，再遷往市郊龍泉鎮的響應寺及龍頭書場。二十八年六月，滇邊軍事緊張，歷史語言研究所又奉命內遷。

抗戰期間，傅斯年飽受敵機轟炸之苦，王利器回憶當年他在重慶報考北大文科研究所的情形。北大、清華、南開遷昆明後，大學部組成西南聯大，研究所仍由各校自行辦理。於是北大恢復文科研究所，由傅斯年任所長。歷史語言研究所內遷，一部分研究生隨往繼續招生。當時王利器一人投考，試場就在重慶聚興村中央研究院總辦事處，傅斯年的辦公室內。王利器說第一場考英文，傅斯年把考卷交給他。剛坐下來寫題時，就拉警報了。傅斯年急忙說：「走，進防空洞躲警報！」當時敵機對重慶進行疲勞轟炸。那天上午，王利器考英文跑了七次警報，才翻譯幾行英文，已經是中午該吃飯的時候了。傅斯年在昆明初歷警報，已經不耐，決定將研究所遷到一個地圖上尋不到的地方。

於是，派芮逸夫赴四川尋覓適當的所址，後來選定四川南溪縣李莊板栗坳的張家大院。二十九年十月，開始由昆明遷往四川，途中歷經艱辛。一輛載運文物的卡車，在昆明北的易隆翻車，一輛在敘永落水，幸損失不重。十一月十四日，由四川民生公司的民意輪，自瀘縣經宜賓轉運李莊的一百十四箱文物，因載運駁船的船舷破漏與超載而傾覆，全部文物雖經搶撈獲救，但箱內已經浸水，後經盡力維護整理，損失還不算太大。最後終於在李莊居停下來，一直到勝利復員還都，前後有五年的時間。

南朝蕭梁舊治的六同，就在李莊附近一帶地方。但現在的確是一個地圖上找不到的地方。當時從重慶去李莊，乘民生公司的江輪先到宜賓，也是江輪航行的盡頭。然後再乘小火輪順流而下到李莊。李莊是個約有一萬人口的市鎮，一條石板路的大街，兩旁是店鋪，街上擠滿了人。坐落在約半英里的平原上，地勢高亢，可避免洪水的氾濫。這裡可以看到長江典型的風光，一條綿延不斷的河谷，兩旁夾峙著高約二百至四百英尺的小山，還有一長條窄狹的沿江平原。平原上全是精耕細作的田地。向一邊望去，可以看到兩岸間約四分之一英里的清澄碧波，正從圖畫中瀉流而出。

不過，歷史語言研究所的所在地板栗坳，離李莊還有十來里路。當時除了歷史語言研究所外，還有梁思永的建築研究所、社會研究所，以及國立中央博物院。歷史語言所所址在張家大院，分為三區，一是田邊上，是圖書室及二、四組，語言和民族組所在地；次是牌坊頭，是三組，即考古組的所在地；三是新房子，新房子又稱茶花院，是第一組，歷史組的工作所在。茶花院有茶花兩株，樹齡已不知年，整個庭院都在兩株茶花樹的覆蔭之下。花期自年頭的十一月到次年三月，歷時五個月。每當花季，落花滿地。

李莊多雨，常年累月下來變得潮濕，像四川其他地方一樣，雲霧瀰漫著李莊的上空。當時的生活非常艱困，孟真先生為解決所裡同仁的生計，曾向當地的行政督察專員兼保安司令王夢熊借米。其中有封信懇切地說：「敝院（中央研究院）在此之三機關（歷史語言研究所、社會科學研究所、人類學研究所）約一百石，外有中央博物院約三十石，兩項共約一百三十市石，擬借之數如此。夙仰吾兄關懷民物，飢溺為心，而於我輩豆腐先生，尤深同情（其實我輩今日並吃不起豆腐，上次在南溪陪兄之宴，到此腹瀉一週，亦笑柄也），故敢求之於父母官也。」三餐不繼，連豆腐都吃不起，生活的窘況可想而知。

不僅生活窘困，當地治安也不平靜。孟真先生召集所內同仁開會共商夜間防禦之道，主張每人床旁放置一面銅鑼，遇警敲鑼，喚醒大家。當時孟真先生因任中央研究院總幹事，兼國民參政會的參政議員，經常在重慶。歷史語言研究所的所務由董作賓代理，孟真先生特別送一盞煤油燈給他，美孚煤油由重慶捎來。這盞煤油燈是當地十里內，最亮的一盞燈，其他點的是桐油燈，一根燈草熒熒燃著，研究所工作同仁，三更燈火五更雞的鑽研著，天明，個個鼻孔都成了煙囪。孟真先生理想的「集眾」研究隊伍，就在這種艱困的環境中培養成長的。

所謂「集眾」，也就是集體研究。這是孟真先生當初創辦歷史語言研究所時的構想。他在《歷史語言研究所集刊》創刊號，發表的〈歷史語言研究所工作之旨趣〉就說，歷史語言學發展到現在，已經不容易由一個人作獨立的研究了。必須由一個研究單位提供資料或共同尋找材料。並且在一個研究環境中，彼此相互引會與訂正，才能進行研究。所以，民國十八年歷史語言研究所由廣州遷北平後，孟真先生便結合了當時清華大學國學研究院的陳寅恪、趙元任、李濟，為歷史語言研究所樹立起研究的架構，並制訂出了未來的研究計畫。孟真先生和他們都留學歐美，彼此的學術理念相近，對中國未來的學術發展前景看法一致。他們的結合象徵中國現代學術，終於跨越東洋影響的過渡，真正由傳統邁向現代。另一方面，孟真先生為了培養他的「集眾」研究隊伍，親自到北京大學兼課，從直接的教學中，發掘「少年文史學者」，吸收到歷史語言研究所來。後來北大畢業生胡宣厚、張政烺、傅樂煥、王崇武、勞榦等先後進入歷史語言研究所。

當時在李莊，歷史語言研究所的研究人員，有向達、丁聲樹、岑仲勉、張政烺、王崇武、陳槃、勞榦、石璋如、董同龢、高去尋、全漢昇、楊逢時、李光濤，以及寄寓的王獻堂、屈萬里等，大多出身於北京大學，而且後來都是成名的史學家或學者。此外，北大文科研究所也在這裡設有辦事處，由鄧廣銘負責，並且有研究生王明、任繼愈、馬學良、劉念和、逯欽立、胡慶均、王叔岷、李孝定、王利器等。其中部分畢業後便留所工作。當時抗戰已進入最艱苦的階段，物質條件已經到了不可忍受的地步，但他們卻個個努力不輟。孟真先生所謂的「集眾」的研究隊伍就在這樣惡劣的環境中茁壯的。他們的研究成果，具體地展現在《六同別錄》與《史學與史料》之中。

《六同別錄》與《史學與史料》是當時歷史語言研究所工作人員，發表研究成果的學術刊物。原來歷史語言研究所有其代表的學術刊物，歷史語言研究所在廣州成立時，即創刊的《歷史語言研究所集刊》，後來交上海的商務印書館刊印與發行。但因戰爭的阻隔，尤其在太平洋戰爭爆發後，歷史語言研究所交商務印書館印行的稿件二十一種，包括《集刊》在內約三百餘萬字，都淪陷下落不明，因而有《六同別錄》與《史學與史料》的創刊。

孟真先生寫的〈《六同別錄》編輯者告白〉說：「我們的刊物關於語言學者，需要用國際音標，其他又需要大量的銅版、鋅版、刻字、線表、照相影印等，我們沒有錢……目下衹好就李莊營業的小石印館，用石印印出。」至於《史學與史料》則委託重慶的出版社印行。戰爭勝利後《六同別錄》與《史學與史料》，作為《歷史語言研究所集刊》第十三及第十四本，重新印行。這兩個刊物的作者有石璋如、周法高、張政烺、李濟、董作賓、屈萬里、勞榦、高去尋、何茲全、王崇武、傅樂煥、董同龢、馬學良。其中除了董作賓和李濟外，其他都是孟真先生自史語所遷北平後，辛勤培養的少年文史學者，至此，孟真先生理想的「集眾」研究隊伍，終於在那個地圖上也找不到的地方，最艱難的物質條件與環境中培植出來了。

孟真先生留學英國時，初與歐美新事物接觸，似乎曾有些困惑，曾寫下一首名為〈自然〉

的新詩，其中有「一點動機，散做無數動機，化為一團團的興趣，然後有了世界。」他回國後，就憑著這一點動機，最後便將東方學的正統，在中國土地上建立起來。為他自己，也為中國的學術，拓墾出一個新的世界。

半個世紀過去了，有誰還記得那個在地圖上也找不到的地方，還有茶花院滿地的落花。

傅孟真先生與臺大

民國三十九年十二月十九日，是一個寒冷的冬夜。孟真先生和夫人俞大綵女士，在他的小書房裡升炭盆取暖。孟真先生穿著一件厚棉袍，伏案寫作，他正為《大陸雜誌》趕寫文章，夫人坐在他對面，縫補他的舊襪子。孟真先生急著拿到這筆稿費，做一條新棉褲，他擱下筆對夫人說：「稿費拿到之後，你快去買幾尺粗布，一綑棉花，為我縫一條棉褲。我的腿怕冷，西裝褲太薄，不足禦寒。」次日，孟真先生穿著他單薄的舊西裝，列席省參議會第五次會議，答覆關於臺灣大學的問題，他在臺上最後高聲說：「我對有才能，有智力的窮學生，絕對要扶植他們！」

然後走下臺來，倒下，大去。

孟真先生臨危受命，在民國三十八年一月二十日，接掌臺灣大學，前後共七百個日子。在這七百個日子裡，祇有一個目標：「本人接掌臺大，當盡棉力，以期成為第一流大學。」

這就是孟真先生首次參加省參議會備詢時的答覆。此後，他所想、所說、所做、所辯，都為了堅持這個目標，竟以身殉。當時他曾慷慨激昂地寫下「歸骨于田橫之島」，最後，孟真先生不僅歸骨斯島，並長眠於臺大校園，看杜鵑花花開花落，聽鐘聲伴著椰林的夕陽，永遠和臺大師生同在。

孟真先生期望臺大成為第一流的大學，並且培養學生獨立思考與判斷的能力。所以，他在臺灣大學四週年校慶大會上，提出臺灣大學今後努力的目標，他說：「臺灣大學應以尋求真理為目的，以人類尊嚴為人格，以擴充知識，利用天然，為工作目標。」並且提出「敦品、勵學、愛國、愛人」八字，與全校師生共勉。孟真先生說「敦品」，首在立信。尤其在大學裡，這種觀念最重要，因為不能立信，絕不能追求真理，學問不能進步，也沒有發明。所以，立信是做人做學問的一切根本。至於「勵學」，他認為在大學裡獲得學問是最重要的事。因為由學術的培養到人格的培養，尤其人格的培養，不是一個空洞名詞，需要學問與思想的成分很多。至於「愛國」，則是超越政治，對文化和歷史的敬意。因為世界上沒有一個文化，像中國這樣悠久和沒有中斷。衹是這百年來，受到各種帝國主義的折磨。所以，我們要看清自己的面孔，想到自己的祖先，懷念我們的文化，在今天絕不能屈服的。最後是「愛人」，他說愛國有時失之空洞，至於愛人卻步步著實。孟子說：「無惻隱之心非人也」，愛人的觀念，就從這個心理基礎上起的，克服自私心和利害心，祇要立志，便可以走上愛人的大路。孟真先生過世後，民國四十年四月八日，舉行的三十九學年度第二次校務會議，由洪炎秋、洪耀勳、蘇薌雨三教授提議，將「敦品、勵學、愛國、愛人」八字，作為臺灣大學的校訓。

孟真先生歸國後，創立歷史語言研究所，提出凡能直接研究與擴充材料，並擴展研究時應用的工具，就是進步，否則是退步，作歷史研究和治學的新方向。此後，並以此為信條培育史學研究人才。因此，他接掌臺灣大學後，對歷史系特別眷顧。孟真先生到校後，除原在校的沈剛伯、李玄伯、徐子明、楊雲萍，又新聘李濟、姚從吾、劉崇鋐、張貴永、勞榦、方豪諸先生，使歷史系成為全校教授陣容最強的一系。在教學方面，除了堅持他過去一貫的理念，特別提出古代與近代並重。特別加強中國通史的教學，每週三小時，分甲乙兩類，甲類著重上古迄元末的史實，明以後略述綱要。乙類則著重明初迄現代的史實，元以上略述綱要。但歷史系學生甲、乙兩類皆修，為歷史系學生打下堅實的基礎。此後數十年，臺大歷史系培育了一批人才，分別在國內外大學或研究單位，從事歷史教學或研究的工作，並堅持孟真先生愛國愛人的遺訓與治學的理念。

「素書樓」主人的寫作環境

前記：一九八四年七月七日（甲子六月初九）是錢賓四師的九十壽辰。賓四師從臺灣到香港來避壽。壽辰前夕，幾個學生在沙田雍雅山房為他暖壽；席間兒女孫輩環繞侍坐。我就席請教賓四師，他寫《朱子新學案》，最後一章〈朱子格物游藝之學〉，其中特別提到「朱子出則有山水之興，居復有卜築之趣」，是否也是他自己生活的寫照。因為賓四師雖著述意存千古，但卻更喜一襲長衫徜徉於山水間，對於自己的寫作環境也是非常留意的。衹是他這種生活的情趣，卻被人忽略了。賓四師頷首微笑。在座的嚴耕望先生說，這倒是個值得做的題目。回來再重讀賓四師著作及其序跋題記，並參照他的《八十憶雙親》與《師友雜憶》，排比成這篇文章，獻為仁者智者壽。

一

「素書樓」是賓四先生在臺北寓所的名字。賓四先生在他的《八十憶雙親》，回憶他無錫故居「五世同堂」時說：「『五世同堂』之大門，懸有五世同堂一立匾……第三進為素書堂，西弄堂五叔祖分得素書堂之西偏三間為其家室。不知何故，一人親自登屋拆除。惟素書堂、及堂匾尚保留。」也許這就是賓四先生臺北「素書樓」名字的由來。

「素書樓」座落在臺北近郊外雙溪，東吳大學校園裡的山坡上。山坡下有雙溪流過，雙溪外又一巒青山，這是賓四先生二十三年來眼觀窗外山水、綜論古今世事、衡量往來人物的地方。這些年一片原是荒蕪的山坡，已被賓四先生調理得恬靜脫俗了。每次去的時候，我都是乘車穿過自強隧道，在橋旁下車，回身走過那座架在雙溪上的小橋，停在山邊的泥土小徑，走到素書樓去。叩開那扇朱漆的大門，沿著石階走上去。我歡喜石階兩旁那列楓樹，夏天一樹郁綠的濃蔭，冬天滿階黃裡透紅的落葉，走到這裡我會流連一會，有時也會撿一兩張落葉把玩。等伏在階上那隻大耳狗的低吠喚住了我，我才向牠揮揮手繼續向上走。上得坡來，門前有株盛開的白茶花淺笑相迎，簷下有幾盆含羞的海棠。我去的時候多在午後，賓四先生午睡方醒，已含著煙斗坐在客廳裡沉思了。我在他旁邊的椅子上坐下來，几上有兩杯清茶，手中有一支香煙，裊裊上升的淡淡煙絲，隨著映在窗上的竹影擴散開來，室內室外一樣寧靜，彷彿一切都凝住了。

十年前，賓四先生八十歲的生日，我們在臺北的幾個老學生為他在「萬壽樓」暖壽。然後，他們夫婦就到橫貫公路避壽了。等他們歸來，我再去素書樓，賓四先生拿出他在橫貫公路途中寫成的《八十憶雙親》，要我送到報社刊登。那天辭出，已是黃昏時分，再回首，滿天彩霞和一韻蟬詠，將綠蔭遮蔽的素書樓，點染得更幽美了。賓四先生說原來這裡的月色更美，後來東吳大學在坡下建了音樂館，遮住了對面山上初起的月光。於是，賓四先生又在他二樓臥室外添建了一個小露臺，再把月色引進園來。

我在士林找了個小冰店坐定，一口氣讀完了《八十憶雙親》。這份賓四先生的手稿，用的是「素書樓」稿紙，全文共五十五頁，這份稿子是賓四先生八日橫貫公路避壽之遊寫的。稿末寫著「此文寫於梨山賓館、武陵農場、天祥中國旅行社三處，凡經六日。又在花蓮宿兩宵，其第二宵晚九時許，即余七十九年前之生辰也。」這份稿子不僅是賓四先生的手稿，而且是初稿，上面有許多刪改增添的字句，是非常有紀念性的。我於是找了家書舖影印一份，就把這份原稿留下了。

賓四先生撰寫稿子的四個地方，我都去過。我曾站在梨山賓館的臺階上，呼吸著山中早晨微寒卻清新的空氣，看著谷中冉冉飄起的炊煙。我曾在武陵農場的那兩棵聳立的蒼松下，收攬著山中早來的暈紅黃昏。我曾在天祥看過澄澈晶瑩的月色，也曾在花蓮「亞士都」聽過奔馳翻騰的海濤。但那不是帶著昨夜未醒的宿酒，就是抱著滿身風塵的疲憊，從來沒有想到那是個可以寫作的地方。也許我們生活在一個匆忙的時代，遊山玩水都跟著觀光的小旗子走，最多也祇匆匆攝影一幅留念，自然的山水與我已經兩不涉了。那裡還有賓四先生那種漫步閒庭、將自然的山水和世事人物融於胸中的悠然境界。

過去當學生時，雖然也曾讀過幾本書，卻都不是賓四先生所說的「正經」。雖然也曾聽他講過王船山、顧亭林在如何艱困的環境讀書，我在下面坐著心中頗不以為然。所以，每當看著口銜煙斗沉默不語、祇用兩道炯炯目光射來時，心裡就有點發慌。往往是他從正面走來，我就轉身跑開了。但這些年自己的年事已長，而且又是做的讀書營生，不得不讀些書，又回過頭來認真地讀了些他的書。同時他定居臺北後，接近的機會也多了些，漸漸發現他生活情趣的另一方面。

他寫《朱子新學案》，是為了「上自孔子、下迄清末，二千五百年之儒學流變，旁及百家眾說之雜出，以見朱子學術承先啟後之意義價值所在」。但最後卻有〈朱子格物游藝之學〉一章。其中說到自從《宋史》「道學」與「儒林」分傳後，學者多以窄狹的眼光視道學，以致普通一般人都誤認祇有枯槁強木、不通人情世故、拘謹小節、僅知自好之徒，才得稱道學先生。又譏笑祇有這樣的人，才有資格進孔廟吃冷豬肉。所以，賓四先生說道學之失真與誤解，「誠不可以不辨也」。

因此，賓四先生特別分析朱子生活情趣方面，他說朱子「出則有山水之興，居復有卜築之趣。」朱子最初居崇安五夫的寒泉精舍，四十六歲時，又在建陽蘆峰之巔的雲谷築晦庵，朱子希望從此「滅影此山，耕山釣水，養性讀書，彈琴鼓缶，以詠先王之風」，後來又為武夷精舍。六十三歲的時候，在建陽的考亭，建竹林精舍，並為精舍立匾曰「滄州」，自號滄州病叟，最後朱子更自號遯翁。朱子在山林之間築精舍，在那裡講學著述，享受山林之樂的生活情趣。所以，賓四先生說：「綜觀朱子一生，出仕則志在邦國，著述則意存千古，而其徜徉山水，俛仰溪雲，則儼如一隱士。其視洙泗伊洛，又自成一格，此亦可以窺朱子性情之一面。」因此，研究朱子的學者，對於他的遯隱生活，賓四先生說是「深值潛玩」的。這種遯隱的生活情趣，也是賓四先生所尋求的。他雖然沒有像朱子那樣出仕，但一襲長衫在中國現代學術界飄灑了這麼多年，在「著述則意存千古」與「徜徉山水，俛仰溪雲」的生活情趣方面，卻是和朱子相同的。所謂「出則有山水之興，居復有卜築之趣」，不僅是朱子，也是賓四先生自己的生活寫照。他許多著名的傳世之作，都是在山水園林之間撰成的。

二

《先秦諸子繫年》是賓四先生在學術界成名之作，這部書從草創到完成，前後經歷了九年的時間。民國十二年秋天，賓四先生從廈門的集美回到無錫，經錢基博介紹，轉入無錫省立第三師範教書。三師規定國文教師，除教隨班遞升的國文正課外，每年還要兼開一課，第一年是「文字學」，第二年是《論語》，第三年是《孟子》，第四年是「國學概論」。賓四先生在三師因教學先後完成了《論語要略》、《孟子要略》。由於考證孟子的年代，因而有《先秦諸子繫年》之作。不過，《先秦諸子繫年》雖然發軔於無錫三師，實際寫作卻是民國十六年，賓四先生轉入省立蘇州中學任教後開始的。

蘇州是個充滿詩意的城市。賓四先生說，蘇州「城內遠近名山勝蹟，林園古剎，美不勝收，到處皆是」。那裡有從遠至宋代的至和塘滄浪亭，直到清末俞樾的曲園，吳大澂的愙齋……。蘇州中學所在地是清代紫陽書院舊址，校園也有山林之趣。出校門就是三元坊，向南右折是孔子廟，前面是南園舊址。這一帶地方我也是非常熟悉的。勝利後，我曾在蘇州中學讀過半年書，因為從後方乍到，上課聽不懂先生講的吳儂軟語，祇有逃學了。孔廟、滄浪亭都是逃學流連的地方。那裡的確是個非常美的地方，我還記得在黃昏晚霞裡，文廟裡成群結隊繞著枯枝而飛的寒鴉。在淡淡月光裡，滄浪亭的池水泛起的漣漪上還浮著一層薄薄似紗的霧靄。還有那映在微雪中嬌豔欲滴的南園江南第一枝朱梅……。賓四先生在這裡終日流連徜徉在田野間，有時常常到城裡小書攤或舊書店訪書。我可以想像得到觀前街玄妙觀的燈火已闌，賓四先生夾著一函書，在月光下踽踽獨行穿過鵝卵石鋪的街道，微風飄起他長衫衣角的情景。這個詩意盎然的地方，為賓四先生提供了《先秦諸子繫年》的寫作環境。

民國十九年春天，賓四先生的《先秦諸子繫年》初稿大致完成了。他在《先秦諸子繫年》跋裡說：「十九年之春，余始續姻，枯槁之餘，重得生理，頗有意刊《繫年》，先為〈自序〉一篇，……即余新婚後十日內所草也。」這個時候，廖平的學生蒙文通，在南京支那內學院聽歐陽竟無講佛學，來蘇州訪賓四先生。兩人同遊靈巖山，又到太湖之濱的鄧蔚訪梅。賓四先生回憶說：「余與文通各乘一轎，行近鄧蔚時，田野村落，群梅四散彌望皆是。及登山，俯仰湖天，暢談古今。在途數日，痛快難言。」在旅途中，蒙文通手攜賓四先生的《先秦諸子繫年》稿，「轎中得暇，一人獨自披覽」，閱後對賓四先生說：「君書體大思精，惟當於三百年前顧亭林老輩中求其倫比。乾嘉以來，少其匹矣。」蒙文通離開蘇州時，還沒有將這部書讀完，攜回南京，被蒙文通一位治墨子的朋友，手抄其中關於墨子的部分，發表在南京的一個雜誌上。這是賓四先生的《先秦諸子繫年》，最先發表的一部分。後來，顧頡剛從廣州中山大學回北平燕京大學任教，途經故鄉蘇州，訪賓四先生，並讀他的《先秦諸子繫年》稿，認為賓四先生似不宜長在中學教國文，該去大學教歷史。於是，這年秋天，賓四先生轉到北平燕京大學任教。

賓四先生離開蘇州北上前，又為《燕京學報》寫成〈劉向歆父子年譜〉，這是一篇解決自清末以來今古文爭議的著作。賓四先生接觸今古文的問題，是民國二年在故鄉無錫蕩口果育小學教書的時候。他說：「讀夏曾佑中國歷史教科書，因其為北京大學教本，故讀之甚勤。余對此書得益亦甚大，如三皇五帝。夏氏備列經學上今古文傳說各別。余之知經學之有今古文之別，始此。」夏曾佑的《中國古代史》對賓四先生的影響，不僅止於今古文。夏氏書末一字不改鈔《史記》〈十二諸侯年表〉、〈六國年表〉等，使他此後讀史書知道史表的重要性。後來賓四先生撰《先秦諸子繫年》，更改〈六國年表〉，也可以說是受了夏氏的啟發。由賓四先生在后宅初級小學任校長時，曾到杭州為學校圖書館購書，買得康有為的《新學偽經考》石印本一冊，就對康有為的論點發生懷疑。由於顧頡剛考辨古史，以康有為的論點為基調，賓四先生說：「乃特草〈劉向歆父子年譜〉一文與之。然此文不啻特與頡剛爭議。頡剛不介意，既刊余文，又特推薦余至燕京任教。此等胸懷，尤為余特所欣賞，固非專為余私人之感知遇而已。」

賓四先生到北平燕京大學，住在朗潤園單身教授宿舍。朗潤園在圓明園廢址左側，由燕京大學大門向北，經過一橋，不出百步就到了。燕京大學是個教會學校，校園裡的建築都是西式的。路上的一磚一石，道旁的一花一樹，每天都派人整修清理，一塵不染，井然有序，好像個外國的大公園。但朗潤園後一半是房舍，前一半卻有池石林亭之勝。賓四先生初到北方，人地生疏，常在這裡散步，他說：「讀於斯，遊於斯，絕少外出。」入冬，室內還有火爐，爐上置茶壺一把，桌上放一隻茶杯。他說：「水沸，則泡濃茶一杯飲之。又沸，則又泡。深夜弗思睡，安樂之味，初所未嘗。時《諸子繫年》稿已成，遇燕大藏書未見者，又續有增添修改。又特製通表。」這樣經過半年的時間，《先秦諸子繫年》基本上終於完成了。民國二十二年，賓四先生說：「日軍飛機盤旋北平城上，仰首如睹蜻蜓之繞簷際也。」他恐怕這部書散失，於是覓人抄了副本，設法出版。在民國二十四年冬天，由商務印書館發行。

後來，賓四先生避難香江，結識了英國友人，當時香港大學中文系主任林仰山。林仰山曾在山東齊魯大學任教，抗日戰爭中被關入日本集中營，在營中仍然讀書不輟，所讀的就是賓四先生的《先秦諸子繫年》。但這時《先秦諸子繫年》，「在大陸已絕版，海外亦少流布」。

因此，民國四十五年，再加上多年來的增訂，由香港大學再版。當時賓四先生剛和胡美琪女士新婚，居九龍鑽石山鳳棲臺。賓四先生說：「於九龍鑽石山貧民窟租一小樓，兩房一廳，面積甚小，廳為客廳兼書室，一房為臥室，一房貯雜物，置一小桌為餐室。……香港大學為余再版《先秦諸子繫年》，余親任校對，積年有增稿數十處，尤需精細詳定，胥在新婚書室中趕成，每達深夜。惟每日傍晚，則必兩人同赴近宅田塍散步一小時，日以為常。」

《先秦諸子繫年》從撰稿到出版而再版，其間經過漫長而艱辛的路程。賓四先生在這部書的自序說：

> 余草《諸子繫年》，始自民國十二年秋。積四五載，得考辨百六十篇，垂三十萬言。一篇之成，或歷旬月，或經寒暑。少者三四易，多者十餘易，而後稿定。自以創闢之言，非有十分之見，則不敢輕於示人也。

賓四先生所以不將《繫年》稿示人，因為當時上海北平報刊雜誌，都在討論先秦諸子，他的意見與眾不同，恐披露出來，引起爭議，往復答辯，浪費時間，使書無法完成。

這部書前後歷時九年才完成，這九年的時間，賓四先生書後的跋文說：「其先有齊盧之戰，其後有浙奉之爭。又後而國軍北伐。蘇錫之間，兵車絡繹，一夕數驚。余之著書，自譬如草間之孱兔，獵人與犬，方馳騁其左右前後，彼無可為計，則藏首草際自慰。余書，亦余藏頭之茂草也。」後來，賓四先生又在他〈新版增訂本識語〉說：

> 本書初版付印，在民國二十四年之冬，未兩載中日戰起。余自北平避難南下，遵海繞道香港，北至長沙，移往南嶽。又經衡陽入廣西，經桂林柳州南寧，出鎮南關，借道越南，去昆明，輾轉蒙自宜良。又離滇經港，變姓名，省親蘇滬，閉門奉養一歲。又脫身自香港航空飛重慶，卜居成都，先後及六年。並以其間至樂山，至貴州遵義。戰事平息，重返蘇滬，又去昆明矣。歸居無錫太湖之濱。不及三年，重避赤禍，隻身來香港。先後迄今，計二十有一載，奔竄流亡，饑餓窮窘，而此書每攜行篋中。偶有所覯記，可以補訂原書缺失者，輒以蠅頭細字，寫列書眉。

這不僅是賓四先生撰寫與出版《先秦諸子繫年》的歷程，也是賓四先生著述的時代環境；除《先秦諸子繫年》外，許多其他著述都是在動盪離亂中寫成的。不過，《先秦諸子繫年》與〈劉向歆父子年譜〉，卻是在蘇州那詩意的環境裡完成的。對蘇州，賓四先生有濃厚的感情。

他說：「亂世人生，同如飄梗浮萍。相聚則各為生事所困，相別則各為塵俗所牽。所學則又各在蠻觸中，驟不易相悅以解。儻得在昇平之世，即如典存（汪懋祖，留學美國，曾一度擔任北平師範大學校長，後任蘇州中學校長）、瞿安（吳梅，一代崑曲宗匠，著作斐然）、穎若（沈昌直，喜詩，尤愛東坡詩，賓四先生無錫三師同事，後同時應聘蘇州中學）諸老，同在蘇州城中，渡此一生，縱不能如前清乾嘉時，蘇州諸老之相聚，然生活情趣，亦庶有異於今日。」

民國二十九年，賓四先生由昆明，經香港變姓名到上海，回蘇州探母，隱居在蘇州的一個廢園中。賓四先生說：「名耦園，不出租金，代治荒蕪即可。園地絕大，三面環水。大門惟一路通市區，人跡絕少。園中樓屋甚偉。一屋題『還讀我書樓』，樓窗面對池林之勝，幽靜宜神，幾可駕宜良上下寺數倍有餘。」宜良岩泉上、下寺是賓四先生撰寫《國史大綱》的地方。這時賓四先生的《國史大綱》已寫成，交香港的商務印書館刊行。

賓四先生隱居耦園，侍母之暇，晨夕在樓上，以半日的時間，讀湯用彤為他選購的英文書。賓四先生在北平，與湯錫予相交甚稔，流亡西南又患難相攜，這次湯用彤為了接家眷，與賓四先生一起潛返蘇滬。另外餘下的半日，則專意撰寫他的《史記地名考》。賓四先生寫成《先秦諸子繫年》後，有意再繼續作戰國地名考，現在擴大為《史記地名考》。耦園的確是個可以發思古幽情的地方。這次賓四先生的家人來港團聚，帶來幾幅耦園拍攝的照片，蒼蔥老樹蔽映的樓簷，就是賓四先生當日讀書與寫《史記地名考》的地方。他們指出那迴廊、那園門、那陳設著紅木几椅的廳堂，都是賓四先生當日生活起居的地方，也是飄揚著他們童年歡笑的地方。這裡近婁門，東面是內城河，車馬跡稀人罕至，的確是個可以遯隱的所在。勝利後，賓四先生在無錫主持江南大學文學院，他的家人還住在這裡，直到後來被迫遷出。現在耦園已重新修整，對外開放，是蘇州的名園之一。他們又重訪耦園，幾經滄桑，他還找到臨離耦園時在一棵樹上刻的字，依稀存在。

賓四先生在這裡隱居了一年，完成了他的《史記地名考》。他說：「余先一年完成《國史大綱》，此一年又完成此書。兩年內得完成兩書，皆得擇地之助。可以終年閉門，絕不與外界人交接，而所居林池花木之勝，增我情趣，又樂此不疲。宜良有山水，蘇州有園林之勝，又得家人相聚，老母弱子，其怡樂我情，更非宜良可比，洵余生平最難獲得的兩年。」

在宜良寫《國史大綱》的一年，賓四先生認為這段因緣是一個偶然的奇遇。他說：「西南聯大文學院定在蒙自開課，余等遂結隊往。火車中讀當日報紙，見有一夏令營，遊瀑布山洞石林諸勝，美不可言。余大聲問曰：宜良何地，乃有此奇景？坐旁一友，指窗外告余，此處即宜良，亦雲南一有名勝地。並曰：『君見兩旁山色可知矣。』實則當日所見報載夏令營乃在路南，係另一地名，而余誤以為在宜良，遂種下余此下獨居宜良一段因緣。亦誠一奇遇也。」

賓四先生說他有意撰寫《國史大綱》，是由於陳夢家的兩夕話促成的。陳夢家原治新文學出名，賓四先生在燕大授課，陳夢家也來選修，因而興趣轉到秦漢史，成為甲骨文的名家。當時陳夢家也在西南聯大任教，一天晚上，他們在賓四先生居處外的曠地上漫步，陳夢家勸賓四先生為當時的全國大學青年，為當前的時代，撰寫一本中國通史的教科書。賓四先生以材料太多，所知有限辭。另一天晚上散步，陳夢家又舊事重提，於是賓四先生才決定撰寫這部書。當然，這部對中國傳統文化與歷史充滿了溫情與敬意，又激盪著濃厚民族感情的《國史大綱》，成書也不是偶然的。

民國二十二年，賓四先生開始在北京大學講授中國通史。賓四先生認為通史一課，必須在學年規定的時間內講授完畢，決不能有首無尾，中途停止。因此，他最初一年，「全部精力幾耗於此」。當時他暫住在南池子湯用彤家，南池子距太廟不遠，廟旁有參天的古柏兩百多棵，散佈在一個大草坪上，景色非常幽靜。太廟北面隔一條御溝，就是故宮的圍牆。草坪上設有茶座，遊客卻稀。茶座的伙計與賓四先生很熟稔，選景色佳處，為賓四先生設一把藤椅，一個茶几，沏一壺茶，他在那裡漫步低吟或偃臥沉思。這真是個宜於發思古幽情的地方。他每天午後去，薄暮歸來。經開學前在這裡反覆思索，寫定了通史全部課程的綱要。

通史課程每週四小時，分兩次上課。賓四先生開學後，每逢有課的前一天下午去太廟，準備第二天上課的內容。主要的是講述材料的取捨，及其分配的均勻。但他說：「必求一本全部史實，彼此相關，上下相顧，一從客觀，不騁空論。制度經濟、文治武功，莫不擇取歷代之精要，闡其演變之相承，而尤要者，在憑各代當時人之意見，陳述有關各項之得失。治亂興亡，孰當詳而增，孰宜略而簡。每於半日斟酌，決定明日兩小時之講授內容。」在這一年內，賓四先生除遇風雨，幾乎都消磨太廟古柏下。在那裡提綱挈領，分門別類，逐條逐款，定其取捨。他說：「終能於一年內，成其初志。上自太古，下及清末，兼羅並包，成一大體。」

到第二年體綱已成，賓四先生就不去太廟古柏下了。但仍然隨時精思，在每一章內常有改動，並增加參考資料，以二十四史與三通為範圍。凡是他所講而需要深入討論的，就引用原文，編成中國通史參考資料，分發給學生，由他們自己去研尋。這份講義祇寫到隋唐為止。那年，賓四先生訪美，在哈佛大學執教的楊聯陞，當時在清華讀書，也曾旁聽賓四先生的通史，並保留這份講義。後來這份講義被一個從臺灣去留學的學生拿去，並沒有徵得賓四先生的同意，就在臺北出版了。賓四先生似乎很生氣，一次我到素書樓，他拿了剛出版的書，問我看過沒有，然後將銜在嘴中的煙斗深深吸了一口，說：「咦，現在的人怎麼樣了呀！來看過我一次，也不講一聲，就印了。」我想賓四先生的意思是這樣的：他的書出版或文章結集，都是親自整理、親寫序跋，不假手於人的。而且他的每一本書都有精旨深義，這部書卻是他選的材料彙編，當然不滿意了。

民國二十六年，蘆溝橋事變發生，賓四先生的《國史大綱》成書自記說：「學校南遷，余藏平日講通史筆記數冊於衣箱內，挾以俱行。取道香港，轉長沙，至南嶽。」當時北大文學院臨時設在南嶽聖經學院舊址，賓四先生說：「南嶽山勢綿延，諸峰駢列，而山路皆新闢，平坦寬闊，最易步行。余乃以遊山為首務，或結隊同遊，或一人獨遊，幾於常日盡在山中。足跡所至，同人多未到，祝融峰又屢不一去，曾結隊遊方廣寺，乃王船山舊隱處，宿一宵，尤流連不忍捨。」賓四先生探幽攬勝，多是人跡罕至的地方，一次他遊山竟赫然發現老虎的足跡。不過，賓四先生除遊山水外，每逢星期六早晨，必下山赴南嶽，那裡的圖書館中，藏有商務印書館新出版的《四庫珍本初集》。他專借前所未見宋明各家集，回來閱讀，並記箚記。他說其中有關王安石新政諸條，後來在宜良撰寫《國史大綱》時擇要錄入。但「惜《國史大綱》為求簡要，所抄材料多不注明出處，後遂無可記憶矣。」賓四先生流離南嶽，雖寄情山水，但仍讀書不輟，他記載當時在南嶽，分配與聞一多、吳宓、沈有鼎四人同住一室，各自孤燈夜讀的情形，實在令人非常感動的。

賓四先生的中國通史講稿，歷年增刪，最後積累成五六厚冊，雖在流離輾轉中都隨身攜帶。蒙自空襲，賓四先生到郊外躲警報，所帶的就是他這本中國通史「筆記」。這五六厚冊的中國通史筆記，就是賓四先生撰寫《國史大綱》的祖本，目前仍在臺北素書樓中。筆記裡面有許多紅綠筆的眉批與勾劃，賓四先生說這才是他真正的中國通史參考資料。也許那許多紅綠筆的眉批與勾劃，正像他《國史大綱》與《中國近三百年學術史》中的小字一樣，有許多意在言外之處。將來若公諸於世，值得後學再探索的地方一定不少。所以，賓四先生《國史大綱》的撰寫，雖然是陳夢家的促講，但卻是以賓四先生歷年講授通史的積累，在宜良的山水、岩泉寺幽靜的環境裡寫成的。後來西南聯大由蒙自遷去昆明，賓四先生說：「方期撰寫《史綱》，昆明交接頻繁，何得閒暇落筆。因念宜良山水勝地，距昆明不遠，倘獲卜居宜良，以半星期去昆明任教，尚得半星期清閒，庶得山水之助，可以閉門撰述。」

因此，賓四先生得友人之助，在宜良借得當地縣長的別墅。縣長的別墅在宜良西郊，北山岩泉下寺中。賓四先生在宜良閉門撰述的那一年，是充滿了山水情趣的。後來他回憶的那段記載，該是當代最佳的山水遊記文章了：

（岩泉下）寺南向，大殿左側為寺僧宿舍。向北盡頭為廚房。左側有一門，過門乃別墅所在。小樓上下各三楹，樓前一小院，有一池，上有圓拱形小石橋。四圍雜蒔花果。院左側又一門，門外乃寺僧菜園，有山泉灌溉。泉從牆下流經樓前石階下，淙淙有聲，匯為池水，由南牆一洞漏出寺外，故池水終年淨潔可喜。樓下空無一物，樓梯倚北牆。樓上分兩室，內室東南兩面有窗，西北角一牀有帳，臨南窗一木板長桌上覆一綠布，此為余之書房兼臥室。外室兩楹，臨南窗一小方桌一椅，供余三餐用。

這是賓四先生在宜良生活起居與寫書的地方。初到宜良，是湯用彤和賀麟陪去的。賓四先生說，當天夜裡他們三人「同臥外室地舖上。兩人言，此樓真靜僻，遊人所不到。明晨我兩人即去，君一人獨居，能耐此寂寞否？余言，居此正好一心寫吾書。寂寞不耐亦得耐。竊願盡一年，此願儘一年，此書寫成，無他慮矣。」那小樓真是寂寞得緊。寒假裡，湯用彤與陳寅恪來，在小樓住宿一宵。賓四先生說，他們「曾在院中石橋上臨池而座。寅恪言，如此寂靜之境，誠所難遇，兄在此寫作真大佳事，然使我一人住此，非得神經病不可。」

雖然寂寞，賓四先生卻自得其樂。「每晨餐後必出寺，赴一山嘴，遠望宜良南山諸峰。待其雲氣漸淡，乃返。晚餐後，必去山下散步。由山之東側轉進一路，兩旁高山叢樹，夾道直前，濃蔭密布，絕不見行人。余深愛之，必待天臨黑前始歸。後遇日短，則晚飯前去。除晨晚散步外，全日在樓上寫《史綱》，入夜則看《清史稿》數卷，乃入睡。樓下泉聲深夜愈響，每夢在蘇錫鄉下之水船中。」

距岩泉下寺八華里，有個溫泉。賓四先生星期日從昆明上課回來後，「攜陶淵明詩一冊，一路吟誦去溫泉。乃一大池，池旁建屋，隔為數室。從池上有石級，亦有矮牆分隔。牆直下池中，可使各浴室互不相睹。浴後可坐石級上，裸身作日光浴。濃茶一壺，陶詩一冊，反覆朗誦，盡興始去。……轉到宜良縣城中進午飯。溫泉距城約八華里。宜良產鴨有名，一酒樓作北方烤鴨。外加燒餅，價滇幣六元，即國幣六角。一人不能盡一鴨，飽啖而去。至縣立中學訪其校長，得向其圖書館借書。有二十五史，有十通，所需已足。每週來更換。校園中多盆景，有百年以上之栽品，亦如在蘇州所見。盤桓小憩，又從城北行八華里返山寺，如是每週以為常。」賓四先生又說：

有北大同事一人，夫婦同留學德國，乃錫予老學生，歸來亦在北大哲學系任教。與余往來甚稔，在南嶽又每日同桌共餐。……及來昆明，其夫人亦來，不樂交際應酬，一人移居宜良城中。其夫兩地往返。今惜忘其夫之名，姑稱其妻曰某夫人。一日清晨，某夫人忽來寺，適樓前櫻桃樹花開甚艷。余曰，夫人適來，可賞此花。某夫人曰，今晨特邀先生作山遊，不知能有雅興，肯犧牲半日之寫作否。余連呼同意，遂同出登山。山不高亦不峻，並無峰，乃隨坡陀在山脊上行。至午始返。某夫人言，先生健步，我亦自負能山行，半日追隨覺有倦意，……始知名不虛傳。乃知某夫人實特來試余腳力也。

余又遊宜良南山下一溪，此山即余每晨在宜良寺外山嘴之所望，山聳溪激，徘徊橋上不忍去。

一日，某夫人又來。告余距此二十華里有一山，產茶有名，前清時為貢品。惟產量不多，一散入城市，則覓購不易。今適初採，可同往山中購取少許，供日常品嘗。余又隨之往。某夫人好遊，余常往山後散步，某夫人亦每至其地，謂極似德國黑森林。惟彼知余盡日撰寫，乃不常來。

岩泉寺分上下，賓四先生說他所居的是下寺，「赴上寺一路石級，兩旁密樹，濃蔭蔽天，即當正午，亦日光微露而已。常有松鼠一群，在樹葉上跳躍上下，一路抬頭皆可見，亦一奇景。上寺已成一道士院，有池石之勝。院旁一亭，備遊人品茶之所。亭四圍矮牆有靠背可坐，更適眺矚。余常喜坐亭中，遊人絕少，每在此寫稿，半日始返。」賓四先生更愛上寺的環境，後半年就搬到上寺來了。他說：「道士特辟出樓上為余居，自寢樓下。」「院中有一白蘭花樹，其味濃郁醉人。樓下階前流泉，圍砌兩小潭蓄之。潭徑皆兩尺許，清泉映白瓷，瑩潔可愛。」

賓四先生在這種環境裡，「盡日操筆，乃幸終一年內完成。」他說現在「回思當年生活亦真如在仙境也。」

賓四先生這種「出則有山水之興，居復有卜築之趣」的生活情趣，是很難被人了解的。那年春天，他因張其昀的邀請，到遵義浙江大學講學一月。他說，「余尤愛遵義之山水。李埏適由昆明轉來浙大任教，每日必來余室，陪余出游。每出必半日，亦有盡日始返者。時方春季，遍山皆花，花已落地成茵，而樹上群花仍蔽天日。余與李埏臥山中草地花茵之上，仰望仍在群花之下，如是每移時。余尤愛燕子，遵義近郊一山，一溪繞其下，一橋臨其上。環溪多樹，群燕飛翔天空可數百，盤旋不去，余尤流連不忍去。」

李埏是賓四先生在北平師範大學授秦漢史的學生，家住路南。賓四先生在宜良寫《國史大綱》，李埏常侍左右，但卻無法了解賓四先生的這種生活情趣。賓四先生說：「一日，李埏語余，初在北平聽師課，驚其淵博，諸同學皆謂，先生必長日埋頭書齋，不然焉得有此。及在昆明，赴宜良山中，益信向所想像果不虛。及今在此，先生乃長日出遊。回想往年在學校讀書，常恨不能勤學。諸同學皆如是。不意先生之好遊，乃更為我輩所不及。今日始識先生生活之另一面。」賓四先生告訴李埏說：「讀書當一意在書，遊山水當一意在山水。乘興所至，心無旁及。讀書遊山，用功皆在一心。能知讀書之亦如遊山，則讀書自有大樂趣，亦自有大進步。否則讀書是喫苦，遊山是享樂，則兩失之矣。」李埏又說，「向不聞先生言及此。即如今日，我陪先生遊，已近一月。但山中水邊，亦僅先生與我兩人，頗不見浙大師生亦來同遊。如此好風光，先生何不為同學一言之。」賓四先生說：「向來只聞勸人讀書，不聞勸人遊山。但書中亦勸人遊山，孔子《論語》云，仁者樂山，智者樂水。即已教人親近山水。讀朱子書，亦復勸人遊山。君試以此意再讀孔子、朱子書，可自得之。太史公著《史記》，豈不告人彼早年已遍遊山水。從讀書中懂得遊山，始是真遊山，乃可有真樂。」

賓四先生所謂的從真遊山中發掘的「真樂」，是從儒家書中得來。但儒家思想有積極與消極兩個不同的層面，外王內聖屬於積極層面；隱逸山水，自逐於政治權威之外是消極的層面。自古以來中國的知識分子都在這兩極之間徘徊與掙扎著，賓四先生卻將這兩個不同的極端融會於胸中合而為一，分別在他的生活情趣與著述之中表現出來。

如果將賓四先生的著述環境，按照不同的時期，可以分劃成幾個不同的階段。當然，居停得最長的，該是現在臺北外雙溪的素書樓了。素書樓的面積不大，但卻在吵雜中自有其幽趣。賓四先生俛仰其間，花了五年的時間，總結了他六十年來對朱子探索的成果，寫成了《朱子新學案》。當初賓四先生選擇這個地方築園而居，因為這裡的環境有點像他在香港居住的和風臺。

和風臺在沙田火車站對面的半山。當年走出火車站，就是個擁擠喧雜的小街，比鄰而建的許多臨時小海鮮酒家，魚腥與油煙相參，鍋碗與伙計的吆喝聲相應，遊人往來磨肩擦臂。穿過這條小街，經過西林寺，再爬過一段不算矮的石階，才到和風臺。從和風臺瞰望，面對著一個寧靜的海灣，碧波裡散浮著幾艘漁舟，偶爾也有一兩片帆影飄過。我不知道當年賓四先生選擇這裡居住，是否對他徜徉的故鄉太湖之濱有幾許思念。不過，隨著這些年的轉變，那海灣已被填平，祇留下城門河悠悠一線，河的兩岸聳立著許多平地突起的高樓。這種轉變已不僅是滄海桑田的變化了。

現在每次坐校車經過這裡，我總想起當年隨大伙到和風臺拜年，竄過那喧雜的小街，就在那空地設置的攤檔，打幾包磁片上的香煙，又在西林寺竹林聽片刻的麻將聲，然後爬上石階，一切的喧囂都留在山下了，暖暖的冬陽烘襯出一片恬淡。如今座落在半山的和風臺，在蒙塵的樹影蔽映裡，垂眼觀看著山下的變化，彷彿也變得冷漠了。那次賓四先生來香港，卻堅持再去和風臺，看看他的舊居。我想那還有什麼好看的。而且當時他雙目已矇矇，要看也看不見什麼。但結果大家還是陪他去了。

後來，我突然發現賓四先生不是用眼睛，而是以心靈去體會的。這是一個很難了解的境界，也許就是他所說的，莊子書裡常歌頌的那種虛靜的境界。這種境界後來被禪宗說為常惺惺。宋儒周濂溪所謂的虛敬動直，程朱所說的居敬。所謂「虛靜」，並不是心中一無所有，只是鬆弛、不緊張、無組織，平鋪地醒覺。把整個心靈敞開，啟開門窗，讓他八面玲瓏處處透氣。這樣外在的一切隨時隨地可以感受，內在的一切隨時可以鬆動。於是全局的機靈沒有抑制，沒有向性，這就是常惺惺，是敬。如是人則整個心靈融和，譬如一杯水，沒有一些渣滓。這是賓四先生對於莊子虛靜境界所作的解釋。

當然，這不是一般人所能了解及達到的境界。賓四先生說尤其現代社會對物質人生、職業人生加以個別的區分。這種個別的區分，一方面把人生的關係拉緊，另一方面卻又把相互的人生關係隔絕。因此，若能把千斤擔子一齊放下，把心頭一切刺激的積累掃盡，驟然間感到空蕩蕩的，那時的心就開始解放了，同時也和外界融洽了，內外彼此凝成一片，更沒有分別了。他說那時的心境，雖然是剎那的，但卻又是永恆的。也許這就是賓四先生內在的心靈與外在的著述環境凝成一片的剎那。不過，雖然是剎那，卻透過他的著作而永恆存在了。

讀書種子未絕

穿過自強隧道就是外雙溪了。喧囂擁擠的臺北市拋在後面。下車後，面對清山溪水，暑氣全消。錢穆先生的素書樓，就座落在附近的山坡上。步上兩旁楓林濃蔭夾道的階梯，就是素書樓主人錢穆先生居住和研讀寫作的地方了。

兩層西式的建築，樓上是錢穆先生的書房和臥室，樓下是客房、錢穆夫人的畫室和客廳。客廳裡陳設都是中國式的紅木坐椅，靠牆的條几上，有座尺來高孔子的銅塑像。壁上還懸有一幅朱熹手書的墨拓。素書樓主人錢穆先生，坐在靠窗的椅子上。透過窗子可以看到一叢竹子，有一隻小鳥在近窗的松枝上棲唱著，這是八月二日上午的九點半，園內有滿園的驕陽，室內有一室的幽靜。

錢穆先生彈去指間的煙灰。然後說：——

先不講理論，不講理想，沒有一個國家社會能沒有一個讀書人。最近大陸上又出現了一些過去的讀書人，這是因為毛澤東思想，打不掉中國舊思想，要想用新思想推倒一個舊時代不是這麼簡單的。

最近大陸上，又出現了許多讀書人，這些人的年紀都在小則六十，大則八十多，像顧頡剛先生就八十多歲了。馮芝生也八十多歲了，他是壞人，不談他了。他們之中有些是我同輩的朋友。也有我的學生。吳晗就是我的學生。

我離開西南聯大，到華西大學，就把我教的中國通史交給吳晗，那時他在雲南大學教書，就這樣到了西南聯大。吳晗原先在上海的中國公學讀書，後來考到清華國學門。他雖人在清華，卻到北大聽課。他跟孟森研究明史，學問很不錯。在昆明他常與張蔭麟在一道。張蔭麟對自己所學非常自負的，吳晗和他常往來，當然也不錯，否則不會氣味相投的。可惜後來歡喜政治，不然後來的學問成就會更大，也不會落得那個下場。

大陸那麼大，總有人在讀書的，共產黨也管不了。關起門來自己用功別人也不知道。而且大陸上雖然天天搞政治，一個人關起門來的就不會再搞政治了。再說大陸上和外面不同。沒有朋友可以應酬，也沒有娛樂。這樣下來，一個讀書人閒下來，不讀書還有什麼事可做。

今天在大陸之外，臺灣也好，香港也好，美國也好，讀書人這一點就不如大陸了。因為他們應酬多，娛樂多。應酬一多，娛樂一多，讀書的時間就少了。所以大陸上隱藏著很多的讀書人，祇是我們現在還不知道。

我從江南到廣州來教書，有一個我教過的女學生，忘記她叫什麼了，她是研究戰國史的，而且也想寫一部戰國史。當時她在武漢大學教書，寄了她寫的戰國史第一篇給我，一共有七、八萬字。祇要她能活到現在，我想她的那部戰國史一定可以寫完了。

我在廣州的時候，中山大學有位先生學問很好，年紀大概比我小十年。後來我在香港創辦新亞書院想請他來，他不出來，如果現在還在，他不會不讀書的。

再舉一個例子，像錢鍾書也不容易。過去他寫《談藝錄》，宋人以下的文集，他都讀。聽說他最近又寫了《管錐編》，宋以前的文集怕該也讀完了。讀書不一定要什麼環境，祇要讀就行了。他在集中營裡關過了幾年，他讀的是馬克思的書。馬克思的也是一種學問呀，讀書人要知己知彼，所以要讀書，是關不住的。

我和錢鍾書很熟，他小孩子時候就很熟。有一年他在北京讀書，他太太要到北京去，正好我也要到北京去，他就寫信給我，要我同他太太一起去。

我們都姓錢，都是無錫人，但並不近。不過，我們姓錢的輩分都是通的。不過，我稱他父親錢基博叔父，錢鍾書又叫我叔叔。我們只講年差，不問輩分。錢基博、錢鍾書父子曾在同一個學校教書，但學問的路子不一樣。抗戰勝利後，錢基博要到湖北師範學院教書，錢鍾書要到北京去教書。但兒子不希望父親去湖北，父親也不希望兒子去北京。勝利後我決定不去北京留在上海，他們在上海來看我。錢基博希望我勸勸錢鍾書。他對錢鍾書說，你要多聽賓四叔的話。錢鍾書說賓四叔怎麼說怎麼說，結果誰也沒有勸住誰，錢鍾書去了北京，基博叔去了湖北。錢鍾書和費孝通不同，錢鍾書不搞政治，共產黨不注意他，所以在政治上沒有問題。顧頡剛也不搞這些東西，雖然過去寫過《古史辨》，但沒有出事，可以關起門來讀書。中國這麼大，關起門來讀書的有的是，慢慢兒就會知道的。像王船山全書裡，現在添了一篇文章，這篇文章是在《雲南縣志》裡面找到的。章實齋有些未刊稿，是我當年在四川發現的。現在大陸重刊《章氏遺書》，就把這些未刊文章加進去。可見大陸上不是沒有讀書人，這些讀書人不是毛澤東思想可以蓋掉的。祇要這些人還沒有死絕，書還是有人讀的。像錢鍾書那樣，不講話，祇做學問，關起門來讀書的人，一定很多。

前不久，余英時去大陸，在西安的一個大學遇到一位先生。他經過四人幫的時代不能讀書。他現在教學生讀我的書。我有些學生留在北大清華教書的，後來都得寫文章批評我。但我相信他們文章雖然寫了，但心裡卻不一定那麼想。這些人現在的年紀近六十歲了，難道他們能不關起門來讀書嗎？

祇要有書在，人就會讀書的。過去在香港辦《人生雜誌》的王道，有一個兒子留在大陸沒有出來。當時他年紀還小，後來他寄給他父親的一封信，文章寫得非常好，又是用文言寫的。我要王道在《人生雜誌》發表了。他的兒子並沒有讀過中國古書，文言文是那裡學來的呢？後來他兒子寫信都告訴他，說共產黨來了以後家裡存的書都被抄掉了，但卻留下一部殘缺的《古文觀止》。他沒有事時就翻讀，慢慢兒就比著上面的文章學寫就學會了。

科學技術可以向外國學，但文史卻要在國內學。雖然，過去大陸三十年對中國固有傳統破壞，但毛澤東思想經過三十年也無法代替中國的文化傳統。可見中國的文化傳統是不易搖動的。祇要有書在，祇要中國的讀書人還沒有死絕，中國文化的根是不會斷的。我們在海外的中國讀書人更有責任保留這一線文化命脈。否則等大陸上的讀書人都死絕了，就不好辦了。

「量才適性」的沈剛伯先生

一

辛亥革命發生的時候，沈剛伯先生正在武昌方言學堂讀書，親耳聽到點燃革命火花的第一聲槍響，親眼看到舊政權的崩潰。革命軍推翻了世上最古老的君主政體，建立亞洲第一個共和國。使一向聽人宰割的亞洲從此夢覺，竟勇往直前，不顧一切地走上了自由獨立的道路。這個中國歷史上劃時代的轉變，深深地震撼了那時才十六歲，正在「志學之年」的沈先生，對他以後發生了很大的影響，他說：

> 在革命前後短短兩年內所見所聞的一些小事，雖然值不得歷史家的一記，但是在我看

起來，卻都像報秋之葉，很可因小以喻大。至於那次事變對我個人的影響，則尤為重要。因為革命後，國是未定，學校全停，我遂有兩年多未能受到正規教育；而且恰於此時離開家庭，投入社會，在那空前動蕩，急劇轉變的環境之中，逐漸體驗到人事的複雜和世路的險巇，深覺現實的世界與書本上講的許多道理及平時聽的一些學說多不相合。因此不由自主底常把實際的生活拿來和以前所受的教育互相印證，加以損益，而慢慢形成我個人的人生觀以及一切立身處世的態度。……數十年來，我每憶當日的經過，輒自覺像一個不識不知的村童突然遇到「懷山襄陵」的洪水，眼睜睜底看著它始而浸潤滲漉，繼而汪洋泛濫，終乃把好些瘠土灌成沃壤，也把若干城市淪為澤國，把多年的污穢洗滌淨盡，也把新聚的渣滓沉積下來；更看到它救活了一些轍鮒困龍，也放縱了許多毒蛇惡蛟，暴露出種種渾水摸魚的狡計暴行，也吞噬了好些負薪「搴茭」的仁人志士。目睹龜玉之毀，心驚蟲沙之劫，嘆銜石之徒勞，懍歸壑之無日；此身雖幸而尚未被濁浪捲去，也總免不了要痛定思痛，慨乎其言！（〈起義前後見聞〉，《傳記文學》第二卷五期）

革命發生之後，沈先生的家人正寄居在武昌，自然很焦急，屢次和親戚同鄉們商議，最後終於決定暫時結伴還鄉。當時武昌與漢口間的電話常打不通，很難知道長江航運的情況，於是他們一家六口先遷到漢口，暫時住在旅舍裡等候接洽輪船，三天後，他們全家與將近二十位親友便坐上一艘外國商輪，離開漢口回宜昌，然後又從宜昌雇了一隻大船，溯江而上，回到他的故鄉。

這次在鄉間住了四個多月，中間隨他父親到過一次宜昌。在那裡住到年盡歲偪的時候，才在一個寒風凜冽的早晨，買舟西上，入峽還鄉，沈先生描繪這次還鄉的情景說：

> 剛走到寇萊公遇險處之黃魔峽，便遇大雪。時已「小年」以後，來往川鄂的商運早停，本地人外出的也很少，我們走了大半天，竟未遇著一隻別的航船；好像整個峽江為我們父子所獨有，真令人感到寂寞中的偉大。轉念一想，偉大似乎總免不了寂寞，人若真到了「前不見古人，後不見來者」的境界，也就非愴然涕下不可了。舟過鯉魚潭（即後來洪憲皇帝籌備登基時發現石龍之處），見有小艇下椗灘頭，一披簑戴笠的漁翁正在船頭「獨釣寒江雪」，那種詩意畫境確使人俗念盡蠲。尤其有趣的是我們舟過其旁，恰巧看到他釣起一條重約兩斤的鯿魚，我們馬上買來，催舟前進，至「蝦蟆涪」下，停舟取水，共炊晚飯。在「千山鳥飛絕，萬徑人蹤滅」，長江帆檣歇的時候，我們駕一葉

之扁舟，攜匏尊以自隨，汲亙古之名泉（蝦蟆涪的水曾經陸羽品為天下第四泉）烹縮項之細鱗，更佐以剛採自葛州灞落地即碎之黃芽菘，與新得諸城內之陳年「蓮花白」，把酒嘗魚，真快朵頤。飯後，依舷品茗，賞雪色，聽灘聲，遠望三朝如故之黃牛似成一旦突變之白犀；悟逝者之未往，知真體之永存，別有會心，怡然自得，殆飄飄乎若神仙中人矣！（〈起義前後見聞〉）

他們在除夕前幾天回到家裡，先前在宜昌時，看到漢口、上海的報紙知道臨時政府已在南京成立，正與袁世凱交涉清帝退位的事，知道大局即將安定，因此決定在正月下旬，再出門去武昌。到武昌後，先在斗級營的洪發客棧住了快兩個月，然後搬到日新學堂。這裡原是個私立中學，他父親是創辦人之一，現在因時局停辦了。於是他父親約了三四個朋友同住，同住的有工書法的紀雪岑老先生。客中無事。紀老先生就教沈先生寫字，並且介紹沈先生看《藝舟雙楫》與《廣藝舟雙楫》，於是沈先生了解書法的理論和碑帖的品類源流，同時又臨《嶽麓碑》、《十七帖》、《章草》、《書譜》。兩個多月的時間，沈先生打下了草書的基礎。

沈先生在武漢流浪了大半年，大專學校一直沒有開辦的消息。這年的重陽節恰好是他祖父七十歲的壽辰，他父親因公不能回鄉去，沈先生就隻身西上還鄉為祖父祝壽，這次在家裡住了七個月。鄉居無聊，想找書看看，但他家裡全部九大箱書籍在上次離開武昌時全部散失了。故居祇有一部殘缺的《昭明文選》和幾本「八名文鈔」的八股文，他沒事就在池旁樹蔭下背誦《文選》，同時也試看八股文，覺得那些八股文，雖無創見，卻是章法謹嚴，也自有可取之處。不過，那部殘缺的《文選》，對日後沈先生的文章發生了很大影響，因為他熟誦《文選》，所以他寫的白話文，卻有六朝文的華麗典雅。

民初二年四月初，沈先生接到父親的信，要他到武漢準備考學校，他在端午過後又回到武昌。到武昌後，恰巧遇到　國父也到了武昌，沈先生說：

> 到武昌後居然有機會瞻仰到　中山先生的丰采，我曾跟著他的馬車跑過兩條街，並費盡九牛二虎之力，擠進湖南會館去聽他演講；人多聲雜，他說的話我一句也沒聽清楚，但他那莊重的神氣，誠懇的態度，和極其自然雍容大方的舉止，已足令我衷心傾佩。當時就想到這樣偉大的領袖人物，為什麼要把總統讓給那狡猾陰險的袁世凱做咧。（〈起義前後見聞〉）

沈先生為了考學校，和同學、同鄉會商後，決定先考北大。正準備上車，突然發生了湖口事變，二次革命爆發。他父親便致函當時在教育司服務的老學生楊君，阻止沈先生北上，並且照料他往日本留學或在武昌升學。沈先生因為從前在武昌方言學堂讀書時，所見的兩個日本教員臼井和野村都不學無術，而且他三個留日的表兄都學無一成，所以他對留日拒不考慮。楊君告訴他政府將在武昌設立一個高等師範學校，是國立，一定能辦好。同時楊君認為師範教育是中國當務之急，極力勸沈先生考高師。於是沈先生就考取了武昌高師，後來成為武昌師範大學，亦是後來武漢大學的前身。那年九月註冊入學，校址恰巧是他以前讀書的方言學堂。但卻宇舍如故，人事全非了。辛亥革命兩年的時間，形成了他的志趣，也決定了他終身的職業。入學後，寫了一篇〈述志〉，寄呈給他祖父，報告他選師範的理由與經過，那篇文章裡有：

> 嘆天地之悠昧，傷邦國之杌隉！……爭美錦而學製，忘自擾之庸劣。……嗤夸父之飲河，哀望帝之啼血……審事理之相乖，信意必之當絕。……臨歧路而徘徊，悵去從之難決。將量才以適性，豈苟圖乎哺啜？無開物之天工，乏和露之玉屑，厭糟粕之韜鈐，鄙迂陋之綿蕝……振木鐸於文教，救蘭玉之摧折。……姑舒卷而隨時，從汙隆以養拙。

寫這篇〈述志〉時，沈先生才十七歲。在歷史的動盪裡，沈先生經過了暫短的歧路徘徊，他終於作了量才適性的選擇。以後的半個世紀，他始終站在「振木鐸於文教」的陣線上，作一名永遠不退卻的鬥士。

二

民國六年，他們自稱一百單八將的武高師第一屆畢業生走出了校門。沈先生那年二十二歲，是畢業生裡年紀最小的一個，成績卻是最好的一個。論成績他該留校當助教，他認為當助教得侍候人，他要過自由自在的人的生活，就到武高師附中去教書，教的是歷史和英文。進武高師前，沈先生曾在方言學堂讀過書。方言學堂原來是張之洞辦的自強書院，專門教授外國語文，聘請了英、美、法、俄、日、德各國的教席，三年的時間已為他打好了語文的基礎。

他在附中前後教了六年書，那段日子雖然忙些，生活卻過得滿愜意的。因為他除了教英文與歷史外，又兼了一班的導師，並且還被其他學校拉去兼課，差不多每天上午都有課。不過，下午的時間都是自己的，住在學校為他租的一幢公寓裡。初進附中教書的時候，每月有四十銀元的薪水，沒事吃吃小館，喝喝酒，和朋友聊聊天，看看自己喜歡看的書，生活完全是自己的。在這段期間他被朋友拉著辦了個私立的共進中學。他並不贊成辦私立學校，所以出了三百塊錢，卻沒有過問學校的事。他說共進中學當然不是個好學校。不過，後來卻出了兩個人，林彪是這個學校的畢業生，最初代表中共到聯合國去的伍修權也在共進中學的附小讀過書。

民國十三年，沈先生考取了湖北的官費，到英國留學。當時各省都有本省的官費，考試的程序是這樣的：先由湖北省教育司初試，然後再由北京教育部複試。沈先生考取了，於是從湖北到上海等船準備放洋。在上海待船的時候，恰巧遇到一些勤工儉學留法的學生與留美的學生也在待船。留法的學生都是家境比較清苦的，所以對留美的非常嫉視。沈先生曾讀過勤工儉學學生辦的一份小報紙，他還彷彿記得裡面的一句話，且看將來天下是誰的。沈先生冷眼旁觀，已感到將來中國歷史的坎坷了。

到英國後，沈先生進入倫敦大學政經學院，專攻英國史、憲法史和埃及學。他的英國史與憲法史受教於 Frederick Pollard。Pollard 教授是當時世界上著名的英國史與憲法史的權威學者。教埃及學的教授是 Sir Flanders Petrie，是埃及學的創始者與奠基者，他經年在埃及主持田野發掘與考古的工作，他的努力使史前與上古的埃及漸漸顯出了本來的面目。Petrie 教授經常在埃及，回到倫敦總是短暫又匆匆的，所以他講授的埃及史平常由一位女講師代課，他回來後就密集上課，有時甚至夜間上課。Petrie 教授對埃及史的研究，引起了沈先生濃厚的興趣，同時沈先生的才華也得 Petrie 教授的欣賞。所以當沈先生提出也想參加埃及的考古時，Petrie 教授立即欣然同意了。祇是由於經費的問題，由倫敦到埃及的旅費必須由沈先生個人負擔。

適在這個時候，寧漢事件已在醞釀，湖北被中共控制了。一天，有個何某突然由巴黎到了倫敦，專程來勸沈先生加入共產黨。對於共產主義思想，沈先生要比那個姓何的了解更深。因為歐戰與俄國的十月革命以後，歐洲的知識分子對十九世紀以來的西方文化，開始懷疑並且加以檢討的時候，馬克思主義脫穎而出，成了當時非常流行的思想。一次，沈先生到德國，在柏林遇到正在那裡留學的俞大維，談起該對這種思想了解一下。不過，當時德國是禁止共產主義流傳的。沈先生回到倫敦後，就開始讀共產主義的書。

當時倫敦街頭氾濫著共產主義宣傳的小冊子，便宜得很，幾個銅板就可以買一本。沈先生每讀一本就寄給德國的俞大維一本，兩個人並且通信討論。在這段時期內，沈先生把能看到的馬列著作都看了，就連最艱澀的《資本論》英譯本也讀完了。不過，當他讀到列寧那些不擇手段的著作時，感到非常震驚。所以，後來他常說，列寧最不是東西，馬克忠的思想到了他手裡都變了。如果馬克思是荀卿，列寧就是李斯。老子殺人兒子當然會當強盜，再等到毛澤東手裡，更是變本加厲不成樣子，所以毛澤東該是趙高了。當時他就想，共產黨處處講團體第一，主義第一，都是忽略了人。因為團體是人聚的，主義是人製的。這種倒本為末的把戲，不論怎樣玩，都是沒有希望的。不過，沈先生說當時不論贊成或反對共產主義思想的，都不讀他們的書，他和俞大維卻紮紮實實把馬、恩、列的東西看了一遍。

所以，何某與沈先生談起共產主義，當然不是他的對手。於是，何某祇好餡之於利。他對沈先生說，祇要沈先生答應參加共產黨，到埃及去的一切費用都沒有問題，如果願意回國做官也沒有問題，否則，就斷沈先生的官費。經過一夜的威脅利誘，沈先生最後的回答是這樣的：「也許將來你們可以成功，也許將來你們可以富國強兵，但如果不把人當人，能有什麼用？我祇想做一個人，做一個自由自在的人，即使做一個弱小民族的人，也不做你們強大國家的螺絲釘。」他又說：「我不參加你們，我終身不參加政治，但求以勞力換取糊口的溫飽而已。」天明，何某拂袖而去。不久，沈先生的這番話，便在倫敦傳開了。當時章乃器也在英國留學，就說沈先生不夠前進。可是章靠攏共產黨後，連螺絲釘都沒做成。抗戰勝利後，沈先生在南京看到章，問起他的近況，章含淚說，現在他已身不由己了。

共產黨倒是真說得到就做得到。等何某回到巴黎後不久，沈先生的官費就斷了。以後七個星期，沈先生口袋裡一個先令都沒有，差一點挨餓。一個星期天的早晨，沈先生正躺在床上看天花板，宿舍的女工進來整理房間，對沈先生說：「也許你要轉運了。」剛剛她在擦窗子的時候，看到一隻黑貓跑進他的房間。中午沈先生果然接到銀行轉來的電報，一位留英的同學張先生，回國後在郵局工作，聽到沈先生的困境，就郵匯了七十鎊來。

張先生匯來的七十鎊，救了沈先生的燃眉之急。除了還還債，還夠暫時維持的。經過了這次的折磨，沈先生有慨然東歸之意，於是就寫信給已回國的俞大維，俞大維回信說廣東中山大學要聘沈先生。不久，俞大維把中山大學的聘書和回國的旅費都寄到了。沈先生就啟程回國，船經新加坡閱報才知道發生了廣州事變。在上海登岸的時候，腰裡衹剩下五塊大洋。要回湖北家鄉的路費也不夠，衹好困在一個小旅館裡。想想自己離開英國時，還有幾個朋友送行；現在回到自己的國家，竟孤零零地上岸，流落在上海，舉目無親。去國衹有三年，現在回來了，發現世事已大變，使他有隔世之感。

沈先生百無聊賴地躺在旅館裡，翻翻買回來的報紙，突然發現劉紀文代表蔣總司令接見知識分子。沈先生就打了個電話過去，劉紀文立即約沈先生第二天見面。第二天沈先生到法租界應劉紀文之約，張道藩也在座。沈先生在巴黎見過張道藩，張道藩請沈先生到南京看看，沈先生說南京以後再去，先借幾百塊錢回家看看。

民國十六年的冬天，沈先生又回到闊別三年的家，就被留在武昌洛伽山的武漢大學教書。

武漢大學的前身就是武高師，沈先生在武漢大學教書，也可以說是為母校服務。過了年，就去廣州的中山大學應聘。那時，校長戴季陶另有公務，校長由副校長朱家驊主持。在廣州教了一陣子，民國十九年，朱家驊出任中央大學校長，約沈先生到南京去，於是沈先生到了中大。以後，經過對日抗戰，中大遷重慶沙坪壩，勝利後復員還都，十多年沒有離開過中大。

沈先生回憶說，抗戰前的那段教書的日子是舒服的。最初他在廣州中山大學教書，每月就有三四百塊銀元的薪水。除了訂些國外的書刊，買些自己喜歡的書，還可以剩下很多錢。而且課也不多，餘下的時間就是遊山玩水。後來到了南京，也是這樣，常常和知友三數人，喝喝酒吃吃小館子。南京夫子廟的一些小館子都熟了，吃了喝罷抹嘴就走，一年三節店裡把帳單送來結帳。逢假日就到外面走走。南京附近，沿江南北兩岸都走遍了，不過上海卻少去。沈先生不喜歡那裡嘈雜與不中不西，倒是常熟、宜興去了很多次，那裡山明水秀，名寺古剎，清幽出塵。富春江的一帶翠碧，也是沈先生喜愛的，尤其是嚴子陵的釣臺，更是常去流連，雖空遺高山流水，也可以想見他為人。不過，等抗戰開始日子就一天比一天難過了。沈先生常常慨嘆說，抗戰把支持中國幾千年社會安定的中產階層打垮了，這也是共產黨得勢的一個重要原因。

民國三十七年，沈先生已接了北京大學的聘書，那邊房子都準備好了。突然，當時的教育部長朱家驊要他到臺灣去一趟，因為莊長恭接任臺灣大學校長後，一口氣解聘了八十幾位教員，發生了很嚴重的人事問題，而且學生的情緒也不安定。剛好這時沈先生一襲長衫，手提了一隻小箱子，像渡假似的到了臺北。但到了臺灣不久，莊長恭無法解決面臨的許多問題，便一走了之。沈先生即電南京教育部的朱家驊，說目前臺大的問題，祇有傅斯年可以應付。於是，最高當局就特派傅斯年為臺大校長。原來傅斯年請沈先生到北大去，沒有想到經過沈先生的舉薦，卻把傅斯年請到臺大來了。沈先生在松山機場接傅斯年，傅斯年一下飛機，見了沈先生就嚷：「你老兄，真是——真是——為什麼把我拉來！」

三

很早，傅斯年曾勸沈先生改教中國史，他說，雷海宗都教中國史了，沈先生更應該教中國史。沈先生認為教中國史的人多，而且治學的方法有新舊之爭，學派有南北的不同，捲入那個漩渦就有糾紛，不如教西洋史。教西洋史一來人少，二來範圍廣，不會和人碰來碰去。所以，沈先生在大學一直教西洋史。

在臺大這麼多年，沈先生教的是英國史、西洋上古史、西洋近古史。沈先生上課時，不帶講稿，不帶粉筆緩緩地走上講臺，然後以低沈濃濁的湖北官話，先來一段開場白。不過，這段開場白是很難筆記的。聽不清他在說什麼，清理一下喉嚨之後，才言歸正傳。於是，像黃河之水天上來，滔滔不絕。他可以把你帶到課程以外的另一個遙遠的世界裡去，然後一把又把你拉回來。所以，他講課如天馬行空，很少寫黑板，但吉光片羽已夠學生深省的了。聽沈先生的講課不僅是知識的傳授，更是思想的啟發。上下五千年，縱橫十萬里，任他馳騁，任他翱翔，學生也隨著進入了另一個更高的歷史境界。不過沈先生的課，原來都在臺大文學院二十三教室，總是坐得滿滿的。後來選課的人少了，因為沈先生的分數比較嚴，能夠得七十多分已經算不錯的了，學生為了搶分數就不選他的課了。所以，沈先生感慨地說：「如今幣制貶值，分數也跟著貶值了。」

二十多年臺大文學院院長的瑣事，也使他沒有時間專注中國文化問題，直到他擺脫文學院長的桎梏後，於是開始「述先聖之立志，整百家之不齊」。在研究所博士班，先後開了「中國史學專題」、「中國上古學術專題」、「中國古代學術思想專題」、「魏晉學術史專題」，不過這不是沈先生在大學初次講中國史，那次沈先生應邀到德國去講學一年，所講的就是中國文化與歷史，但都是用英文講的。這次講學非常成功，使沈先生轉過來教中國歷史的興趣更濃了。

沈先生對中國歷史與史學的看法，不是局限一隅的，而是縱橫中外，博通古今的鳥瞰。

這種鳥瞰當然不是人人可以做到的，必須有卓越的才識，深厚的學術基礎為前提。沈先生認為雖然兩千年來，物質的文明已大改舊觀，社會結構也與過去不同，但人性卻沒有改變，人所以為人的道理也沒有改變，所以「史學之教」仍然必須注重「史義」與「史識」，因為「非義不能正其學」、「非識不能用其學」。

他所謂的「義」，也就是孔子著《春秋》所說「其義，則丘竊取之」的「義」。沈先生認為過去對於孔子所說的「義」，都講得相當膚淺。他從《春秋》本身、《論語》、《孟子》以及先秦諸子的著作裡探尋，最後對孔子所說的「義」歸納了幾點結論：

一、「嚴夷夏之防」，他認為《春秋》之義的「夷夏之防」，與近代西方的民族主義有程度的不同。《春秋》之義是以文化高低來區別夷狄。如果夷狄採用了文明的禮教，便可得到與中國平等的待遇。二、「明人倫之教」，《春秋》的大義是在正名、定分，以維持社會應有的秩序，更進而提高人類的品德。三、「辨王霸之道」，孔子作《春秋》，是想以歷史的筆削來闡明「勝殘去殺」之教，使仁政得行而大同可致。四、「通古今之變」，人類的歷史是連續的，古變為今，舊變為新，或形似而質易，或貌改而性存，這些演變是有理相通的，所以治史者應該「考其因緣，核其究竟，而觀其會通」，這也是「承百代之流，而會當今之變」。五、「究天人之際」，古代史官對於自然界的突變，都有詳細的記載。因為古時認為「天」，是人類最高的主宰，在宗教裡占了主要的地位，遠古文明就出於宗教。因此，政教的制度，禮樂的來源，道德的權威，風俗的形成，都與天人感應之理有關，當然是治史者不能忽視的。

至於史識，沈先生認為考證雖可以別史料的真偽，定史料的時代，但不能評判史料的價值，而發揮史料的作用，是沒有意義的，必須有超越的史識才能化陳腐為新奇。雖任何時代的歷史全貌已不可能恢復，但每一個時代都有它的時代精神，可以從古人記載的字裡行間推測出來，不過卻又得善用史識才能確切把握。同時好的史學家不但可以指出往古某一時期的時代精神，而且能在他著作中，藉著特殊的筆法或新奇的安排，暗示後代史書應走的途徑。

具有「史義」與「史識」的史學家才能把握某一時期的精神去搜羅一些死人、陳事，融化在他心靈之中，然後加以組織，賦以精神，表而出之，使這些時代精神活躍在他的書卷之中，古今中外的史學家中，祇有司馬遷才具有這樣的「史義」和「史識」，所以他所創的體例及所注的事項，能傳到今天，而且所有史書的寫作都無法超越他的範疇。

也就是說，沈先生認為每一個時代的史學都表現了那個時代所代表的時代精神，因此每一個時代精神都不同。所以，人類的歷史與文化隨著不同的時代有不同的演變。他認為人類的文化因變而興，文化是由事物的演變而誕生的，更因事物的變而發揮其功能。不過，物質與人心的變動會不斷引起許多新問題。這許多新問題有的是固有文化所能解決的，有的卻不是已定了型的文化所能應付的。為了解決新的問題，文化就不得不隨時隨地作局部的變。這正是「窮則變，變則通」，「通」就是新文化的長成。

文化的變，依其性質，可分兩種。一種是按因果律，循序漸進，成直線地向前變。像孔子在春秋末期，私人講學，開「有教無類」的風氣；結果自然演變成戰國時期的百家爭鳴。至於另一種變，卻不是常有的。它一定發生在文化衰歇停頓的時候，以革命的手段、打破傳統的僵局，別闢蹊徑，拾舊課新，而予固有文化以新的活力，「使其踵事增華，變推輪為大輅，因宜適變」。文化經過這一變之後，而進入一個更博大的新領域。韓昌黎的文起八代之衰，就是這種革新的變。

不論屬於那一種的變，都必須在整個民族數千百年經驗累積的基礎上的變。因此，一切發明與創造，必然有它思想上所承受的啟示，及理論上所依藉的憑據。沈先生說，就像一株參天古木總是由一粒小小的種子長成，而那種子一定是前代樹木所留下來的。因此，這種變可稱為蛻變與革新。沈先生以蛻變與革新的觀點，分析中國歷史，可以找出我們文化有三次巨大的蛻變與革新。第一次發生在西元二百年到六百年之間，也就是由東漢末年直到隋唐之初。第二次在西元一千年到一千二百年，就是大約從宋太宗立崇文書院、編《太平御覽》的時候起，到朱晦庵死的那年為止。第三次便是我們現在所經歷的時代。

不過，沈先生所說的變，都不是必然地朝某個固定方向的變。因為歷史不會重演，每一件事「自必各有其因」。這些原因都是很複雜的——有近的，也有遠在數十年、數百年以前，或是數千里、數萬里之外的；有政治性的，有經濟性的，也有宗教性的；有發自個人的，也有出自大眾的；有謀定始發的，也有偶爾衝動的，所以史學家對每一個事件，都得做「原始察終」的工夫。絕對不能把研究某一事件所得到的因果關係，肯定為不變的規律應用到其他類似的事件上去。沈先生說「因為人類社會不是可以裝在一個彌天漫地的玻璃瓶中，令其絕盡外緣，好讓某些人來徐加修改，從容試驗，以達到其所預期之果的」。

沈先生認為人類努力的成就全視遭遇而定，這些遭遇便是印度哲學所謂的「緣」。這個「緣」包括了天人交互的影響，人與制度的關係，以及人與人的遇合；這都是些難以抗拒的力量，而且是不可預防的。往往歷史上有許多豪傑之士，積年累月的計劃，事或即將成功，或竟已成功而忽被一個小人物或小事件毀之於一旦。所以歷史上充滿了許多不可捉摸的事變，外「緣」的影響往往超越原來的「因」。

因此，他反對中共用「歐洲人慣用的名詞來解釋中國歷史」，也就是反對用馬克思唯物主義與階級鬥爭的理論解釋中國歷史。他說像西元一五二四年德國農民暴動的那種事，在中國二千多年來確實沒有。中國自廢井田，開阡陌以後，農民即非固定的階級，只要勤儉善積，佃農可以很快地變成自耕農，小農更不難成為富農，他們的子孫也能讀書應試，甚至封侯拜相。他們既有遷徙改業的自由，更非世世代代不能翻身，當然人自為謀，無從形成一個特殊的階級，也永遠不感覺到有暴動的必要。他說，中國雖然窮，卻早已不是封建社會；中國歷史的變亂雖多，卻沒有一次大規模的階級鬥爭。因此，用馬克思的公式解釋中國歷史，不僅有背真理，也不合歷史實際的。

這是沈先生對中國史學與歷史「通古今之變」的看法與觀點。也是他的「史義」與「史識」。在中央研究院史語所四十週年紀念時，他發表了「史學與世變」的專題演講。主席李濟介紹他的時候說：

「在紅色浪濤捲沒了中國學術界的時候，剛伯先生浮海來到臺灣，與本所創辦人傅孟真先生合作，共同建立了一座新的自由燈塔。二十年來，他不但為中華民國保存了中國學術界固有的文史學良好傳統，而且兼收了西方新發展的社會人文科學的教學觀點，作育了不少下一代文史人才。他是在這狂風暴雨時代的一位最老練的舵手。他對世界的變遷有極透徹的瞭解。對於歷史上紀錄的變遷，他的一雙慧眼，更有極超脫的見解。」

百年俯仰感多端

——寫在沈剛伯先生百齡冥誕與逝世廿週年

壬子（民國六十一年）初，陰雨綿綿，濕冷難耐。一日雨霽，剛伯先生盱衡世局，感慨身世，寫了一首七言，其中有：「望八衰翁壯志闌，百年俯仰感多端，浮生富貴如朝露，列國興亡儘跳丸。」剛伯先生生於李鴻章與帝俄訂密約的一八九七年。他說：「可說憂患俱來，以後經八國聯軍，二十一條種種不幸的事變，我已由小而壯，日在列強環伺之下過活，惴惴若大難將至。」其後民國十三年剛伯先生考取湖北官費，留學英國，在上海候船，準備放洋，恰遇留法的勤工儉學的留學生與清華留美學生，也在候船放洋，彼此衝突激烈，剛伯先生冷眼旁觀，已預感到將來中國歷史的坎坷了。其後在英倫，適逢寧漢分裂，第三國際由巴黎派員游說他加入共產黨，剛伯先生以寧做自由自在的人以對，於是，官費斷絕，困厄幾至斷炊，祇得買棹歸國。去國三年，世事大變，恍如隔世。後來更遭八年離亂，倉惶渡臺……，所以，剛伯先生終其一生，就這樣被憂患與變亂的情緒縈繞著。

剛伯先生在他的〈方孝孺的政治學說〉中說：「任何一種學說，尤其政治學說，總不免要從當時的政治環境中得到很多啟示，受到很大的影響。一個生在太平盛世的學者，坐而論道；和一個生逢百罹的思想家，備受荼毒，所發出的政治理論，絕不一樣。」剛伯先生不是一個政治家，但作為一個史學家，同樣也受到其生存時代思潮的感染。剛伯先生生於憂患，長於離亂。他處世之中，俯仰古今之後，更進一步思考變通之道。所以，剛伯先生論學立說，皆以「變」為基點進行討論。與司馬遷撰《史記》「欲以通古今之變」是近似的。

一

所謂「變」，剛伯先生認為對於歷史與文化的探索，必須從古往今來的種種跡象中，尋覓出新舊因革的過程，這便是太史公所謂的「通古今之變」。人類的歷史是各種變動的紀錄。〈易繫辭〉說：「聖人有見天下之動而觀其會通，以行其典禮。」也就是說各種制度規章及其施行，是人類最有價值的活動。因此，典章制度的變動也牽引歷史的變動。這種自戰國時代形成的思想，使後來的中國史學家將變和動聯繫起來，形成一個探索歷史的概念。將「變」視為文化的來源，也就是文化由事物的演變而生，更因事物的變而發揮其功能。因此，往往因物質與人心的變，引發許多新的問題。這些新的問題有些是原來文化可以解決的；有些問題卻是已定型的文化無法應付的。因此，原有的文化不得不作局部的變，以謀求新問題的解決。此即所謂「窮則變，變則通」。「通」是變的過程與結果。歷史在變通中循環發展，至於無窮。所以，文化不僅在變動中發展，而且在變動中滋榮起飛。

文王詩中周公說：「侯服於周，天命靡常。」剛伯先生認為「天命靡常」，不僅是中國的特殊思想，也是「變」衍生的思想根源。所謂「常」，即不變之謂。《韓非子》釋常：「凡物之一存一亡，乍死乍亡，初生未衰者。」皆不可謂之常。惟有「與天地萬物之剖俱生，至天地之消未衰者」，始得謂之常。「天命靡常」，也就是天命不是固定永恆，而是變動無常的，此即謂之「變」。老子說：「道可道，非常道。」自來對這句話有許多不同的解釋。但剛伯先生認為這句話的意思是凡是可說的道理，都不是固定的。老子又說：「反者，道之動。」道和動彼此是相對的，有原動和被動的意思。所以，老子講高下，長短，大小相對之理，就是為尋找一個變動的軌跡，也就是「變」的哲學。因此，老子特別注意事物相推之理，認為世間事物都有剛柔之別，以此推衍而有陰陽。以陰代表柔，以陽代表剛。更有所謂的和平，以平代表陽，以和代表剛。名詞雖多，其表現變的原則是一致的。那就是以剛柔相推動而生變。老子認為形而上是道，形而下是器，化太極是為變，推而行之是為通。剛伯先生認為形而上的道是精神文明，形而下的道是物質文明。精神文明與物質文明融合而產生新的文明，是為變。將變推而行之則為通。這是老子所尋出的變動軌跡。將儒家「天命靡常」與道家「道非道，非常道」銜接，形成的變通思想，不僅是司馬遷「通古今變」的思想所自，也是剛伯先生「變」的理論基礎。

剛伯先生以這個理論基礎分析文化變的性質有二，一是依因果的規律循序漸進，成直線式向前的變動。如孔子於春秋末期，私人講學，開有教無類的風氣，其結果自然演變成戰國時期的百家爭鳴。另一方面荀子主張「法後王」，其學生李斯在掌握權力後，運用政治力量，「收去天下詩書百家之語，以愚百姓，使天下無以古非今」，二者同樣是變，但結果卻不同。因果式的自然演變不論速度快慢，或幅度大小，影響好壞，都可視為變的常軌。歷史上因、革、損、益即由此形成。至於另一種變，卻不是常有的。其發生在文化衰歇或停頓的時候，以革命精神和手段突破傳統的僵局，另闢蹊徑，捨舊謀新。文化經此一變，而進入更博大的新領域。韓昌黎文起八代之衰，馬丁路德革公教之命，皆屬此類非常之變。正常的變是普通因果律所發生的連鎖作用，至於非常之變則原因複雜，或顯或隱，發展演變多端。

剛伯先生認為文化的功用，在於物質環境的利用，經濟生活的安定，社會需要的滿足，政治組織的維繫，並支持已有的禮教，保障人民生活的安定。不過，一種文化形成之後並不是靜止的，各種情況不停地變動。但所發生的變動往往非常小且慢，固有的文化也隨著變動稍加調整。一旦舊的文化體系無法適應新的生活需要，就得突破這種文化體系另謀革新。因為行之已久的文化體系往往已經定型，成為傳統的權威。生活在這種權威下的個人，對傳統的權威祇能作些微的詮釋與修正，無法作大幅的改變。在傳統權威籠罩的環境下，是無法談到個人自由的。如果時勢需要而謀求改變，就必須打破舊權威的約束，使個人從傳統中解放出來。

個人從傳統中解放出來，向舊的權威進行挑戰，因而發生文化的革新與蛻變。剛伯先生認為文化的蛻變，往往先從文學開始。因為文學是思想具體的表現，發抒思想的文學自然會影響新思潮的培養。另一方面，個人既獲得解放，思想也獲得自由的發展，因而產生各種不同的論點，使原來定於一尊的思想也獲得多元化的發展。所謂文化的蛻變，是將當時的文化加以改變。不過，「變」不是鬬空的創造，剛伯先生說新的理想往往根植幾百年前，新的學說常是將某些潛在微言加以闡揚與引申。所以，從某些方面來說，文化的蛻變固然是推陳出新，但也可以說是溫故知新。因此，文化的變與革新往往先從整理古籍入手，但卻不對古代文化全盤接受，而是以當代的眼光與個人的理智，將古聖先賢的言論，重新加以詮釋，並進一步將這些理論發揚光大成為新文化。所以，文化的蛻變與革新必須求之於古。

二

剛伯先生認為個人的智慧與知識，無法超越整個民族的經驗累積。一切思想的創造皆上有所承，正像一株參天的古木，是由一粒小小種子長成的。但那粒種子卻是前代古木遺留下來的。剛伯先生認為在文化蛻變與革新過程中，不可避免受到外來文化的衝擊與挑戰，這是一個極待解決的問題。因此，一方面要審時度勢自固國本，一方面要虛心學習擇善而從。使外來文化與固有文化融合貫通，使其在固有文化中起發酵作用，形成舊文化的新血輪。剛伯先生說在舊文化蛻變革新之初，個人突破禮繁文勝的舊傳統，往往率性而行，回歸自然，為尋求個人心靈之寄，而向藝術方面發抒個人真實的感情。但另一方面卻趨向實際與現實，將一切知識都應用在實用方面，以期將精神與物質合而為一。文化的蛻變由於社會的動盪與政治紊亂而起。文化革新之後，新的政治體系與制度，新的社會秩序與價值漸漸出現與形成，因為文化，社會與政治的革新是互為因果的。

剛伯先生以變為基點，推衍出文化蛻變與革新的規律，並以此為基礎討論中國歷史與文化的發展與變遷，認為中國歷史曾發生三次巨大的蛻變與革新，第一次發生在西元兩百年至六百年之間，也就是漢末至隋唐之初，第二次在西元一千至一千二百年之間，也就是宋太宗立崇文書院，編《太平御覽》的時候起，至朱熹死的那年為止。第三次則出現在我們所經歷的時代，直到現在仍在蛻變中。剛伯先生說「由堯舜至於湯，五百有餘歲」；「由湯至於文王，五百有餘歲」；「由文王至於孔子，五百有餘歲」。蓋五百年而文化丕變，在我國歷史殆成一個不爽之循環律。

剛伯先生認為文化蛻變與革新，發生在亂世，以中國歷史上的第一次文化人革新的魏晉南北朝為例，剛伯先生說：「這的確是一個令人驚異的怪時代，政府不能維持秩序，而國力仍強；人民鮮能安居，而農業的拓殖與工商的發展並未稍停；五胡佔了大部分的中國，而先後俱被同化，反成了中華民族的新血輪；到處均上無道揆，下無法守，而新的政治和土地制度卻在此時出現；中外新舊的思想信仰衝突混亂，呈現出一片亂糟糟的景象，而有系統的哲學卻逐漸形成；大多數的地方都是禮壞、樂崩，黌舍荒廢，而學術著作與文藝作品之足垂不朽者反過於兩漢盛世；在上者常爾詐我虞，在下者多鮮廉寡恥，而忠義節烈、特立獨行之士卻史不絕書；知識分子的生命幾全無保障，而著述論辯之自由好像毫未受到惡勢力的摧殘；

凡此種種，從表面上看起來，似乎全是些不可思議的矛盾現象。若以上述變的理論細加推詳，便不難知道這原是文化大革新時所應有的經過。毛蟲之化為蝴蝶，須歷九死一生後，老鳳之變雛鳳，先須舉火自焚，方能從灰燼中振翔高飛。一切生命莫不孕育誕生於苦難之中，人類創作的文化也同樣的壯長於亂世。那種光被四表，震古鑠今的唐代文化只不過是這些矛盾現象調合澄清後的成果耳。禍作福階，理由亂來，此乃宇宙不易之理。治史者當在此等去處尋求治亂興衰的消息，探索蛻變演進的過程，不可因其跡象混亂，遂認為天地真閉，而斯文將喪也。」

三

剛伯先生以文化的蛻變討論中國歷史的發展與演變。同樣地，他認為中國史學的黃金時代也發生在世變方殷之時。剛伯先生認為世界上有了人，就有歷史；但是有了歷史，不見得就會發生史學。如以超自然勢力為依據的埃及、巴比倫、希伯來、印度等文化以神道為主，將人世間一切的創造皆附驥於宗教之下以超自然為依據，是不會產生史學的。因此，祇有以人道為本的文化，才能產生史學。因為這種文化承認人類自己用自由意志，經過理智的思考而後創造出來的。一切結果都應由自己負責，其動機與影響才有提供人研究的價值。這種研究便是史學。以這個標準衡量古代文化，祇有中國與希臘才有史學。而且史學的產生是在那種文化相當發展之後，突然發生重大變動時候。也就是政治結構瀕臨崩潰，社會組織搖動，經濟生活與禮教活動發生重大轉變之時，才是史學發生之日。

所以，世變愈急，則史學變得愈快，世變愈大，則史學變得愈新。因為人們抱著知往鑑來的目的去讀歷史，一逢亂世，便想從歷史中探尋事變之由。於是每一個時代都有根據其時代精神，所改修的新史書。因而出現這個時代新的史學觀點。有了新的史學觀點與新的歷史重心，於是對舊的材料會有新的解釋，新的組合與新的價值。中國史學產生在春秋時代孔子修《春秋》，當時是大變動的時代。孔子在政治上提倡的改革運動失敗後，乃退而重修魯國的《春秋》，想藉這部史書保存過去人類一些有價值的活動。秦漢統一中國，至漢武帝罷黜百家以配合政治實際的需要。這種政治、經濟、社會學術的變動，導致司馬遷的《史記》的出現。司馬遷承認歷史是有繼續性的，因而從古代一直寫到當代，使史學成為專門之學，中國史學自此得以成立。

此後，東漢覆亡，自三國直至隋，是一個大變動的時代，也是中國文化第一次蛻變與革新的時代。這是個動盪的時代，也是史學發達的時代，不僅史學著作豐富，新的史學寫作體裁相繼湧現，證明中國文化大變遷時代，也是史學向前邁進的時代。時代安定文化變動不大的唐代，史學反而沉寂。宋代是中國文化第二次蛻變與革新的時代，從文化復興建立新的國家，為了發揚古代思想，就得研究與考釋古籍，於是新的史學因而產生，司馬光的《資治通鑑》，上接春秋，下迄五代，突破斷代史的局限，重新肯定歷史的繼續性。宋代史學既發揚中國的民族性，又闡釋固有的文教，在質量雙方面都遠過唐代。近百年來是中國歷史文化變動最大的時代，歐風東漸，在兩種文化激盪之後，漸漸採用西方的治史方法，在清末民初，出現了許多與史學有關的論文與專著，既發揚以往數百千年的文化傳統，又融會貫通西方的史學方法，開闢現代中國新史學的途徑。所以，是中國文化大變動的時代，也是中國史學發展的黃金時代。

世間的因果關係極難推測，更無法尋得一個定律，雖然有因必有果，但剛伯先生認為相同的因，卻不一定產生相同的果。因為一切事除了因之外，還有各種不同的緣。而且所謂的緣非常複雜，既有自然的，也有人為的，還有外在或內在的。因和緣結合可能得到某些結果，但由因緣到結果是變動的過程，也是司馬遷所尋求的「通古今之變」。剛伯先生說：「人類的歷史是連續性的，古變為今，新變為舊，形似而質易，或形改而性存；這些演變是有跡可循，有理相通的。治史者應考其因緣，核其究竟，而觀其會通。這便是『承百代之流，而會當今之變』」。「承百代之流，而會當今之變」，正是司馬遷修史的目的。司馬遷的「通古今之變」，認為歷史有連續性，有進化性而且是整體性的，所以他極盡其所知、所能，將時間和空間聯成一片，更進一步探究古今之變的因果關係。

今年七月是剛伯先生的百齡冥誕，也是他逝世的二十週年。百年的歷史從頭看，剛伯先生已經冷眼觀察了八十年。但後二十年人類歷史的巨變，卻是剛伯先生沒有意料到的。尤其我們現在生活的這個空間，「上無道揆，下無法守」，「在上者爾詐我虞，在下者鮮廉寡恥」。而欲求其變通，套句剛伯先生的話說：「寧非怪事！」

第三輯

花落

——悼姚從吾師

逛廟

我曾去逛廟，獨自一個人，手裡捻著一本地圖，懷著訪幽攬勝的心情。

雖然，也曾經隨著那群穿和服的婦人們，在導遊人的解說下，伴著她們讚嘆和驚異的「哦——」聲中，繞過許多「文化財」和「國寶」的牌子（「文化財」和「國寶」是古物保護的等級，譬如像一對古時「門神」。附近是不許抽煙的）。我也曾脫了鞋子走進大雄寶殿，和他們一樣，靜靜地蹲在榻榻米上，聽那個既可吃肉又可娶妻的和尚，閉著眼睛敲著篤篤的木魚，口裡吶吶唸著我聽不懂的經文。我心裡卻想著在剛剛經過的庭院裡，那棵被壓得彎曲，然後卻又被修剪得很整齊的老松樹，還有，我手裡正握著一張「有料」的門票。因此，我沒有一絲思古的幽情。

於是，我索然而出，坐在山門外高高的臺階上，在四月午後暖洋洋的陽光下，燃著一支煙輕輕吐出，欣賞著那些背著照相機匆匆轉完這個廟，又急急去參拜另一個寺的人的風雅。最後，我也走了，踩著自己的影子，聽著附近傳來的市聲喧囂。

看花人

我也隨著別人去附庸風雅了。四月櫻花綴繡的春天，九月楓葉染紅的秋天，如果不出去走走，生活在這裡的人，會說你不懂詩情的。

我曾去嵐山泛舟賞櫻。我曾去吉野山，擠在趕廟會似的人群裡探櫻，我曾去圓山公園，看燈籠照亮的夜櫻。我曾去平安神宮，訪那據說像京都女人一樣嬌弱，用竹竿支架著的垂櫻……

淹沒在看花人的波濤裡，到處都鋪著草席，草席上坐著醉後的看花人，他們的狂歌，囂叫和掌聲。於是我想起黃遵憲的「一花一樹來婆娑，坐者行者口吟哦。攀者折者手挼莎，來者去者肩相摩」的櫻花歌來。但我卻沒有折得一片詩葉，也許我並不是詩人。

但，我卻看見一對異鄉人，從花叢中走出來了。他們還說：「這是一個容易惹起感情的季節呢！」

真的？但我覺得一個對著鏡子，尋找自己頭上白髮的人，還沉湎在十八歲少女的夢裡，雖然是在春天裡，仍然有酒後對著空樽的悲涼。

呵，我記起了，我曾踩著朝露在疏水漫步，那裡有被人遺忘任其飄零的落櫻。

新綠季

櫻花匆匆謝去，零亂的花瓣還沒有隨風飄盡，一場綿綿的春雨後，他們所謂的新綠季又悄悄來了。我很欣賞這個詩意的名字，這季節就像一杯新焙的綠茶，茶汁青青的，喝在嘴裡澀澀的，卻給人一種清新的欣喜。

記得初來時，常兀坐窗前，對著窗外山坡上那排不知名的樹，心裡就浮起難以揮去的蕭瑟。突然，一夜之間春遽然而來，那些樹都已含苞，不兩天一樹白裡透紅的繁花，就搖曳在春風裡了，我才知道那是櫻花。一陣春雨過後，殘花叢中便擠出了微紅的葉芽，現在卻又變成一樹油油的新綠了，青翠裡帶著耀眼的明亮，尤其是一夜斜風細雨初霽後。

昨天黃昏，我偶從鴨川走過，更見鴨川也換了新裳，堤岸上的垂柳已褪盡鵝黃，一蓬朦朧似煙的綠。盪在河邊飲食店窗口，串串初點起的紅燈籠間。河水淙淙地流過，伴著河旁草地對對並頭的情侶，喁喁如絮的情話。

是的，這就是新綠季，一股生命跳躍的力量，正默默地茁壯著。

悼

我知道您不願就走，但卻匆匆走了。在您所說的四月「耐看」的杜鵑凋謝後，那天，我這裡也有一場零涕的櫻花雨。

雖然，您說過「聽其自然老」，但我卻也聽說過：「我真不忍就走！」因為在您灌溉的小花園裡，花木雖已扶疏，但您卻怕一旦離去，會花果飄零。所以，您就寂寞地守候著，不論風雨晴陰，直到「酒店打烊的時候」。

把生命獻給屬於自己的理想，然後又擁著這個理想而去，是沒有遺憾的。因為我們都曾跟隨您，從現在去尋覓過去，也從您那裡體會到，看來去匆匆淡然一笑的意境。所以，我們可以了解，您撫摸著凸出的肚皮大笑，揚長而去的胸襟和情懷。

把一顆種子播在土裡，會生出更多的種子。也許您早已發現，當您撐著黑洋傘，從您舊日的蹊徑走過的時候，後面已有一群跟著尋找您腳跡的年輕人了。

風雨箋

今夜颱風過境，狂風驟雨叩窗，在燭淚涕流下，我以最悲痛的心情，向你報告最不幸的消息。今天早晨六時二十八分，風雨交加中，在臺大醫院九二一病室，剛伯師去了。中國史學界又弱一大老，我們更失一良師。嚥氣時，師母和念祖都在旁。這次是因為骨刺引起腰腿疼痛和膀胱炎便血住院，最後卻因肺衰竭，奪去了他八十一歲的生命。真是想不到的事。

最近一年多來，剛伯師的身體一直不太好，老是被病纏著，先是白內障，後來又是攝護腺肥大，引起便尿不適。今年年初，患了一次感冒，拖了很久，使得身體更衰弱了。所以，老是從醫院出出進進，每出進一次，身體狀況就壞一次。每次送他入院，或接他出院，我都心痛一次，上一次接他出院是坐著輪椅，我一面推著他還和他談笑，誰能料到這次接他出院，竟是由病房到醫院的太平間，然後送他去殯儀館。

當我幫助殯儀館接送遺體的人，將剛伯師的遺體從病床上移到推車上的時候，掀開覆蓋遺體的被單，剛伯師緊閉著雙眼，一頭散亂的銀髮就像他最近沈睡的樣子，我托抱著他的腰，還可以感覺到他身上的微微體溫，我不相信他是真的去了。當推送遺體的車子，經過長長的走廊，廊外刮著狂風、下著暴雨，雨柱自廊簷奔騰而下，然後再由推車換了上擔架，抬上長廊盡頭正在等待的殯儀館的汽車，我不忍想這就是剛伯師生命的盡頭。

剛伯師是個生存意志非常堅強的人。雖然這一年多來經常住院，每次都從病痛中掙扎著站起來。像那次開白內障，我從手術恢復室接他出來，臉的上半部塗滿了紅藥水，裹著紗布。他躺在推車上就說，把眼睛整好了，就可以真正做些事了。我了解他說「真正做些事」的意思。二十多年來的臺大文學院院長，困於瑣務，使他無法專注於名山事業。退休以後，他有意「述先聖之立意，整百家之不齊」了。一次他曾經告訴我，他想寫三本書，一本是中國文化史，一本西洋文化史，和一本中國史學史。說罷，他搖晃著手裡的玻璃酒杯，笑著說：「也許到最後連一張稿紙都沒有。」剛伯師退休後，我有更多的時間接近他，有時到他家聊天，常會開瓶酒，我們師徒二人把盞，談古論今。有時興致好，我也會接他出去小酌一番。就從煮酒談笑中，我得到很多啟示。

不過，我知道他所說要寫那三本書，雖然沒有留下完整的原稿，但這三本書的綱目和脈絡都已在他胸中醞釀了幾十年。那篇刊登在《中山學術文化集刊》第一期的〈論文化蛻變兼論我國歷史上的第一次文化大革新〉，前半部分論文化蛻變的十原則，就是他準備寫西洋和中國文化史的理論基礎。後半部討論魏晉時代的文化變遷，就是準備寫中國文化史的一個環節。他認為中國文化自上古形成以後，到現在經歷三次的革新，一次是魏晉，一次是兩宋，一次從近代到現代，我們目前仍在第三次文化革新中。他說：每次文化革新，都似「毛蟲之化為蝴蝶，須歷九死一生後，老鳳之變雛鳳，先須舉火自焚，方能從灰燼中振翔高飛。一切生命莫不孕育誕生於苦難之中，人類創作的文化也同樣的壯長於亂世」。因此，他寫中國文化史的輪廓，已可以看到了。

這幾年，剛伯師講學著文，都偏重在中國文化的形成，也就是中國上古文化及學術思想的探討。自他從文學院院長卸職，到自臺大退休，他先後在臺大歷史系研究所的博士課程，開過「中國上古學術專題」、「中國古代思想專題」。近年來所發表的討論法家思想及齊文化等一系列的學術論文，都偏重在這方面。

至於中國史學史方面，前幾年，在博士課程中開過「中國史學專題」和「魏晉史學專題」。他準備寫的中國史學史，也是和他的中國文化史是互相關聯的。他認為人類的歷史是連續的，古變為今，舊變為新，或形似而質異，或貌改而性存，這些演變是有理相通的。所以治史者應該「考其因緣，核其究竟，而觀其會通」。對中國史學史的研究，應該「承百代之流，而會當今之變」。所以中國的史學黃金時代，皆出現於「世變方殷」之時。他的〈史學與世變〉，〈說史〉等一系列關於中國史學的論文，都是他為寫《中國史學史》所作的準備工作。

所以，剛伯師治療白內障，從醫院回來，心情是非常愉快。因為他不僅可以再看見他過去已看清的世俗世界，同時更能把他的心靈世界表現出來。回家來，特別印製放大格子的稿紙，又配了兩隻度數不同，裝有小燈泡的放大鏡。卻沒有想天不從人願，不久後，因骨刺影響到腿痛，不良於行，漸漸由最初的攜杖而行，到需人扶持，到最後入院前，連上床下床都需人托抱了。再加上十年前因肺癌照鈷六十，影響到肺活量，動一動就氣喘，使他原先預定的計劃竟無法實現，的確令人非常痛心。把剛伯師的遺體送到殯儀館後，再回到他的舊居，又到街上買了白布和香箔回來，在他那張油畫像前，匆匆佈置了個靈堂，供來弔者行禮，香煙繚繞，備增哀思。然後又步入他那客廳旁的小書房，在那張老舊的書桌前，坐了下來。桌上的陳設依舊，兩隻放大鏡寂寞地放置著，他生前戴的手錶也停了，用來寫稿的簽字筆靜靜地躺著，但書桌的舊主人今安在？我默坐良久，風淒淒、雨慘慘，不覺悲從中來，泫然欲涕。

想想自己追隨剛伯師十年，不僅拓寬了我知識的境界，更使我對做人處世的態度也有許多的轉變。「量才適性」是他在十七歲那年一篇〈述志〉的文章提出來的，也是以後一個多甲子，立身處世不變的原則。所謂「量才適性」，說起來很簡單，也就是量度自己的才能，去做適合自己性情的事。但做起來卻不簡單，首先必須排除名枷利鎖的束縛，做自己認為自己該做的事，走自己該走的路。以剛伯師之才，入可為天下宰，出可為王者師。但皆不為，終身以一介布衣，昂昂然，巍巍然。間步於權貴之間，但卻不矯情，自鳴清高。每遇時艱，皆有建言，多能洞察世局之變，這是因為他有太史公「通古今之變」的「史識」。剛伯師所謂「變」，該是他史學思想的基礎。他認為人類歷史的發展不是必然地朝某一個固定的方向「變」，每一件事都「自必各有其因」。這些原因都是很複雜的，就時間而論，有近因也有遠因，就空間而論，有近身也有遠在萬千里外的。有偶發性的，也有謀定後始發的。剛伯師都能「原始察終」，述其演變的因果關係。因此，剛伯師論事可以以古說今，述史可以以今證古，集百家言於一身，卻獨創己見的「通儒」。祇有他那坦坦然的胸懷，才能兼容並蓄，所以在南來北往的學術爭論中，他能超然獨立。

兼容並蓄，不限於論學，做人也是如此。在我們這些年的聊談中，當然涉及到古今人物，常常談到當代的人。在提到前輩的學者時，他侃侃而談胡適之如何如何，朱騮先如何如何，傅斯年如何如何，總說他們的長處，絕少論及人非。我可以體會剛伯師的苦心，他是想以前輩學者的風範，高風亮節來啟導後學。的確，在今天，尤其是今天的知識分子是該有容人之量。我總覺得剛伯師在臨行前，總會留下幾句話的，但是卻沒有。也許是正因為他坦坦然來，坦坦然去，對他自己的去來已了無遺憾。如果說他還有遺憾，那衹有一個，就是未能親見「王師北定中原」了。

今天早晨，內人接到剛伯師噩訊的電話，推醒我。我從床上一躍而起，披衣趕往醫院。急忙地穿過醫院的長走廊，一口氣爬上三樓，但是跑到病房的門口，竟停下來，伸頭向房內一看。剛伯師還是躺在床上，看見他近日浮腫的腳已穿上襪子，就哽咽悲泣起來。再往上看，他高大的身體覆蓋著白被單，白被單外面露著他微閉雙眼永眠的臉，嘴唇緊閉，右上唇微張，露出半顆牙齒。我不知道他最後離去的那一刹那，是否還有一句想說，卻沒有說出來的話。

使我更難受的，卻是剛伯師嘴上的鬍子。自從買了電剃刀回來，我去的時候看他鬍子長，總為他修修。星期五的上午我去看他，見他鬍子又長了，想為他修修，可是見他非常虛弱就沒有動手。護士小姐來為他注射點滴，粗粗的針頭插入他瘦瘠的手臂，竟沒有疼痛的反應，我在另一邊握著他另一隻手，他的手也沒有握緊我。我心裡突然有一種不祥的預感，但卻不忍心說出來。看著他鼻子上罩著氧氣，我想也許他會嘴乾。於是，我用棉籤沾了水，濕潤他的嘴唇，他竟緊閉著眼睛，張大了嘴，尋找棉籤，我的眼睛也隨著濕潤了。然後，我在旁邊的椅子坐下來，看著他被單下的胸部迅速的起伏。室內靜靜地，衹有他沈濁的呼吸，不時喉嚨裡發出低低的咯咯喘聲……誰又想到這竟是我見到剛伯師生前最後的一面。

是的，我們的剛伯師真的走了。記得那年暑假，伴剛伯師去福隆海濱小憩，黃昏時分，剛伯師在海邊，赤足持杖踏沙而行。事後他說，這是他此生第一次赤足走路——也許是唯一的一次。西天彩霞燦然，漁舟紛紛出海，海濤輕拍海岸，激起浪花朵朵，碧波深處，有數點漁火浮沈。海風習習，拂起剛伯師蕭蕭白髮，他御風而立，眺望海天，若有所思，真像他自己所說的：「悟逝者之來往，知真體之永存，別有會心，怡然自得，殆飄飄然若神仙中人矣！」此情此景，君憶否？

現在風暫歇，雨仍急，因停電窗外一片黑暗，室內燭光搖影。今夜是農曆六月十六，若無風雨，應有皓月當空，不知萬里外月正明否？你若得剛伯師耗訊，雖在天涯，亦當似我此時，向空一哭。淚灑箋濕，悲不盡書。

一盞孤燈

——弔實先師

沒有想到世事竟有這麼大的變化，離開未及百日，歸來風塵未掃，即接到魯實先師遽然而逝的消息。又聽說他在行前數日，還向人說，等我回來要歡聚暢飲幾杯。又想到他孤燈下埋首殘簡的削瘦身影，想到他荒野鶴唳似的嘹亮又寂寂的笑聲，不禁掩面悲泣了。

實先師是十九日黃昏五點四十分，晚飯時突然患腦溢血逝世的，事前沒有一點跡象，桌上擲著未盡的殘稿。雖然他病發時，曾微張著嘴，睜大了眼睛，揮著手，想說些什麼，但卻沒有留下一句遺言，就匆匆去了。

實先師是我高中的國文老師，從那時起，我以後雖然沒有親列門牆，傳他的絕學，但這二十八年來，我們一直維繫親若父子的師生情誼。

民國三十八年，我考入嘉義中學高一，不久來了位穿粗布對襟白褂，矮小削瘦，滿口濃濁湖南鄉音的國文老師，聽說還是個大學國文系的教授。那時大陸剛撤退不久，許多大學教授都到了臺灣，當時沒有這麼多大學，政府為了安置他們，分發到中學裡教書。在嘉義中學教書的，多是復旦大學的教授。所以，我們雖然是中學教育，卻是大學的師資。

每次，實先師挾著書本，手握半包香蕉牌的香煙，上得堂來，打開書本，一面吸煙，一面逐字逐句口沫橫飛地講解下去，達到了忘我的境界。每堂課下來，總是汗流浹背。一篇講畢，再上腔高聲朗讀一遍，可惜衹是曲高和寡，最初我們能領悟的實在不多。他把教本講了幾篇後，一聲「狗屁」，就把課本丟在一旁。他開始選文章，印講義發給我們讀。漸漸地，我們對他的話完全聽懂了，也懂得什麼是字的本義，什麼是引申義，什麼是聲相通義相通，什麼是一聲之轉了。在這種情形下，兩年的時間，我們讀了半本《左傳》，十多篇《史記》，近十篇的《史通》，還有一些唐宋八大家的文章。其中也包括一篇抗戰時期在重慶，他自己寫的幾首傳誦一時的「朱梅詩」。博引旁證，的確啟開了我們幼稚的心智。但到了考試時就慘了，每次考試就是默寫一篇文章，錯一個字扣一分，錯十個字不及格，錯二十個字零分。記得一次默寫劉知幾的《史通・自序》，我就得了個零分。考試雖難，作文卻很輕鬆。因為作文課都在下午，但實先師夜裡讀書，下午必須午睡。因此，下午的作文課照例不上，一學期交一篇作文，題目自擬，愛寫多長就多長。我記得我在他手裡寫過兩篇文章，一篇是「葉落」，一篇是「還鄉」。從第一篇作文後，我們就漸漸接近了，那篇文章他給了我一個甲上。

當時在班上，李信芳、張杏生和我，歡喜舞文弄墨，信芳的文章俏皮，杏生的文章深遠。實先師對我們三個懷有很大的期望，他希望信芳學哲學，杏生學中文，我學歷史。他說學歷史比較中庸之道，進可以攻哲學，退可以守文學。不過那年我們都使他失望，信芳考了園藝，杏生習醫。我沒有考試的資格，因為留了級。

等我考取了歷史系，實先師應他復旦老同事，當時農學院（中興大學前身）院長林一民先生之約，去了臺中教大一國文。當時信芳也在臺中，我逢放假或開學，南下或北上，總在臺中盤桓兩三天。記得我大一那年北上註冊，到臺中拜見實先師，他很高興，並且要我入學以後就讀《史記》，而且讀黃善夫的本子。因此，我在大一那年，先後讀完了《史記》和《漢書》。

大學畢業後，工作轉來轉去，後來我在一家書店工作。那時實先師也轉到東海大學中文系，我每次南下收書帳，總會去大度山拜謁實先師，他總會停下工作，抓一把錢，我們師徒相伴下山，小酌一番。當時他看我工作不如意，還是想讀讀書。我告訴他我想從歐陽無畏先生學藏文，習西藏史。回到臺北就接到他的來信，要我暑假後，去他那裡跟他學曆法，那封信深深感動了我。信中有幾句，事隔近二十年，我還能清晰記得：「爾來白髮彌增，日以年計，願以斯學傳於斯人，否則將成絕唱。」曆法的確是實先師的絕學。他常常說，他自十三歲有志於學，環顧宇內，學問已被人做完，唯曆法一門尚有餘地，於是從《史記》〈天官書〉、〈曆書〉入手治學，十七歲離開湖南家鄉，到杭州看四庫，然後去南京、洛陽觀出土銅器，再北上北平，在北平圖書館自修讀書，二十六歲以一本《史記會注考證駁議》，成為教育部的部聘教授。不僅是民國以來最年輕的中文系的部聘教授，也是唯一沒有一張學校文憑被聘為教授的人。

後來又接到他的來信說，他的經濟能力可供我吃住，不過唯一的條件，我每天讀書時間不得少於他讀書的三分之二。也就是他每天讀書十二小時，我年輕有外務，卻不能少於八小時。我和剛結婚不久的妻，計議以後，決定辭去工作，暑假後到臺中去。但沒有想到我正準備去臺中的時候，他卻因為與系裡先生意見不合，引起了公憤，被辭聘了。

實先師被辭聘後來了臺北，住在他叔叔蕩平先生家。我去看他，形容非常憔悴沮喪，已不是往日的豪氣干雲。我看了心裡非常難過，便笑著說：「怎麼又是罵人惹出的事？」他苦笑笑。罵人是實先師很難改的脾氣。但他罵人也有一定範圍的，凡批評孔子者罵，凡學不實而欺世盜名者罵。不過有時也會一時感情激動罵出了範圍。我說，也許你罵的都該罵，祇有某先生不該你罵，他不僅很尊重孔子，而且也有實學，更重要是人家把你請到東海去的，人得飲水思源。他斜著眼睛看著我說：「罵都罵過了，怎麼辦？」「怎麼辦？寫信去道歉呀，不過，道歉，不是要挽回已失去的職位，如果那樣就不像你魯某人了。再不濟，可以到復旦中學教國文。」第二天實先師來到我服務的書店，告訴我昨晚已寫了道歉信，今早掛號限時寄出。某先生也是性情中人，後來他們又和好如初了。不久前，某先生返國，他們還把盞歡敘呢。實先師的個性就是那麼率真，永遠懷著一顆赤子之心。雖然嫉惡如仇，但卻也從善如流。

後來，實先師被師範大學國文系聘請，講授碩士、博士課程，從臺中搬來臺北。我非常高興，覺得此後可以有更多的時間和他接近。但我卻考取了新亞研究所去了香港，失去了跟他學習曆法的機會。這種情形真像他所說的，我們有師生之分，卻無師生之緣。但事實上，我每次讀書的階段轉變，他都從旁輔導。像我離開臺北去香港之前，向他請示，他說王昶做了《金石萃篇》和《續篇》，現在陸續發現的新材料，可以更做《金石三編》，這是我可以做的工作。所以要我到香港以後，就開始讀趙萬里的《漢魏南北朝墓誌集釋》，作為將來更進一步的準備工作。因此，我一到那裡就詳讀這部書，祇是所好太雜，在港前後五年，並沒有完成《金石三編》的工作。不過，卻利用這部書作為我畢業論文的基礎。我的畢業論文《拓跋氏與中原士族的婚姻關係》，就是用這部書所集的許多墓碑拼湊而成的。

這些年來，我雖然沒有直接隨他習文字、鐘鼎、甲骨，但事實上，他卻對於我的研究工作有很多的啟導，雖然最近十多年，我研究的範圍離他越來越遠，而且他也認為很「狗屁」，但是卻沒有影響我們師徒的親密感情。尤其我從香港回到臺北的十一年，我們居住的地方相去不遠，有時晚飯後散步到那裡，每次去的時候，他總是在那客廳兼書房裡，伏案讀書和寫作。

讀書，似乎是實先師一生唯一的嗜好。他常說，他年讀三百六十四天的書。除了年初一去拜年或接受拜年，每天都在讀書。他在嘉義中學教書的時候，和老太爺父子二人，相依為命地住在大操場下面，一座孤立的水泥倉庫裡。當時時局動盪不安，生活又非常清苦，而且學校圖書館又無書可讀，後來他終於找到了一本段注的《說文解字》。翻來覆去地讀，最後這本書被他翻散了讀破了。我到臺北來讀書的時候，他要我在街上買部《說文解字》還給學校，當時書還不像如今這麼普遍，跑遍了臺北的書店，卻買不到這部書。

在農學院的時候，我從臺北回家，路過臺中，信芳陪我去看他，說不了幾句話，他就說你們可以走了，他要讀書。當時他的住處，在牧場旁邊的一間教室裡，和信芳的實驗室相對。我和信芳在他的實驗室裡，作徹夜少年不識愁的狂聊，實先師室內的燈也徹夜亮著，直到牧場的工人起來擠牛奶，才關燈就寢。

實先師在東海大學的宿舍很寬敞，臥室的面積也很大，臥室裡有一間小小的儲藏室，剛好鋪下一張床，他就睡在裡面，整個臥室的地上都散放著他讀的書。我去看他的時候，總是很小心，怕破壞了亂中的秩序。

這十多年，和平東路宿舍的客廳就是他的書房，客廳的四周排列著高高的書架，客廳的茶几和沙發上都堆滿了他翻閱的書籍或甲骨、金文的拓片。一盞微弱的日光檯燈，照亮出一個小小的光圈，那小小的光圈籠罩著他瘦小的身軀，尤其是在夏天他打著赤膊，一條條的肋骨突出著，這就是實先師一身孤傲的風骨。有時我坐在他書桌的對面，靜靜坐在那裡看他查書或翻閱資料，再看看那盞伴他十幾載晴陰的孤燈。突然，我想他就是那盞孤燈，在學術園地裡，寂寞地、孤獨地燃亮著，直到生命最後的一刻。因此我可以了解他突然而起，突然而止的笑聲，那笑聲裡隱藏著太多的悲涼；悲往聖繼絕學的漸逝，悲他一身絕學的誰替？

花果未飄零

這半年來，我接二連三地痛失良師。先是去年八月一日，颱風帶來了狂風驟雨，卻也帶走了我追隨了十年的業師沈剛伯先生。辦完剛伯師的喪事，我懷著悲痛的心情暫時告別臺北，來到這裡。耶誕節我又回到臺北，風塵未掃，就接到魯實先師突然逝世的耗訊。實先師是我中學的國文老師，從那時開始，二十八年來雖無緣得他的絕學，但卻維持著情若父子的親密情誼。他生前常開玩笑地說，他死了，不論我在天涯海角都得趕回來奔喪，沒有想到竟一語成讖，於是我回去渡假卻變成了奔喪。實先師在臺北沒有子女，後事由我們弟子料理，在去年最後一天淒風苦雨的黃昏，二十幾個在大專任教的魯門弟子，披麻帶孝送他上山。然後，我又懷著悲痛的心情離開臺北。

現在，唐君毅師又去了。君毅師是二月二日黎明過世的，第二天就是他七十歲的生日。接到病危的電話，冒著冷冽的寒風趕到醫院的病房，師母忍著悲痛，哽咽地說：「先生去了。」我走到病床旁看著安祥離去的君毅師。突然想起我書房案頭還放著一張君毅師的請柬。原訂當天晚上請我們歲末聚餐的。如今柬在人已去，這個聚餐永遠無法踐約，想著想著不禁泫然欲涕了。

雖然，君毅師得了不治的絕症，這一年半來，經過割除腫瘤、治療、休養，一直和疾病搏鬥著，直到生命最後一刻。前年暑假，我接到君毅師得病的消息，準備到臺北開刀，要我在那邊為他安排醫院。在機場接到他和師母，看起來似乎消瘦了些，可是精神卻很好。在朋友熱誠的協助下，以急診的方式住進了臺北石牌的榮民總醫院。剛住進病房，師母還沒有將行裝安置妥當，他就催我打電話給學生書局，要他們把一本準備印行的新書校稿送來，因為準備為他動手術的盧光舜大夫，正出國開會還沒回來，他要利用這個空檔，把這部書校好。我每次去看他時，他總在那裡伏案校稿，我怕他太勞累，勸他等病好再校不遲，他總是不聽。師母在旁低聲地說：「由他去。」這部百餘萬字的書，終於在他手術的前夕校妥。這部書就是他最近出版的最後一部書——《生命存在與心靈境界》，後來，我才體會到，君毅師對這次手術，作了最壞的打算，最好的準備。如果萬一手術不幸，他已對自己的哲學思想作了最後肯定的總結。君毅師治喪委員會，在為他寫的事略中，這樣說：「《生命存在與心靈境界》凡一千二百餘頁，乃其平生學思之綜化，亦即其思想體系之完成，涵攝擴大而一以儒家之盡性至命為歸極。其造詣所至，著作所及，我國自『哲學』一詞成立而有專科之研究以來，蓋未嘗有也。」

對於他自己的病似乎並不放在心上，見面總是滔滔不絕談論中國文化的問題，及中國文化的前途。偶爾提到自己的病，竟也以文化的問題來處理，他說中國文化講的是化解，將有化無，由無生有；西方文化卻是講揚棄的，如果不適合就拋棄或割解，如今既然無法化解，祇好找西醫把它割除。

君毅師是前年十一月動的手術，那天一早我趕到醫院，君毅師已經進了手術房，師母、安仁——君毅師的小姐，已從美國趕到，和我在空洞的病房裡，焦急地等待著。安仁忍不住走出病房，站在走廊的一角偷偷地垂泣。我走過去要她忍住，回房陪伴師母。師母靜靜地坐在那裡，反而比我們沉著鎮定。君毅師是七點半進入手術室，下午一點半回到病房，醫生說左肺切除一葉，手術進行良好，但有擴散的可能。橫隔膜已有蔓延的跡象，不過眼見到的都已切除乾淨。這次的手術由盧光舜大夫率領最佳的醫療小組進行的。五點多鐘君毅師醒來，盧大夫到病房觀察病情，並且告訴君毅師說毛澤東死了。君毅師聽了，微弱地說：「我身上割了個瘤，中國也去了個瘤。」

君毅師的開刀傷口復原後，移到劍潭去休養，環境非常清幽，屋外有一個很大的庭院，君毅師晨昏在室外的花壇漫步，生活飲食都由借住房子的朋友熱誠照料，非常方便。君毅師來臺北動手術，沒有驚動別人，我也遵囑守密，因此搬到劍潭來住，也沒有人知道，除了最初每週到榮總去作一次例行的檢查。除了我去探望，沒有人來打擾。但我每次去也不會坐太久，因為有人在他就會談話，話說多了會影響他的身體。記得一次他和我談到取和與的問題，他說他這一生對取和與的分際是劃得很清楚的，他的經濟來源有三個，一是教書的薪水，一是稿費，一是開會或講演的車馬費，除此之外都是他不該取的，如果別人對他額外贈與，他除了感謝別人的好意，是分文不取的。這是他做人的原則，也是他處事的態度。

君毅師從榮總出院後，搬到劍潭休養，一天黃昏，天氣非常寒冷，方東美先生扶杖來訪，並且勸君毅師好好休息，臨行君毅師依依不捨地送方先生到大門口，看著寒風吹起方先生的大衣飄然而去。

劍潭的確是一個休養的好地方，但君毅師在那裡卻不放心香港的新亞研究所，有許多的事等他的決定和處理，因此，等身體漸漸復原，不顧醫生的勸阻，就回香港了。不過，臨行卻遵醫囑兩個月後，再到榮總檢查。七七年二月唐先生再到臺北，我到機場去接他，身體似乎不如前了。出了機場就直接住進榮總。剛到病房知道他的老師方東美先生也因癌症住院，立即去探視方先生。他們互道自己的病情，侃侃而談，沒有一點悲傷和相憐的感覺，我在一旁靜靜傾聽著他們師徒二人的談話，覺得他們的修養已經達到人生另一個境界，完全突破了生死的關限。誰知這竟是兩位當代中國哲學家最後的一次會晤，事未隔一年，他們兩個人先後去了。

君毅師二次入院，情形並不十分好，一天盧大夫約我和君毅師的誼子徐志強先生說明他的病情。並且將有關的資料和X光片解說給我們聽。他說君毅師的情況非常惡劣，已經蔓延到左肺和脊骨，X光顯示第三節脊骨已被腐蝕了三分之一，然這樣的情形發展下去，快了支持不到三個月，一個做醫生的有責任把這種情況告訴病人和他的家屬，因為患者可以在這段時間裡處理他未了的事務，在目前這種狀況下，他們該做的和應做的，都已經做了。並且他說他並不反對唐先生吃中藥，當時年關已近，我問這是不是君毅師最後的一個年。盧大夫肯定地說是的。我說既是最後一個年，就讓他平平安安過這個年，等開年再向師母說明。但我卻無法面對這個殘酷的現實，在過年的前五天溜到香港來。

等我從香港回臺北的時候，徐志強已經把君毅師的情況婉轉地告訴了師母，出乎我意料的，師母竟非常冷靜地接受了這個不幸的事實。師母謝方回女士是一位偉大的中國傳統的女性，她的這一生完全融於君毅師的生活之中，達到了無我的境界。在君毅師過世時，她站在君毅師的遺體旁，說：「我覺得我是個無用的人，先生才是個有用的人，所以，我把我這一生完全奉獻給他，照顧他，讓他做更多有用的事。」事實上，雖然她的生活中無我卻有我，因為她是君毅師生活的支柱，如果君毅師沒有師母的照顧，也許一天也無法生活。君毅師前些時眼睛視網膜脫落，師母恐怕他坐車顛簸，便無論遠近都到處的親自駕車接送。君毅師的生活除了讀書寫作講學外，似乎沒有其他的休閒生活，生活是非常單調的，師母平日撫琴練字自娛。君毅師每部著作封面的題字，都出自師母的手筆，從那些墨跡裡，可以發現師母外柔內韌的性格。這些年來，她祇是默默地在旁照顧君毅師的生活，卻從來不干涉他的生活。尤其君毅師這一年半得病以來，她默默地承受一切，但是沒有聽過她一句怨嘆。過去，我讀中國歷史發現許多偉大的中國女性，她們的偉大倒不是什麼豐功偉績，她們祇是默默地不平凡地生活著，奉獻了她們偉大的一生。當時，我無法完全了解，如今我終於在唐師母的身上體認。

現在，君毅師終於去了。對於他的哲學思想，不是愚駑的我所能完全了解的。但他對中國文化所抱有的使命感和宗教的熱誠，卻深深地感召了我。在大學二年級時，我讀了他半本《中國文化精神之價值》，就希望有一天能親自向他請益。沒有想到後來竟幸運地聽他講學和論道。記得我在京都，君毅師為了醫治眼疾也到京都。我陪他到南禪寺靜坐和吃湯豆腐。他突然感慨地說，這幾年他發覺世界在變，而且變得很快，可惜他的眼睛不好，看不清楚。他要把眼睛醫好了，好好地看看這個世界。我想，他看世界不是用眼睛而是用心靈，因此有更遼寬的視野和更高層次的境界。對於現在的中國文化他雖常有花果飄零的感嘆，但他不灰心失望。一次他到臺北參加一個學術會議，談到中國大陸文革以來，對中國文化的破壞，非常憤慨。因此，他認為在海外的中國知識分子必須要格外努力。在海外建築一道文化的長城，對中國大陸進行文化的反哺，將來中國文化才有希望。他常說，燈聚在一起衹能照亮一個地方，散開的燈才能照出一條路。因此，不論他走到那裡總點亮中國文化的燈盞。在現代中國文化艱困的路上，對君毅師而言，花果並未飄零。

今年上元

——遙祭徐復觀老伯

「老伯，您安心去休假吧！」這是今年元宵節，我在九龍啟德機場送徐復觀老伯去臺北，當他要入閘時，我握著他的手說的一句話。他聽了無奈地點點頭，把我的手緊握了一下，似乎想說些什麼，但卻沒有說出，然後轉身緩緩地去了。

我稱徐復觀先生為老伯，因為他的大公子武軍，從美國到香港來工作，大家都說我們長得很像。武軍和我不僅長得像，連髮式都一樣。徐復觀先生看了就笑著對我說：「老弟，以後你就稱我聲老伯吧！」從那時起我就尊稱徐復觀先生為老伯，因此，徐復觀老伯有什麼家宴時，我都被邀敬陪末坐。偶爾我也自己下廚做幾樣，請復觀老伯與伯母過來小聚，每次他都欣然而來，又都笑著說：「老弟請吃飯，總有好吃的。」這該說是緣分吧！

在臺北時雖然讀過他的文章、他的書，但卻不認識他。二十多年前，我剛從學校畢業，在一個書店裡工作。一天傍晚，快收店的時候，我最敬愛的老師魯實先先生來找我。我見他神情蕭索，了無講課時武林第一人的氣概，就拉他到對面「趙大有」去吃飯，問他怎麼了，他說被東海解聘了。我問為什麼？他說：「罵徐復觀！」我說徐復觀怎麼是你可以罵的，魯先生把眼一瞪，說：「為什麼不能罵！」我說：「當時是誰介紹你去東海的？」他說：「徐復觀。」我又問：「當年流落香港，你在那裡賣文章？」他說：「《民主評論》！」我又問：「《民主評論》當時是誰辦的？」他說：「徐復觀！」「呵呵！是了，人不能忘本！別人可以罵他，我們是罵不得的。」我笑著說。魯先生放下筷子把手一攤說：「罵都罵了，怎麼可以收回。」於是我接著勸說：「祇有寫信道歉！」魯先生半天默不作聲，第二天一早他又到店裡來找我，一見面就說：「信，寫了限時掛號寄了。」後來，魯先生告訴我，他在一個聚會上遇見復觀老伯，就拉他到個小冰店裡，去吃四菓冰，接著魯先生又說：「和了！」到香港後，我問復觀老伯，他笑著說：「魯實先寫古文，臺灣第一。」沒有想到四年前魯實先先生突然走了，現在復觀老伯又去了。

前年夏天，復觀老伯和我都到臺北參加漢學會議，開完會他就入了院。緊接著就開刀。我到醫院時，復觀老伯已進了手術房，伯母在病房焦急等待，見了我就說：「如果……怎麼得了！」我安慰她說：「不會有什麼的，不會有什麼的，伯母放心！」然後，我陪武軍在手術房外等待，到了午後還不見動靜。我們雖然嘴上沒說，心裡卻很沈重，後來診斷不幸竟是胃癌！

復觀老伯回香港後，休養了一陣，然後再去美國作進一步檢查。美國回來，我去看他，也沒有說病情，祇說在美國這段時間，完成了九萬字的《西漢經學史》。雖然我聽了覺得自己不努力感到慚愧，卻也暗暗地為他身體擔心。他似乎感到為時不多了，拼命擠出最後一滴學術的乳汁。今年年初一，一大早，我到復觀老伯那裡拜年，他說膀子風濕，可能是每天早晨到城門水塘散步，受了風寒。我心裡一驚，覺得這可能是不祥的徵兆。沒有想到蔓延得那麼快，不到半月就疼痛難忍了。倉卒之間，決定去臺北就醫。

復觀老伯走的那天，恰好是元宵。我一早趕到美孚，為他送行。因為他不願別人知道，座上祇有一位白髮皤然的羅先生，大家有一句沒一句地聊著，先是談梁漱溟，後來他又說到共產黨是沒有希望了。他靠在沙發上，一如往日一樣滔滔不絕地談論著。他說他每天早晨四五點鐘起身，到城門水塘去晨運，那裡空氣新鮮，又非常清靜，他可以一面在水泥道旁的泥土地散步，一面沈思。過去很多在學術上解不開的結，突然想通了，覺得過去許多文章該改寫，最近為參加今年夏天在夏威夷召開的朱子討論會，所寫的《程朱異同》，就表現了某些這一方面的思想。我笑著說：「老伯，早晨運動，就是要使腦子休息，你怎麼不讓自己真正休息一下呢？你不是常說，一個知識分子立身處世是儒家的，處理自己的生活該是道家的，怎麼你自己一點也突不破，硬是要一路儒家到底。」

他聽了突然轉向我，嚴肅地說：「我五十開始，才擺脫一切，專心向學，總是感到時間不夠。老弟，你的聰明才智遠超過我，不要浪費了……」說著，他有點哽咽了：「藍文徵在世時，有次對我說，他的老師梁任公病危時，握住他的手說自己早年浪費了太多的時間，將來留不下一本傳世之作……我不知將來什麼可傳，也許，也許我的那本《中國藝術精神》……」說到這裡，他竟掩面痛哭起來。我從來沒有見過一個老人那麼悲傷，那麼涕淚滂沱地痛哭過，尤其像復觀老伯這麼樣堅強的人。而且他又是在歷史的漩渦打過轉的人。最後在回歸到學術領域以後，對學術所表現的那份虔誠與執著，這是我這個後生小子無法體會的。也許大家祇注意到他的時論之作，而忽略了他在學術領域裡的潛沈，所開拓的遼廣領域，他對兩漢學術思想史的探索，在對清代學術的論衡，他更有對中國史學闢創的雄心壯志，釋史與論《史記》祇是一個開始……學術的道路是孤獨與寂寞的，但復觀老伯踽踽獨行，早已見樹木成林。

不過，復觀老伯對學術的探討，始終不變的，不論在什麼環境之下，必定堅持知識分子的尊嚴，不論索清探漢，談史論經，都表現了這一點。這也許是中國傳統知識分子特殊的性格，雖然往往對政治保持某種程度的疏離，但卻又關心他自己所生存的時代，此即所謂「身在山林，心存魏闕」。這也可能就是復觀老伯常將自己心裡的鬱結，發抒為時論的原因。而他為文如滔滔黃河，或氣勢豪邁壯闊，這正表現了中國知識分子以天下為己任的擔當。

室內被復觀老伯咽泣的悲愴凝住了。徐伯母默默端著碗走過來，放在我們面前，她說：「今天是元宵，大家吃吧。」說罷又檢點行裝去了。我端起碗，看著碗裡躺著三個元宵，這是徐伯母剛剛坐在旁邊捏成的。我用筷子挾起一個，咬了一口，黑色的芝麻餡淌了出來，我又抬起頭來望望復觀老伯，他正低著頭，專心吃他相隨了半個多世紀的老伴為他趕製的象徵著團圓的元宵。然後，我又望望窗外石林叢中那一小片灰濛濛的天空，心想，今年上元夜，將無月亮。

「四部」絕唱

八月三十日（一九九四），我從豐縣故里回來，從徐州坐了一夜的車，再折回上海，這是段很艱辛的旅程。進了旅館，稍作洗刷，就擁被而眠了。下午太太從香港來長途電話，說錢先生去了。我說：「什麼？什麼！」我睡夢全消醒，但握著話筒半晌說不出話來。電話那邊說：「喂喂！醒醒，你清醒了沒有！」

放下電話，窗外正下著滂沱大雨，後來回到香港，知道那天臺北正是颱風過境。賓四先生披著滿身的風雨，悄悄離我們而去了。十三年前的八月，沈剛伯先生走的時候，也是颱風過境風雨交加的日子。他們都選擇了這個時刻離去，難道他們對自己曾經生存的時代，現在生活的社會，還有什麼想說卻沒有說出的話嗎？

夜裡，臺北幾家報館的記者，電話追蹤到上海。問我對錢先生大去有什麼感想。我說人都走了，還有什麼可說的。最後我終於浩嘆一聲：「絕了！四部之學最後的一個人也走了。」

是的，賓四先生在廿世紀傳統與現代學術擊盪最激烈的時刻，走進學術的江湖，一個甲子以來，佇立在現代學術瞬刻即變的潮流裡。現在他走了，他所堅持對傳統的溫情和敬意，也隨著消逝。以後，我們衹好隨波逐流了。

去年八月，賓四先生和師母到香港參加新亞書院四十年的校慶。賓四先生的精神還很好。但這位新亞書院的創辦人，在典禮上沒有說什麼話，衹說了句：「我喜出望外呵！」當時賓四先生住在九龍的百樂酒店，師母託人買了套音響帶回臺北。師母說他們準備開年後，搬出外雙溪的素書樓。城裡的房子小，怕賓四先生再無法聽到鳥語風吟，現在眼睛已經看不見了，不要最後耳朵也聽不見了。所以買套音響磨練賓四先生的聽覺。

「素書樓」是賓四先生在臺北住了二十多年的家。晚年的巨著《朱子新學案》，就是在這裡寫成的。沒有想到這兩三年來，「素書樓」成了某些無聊政客的籌碼，惹來許多風風雨雨。後來終於搬離這個是非之地。聽說遷居後的賓四先生已沈默不語，祇是偶爾問：「我們什麼時候回去呀？」他一直以為自己是住在旅館或酒店裡。最後，賓四先生竟飄零而逝。

第二天上海還下著雨，而且是六十年來最大的傾盆雨，街上積滿了水，我困在斗室之中，總想找點什麼事做做。下午賓四先生的小女兒錢輝，從蘇州來了長途電話，前一天晚上，有位朋友從上海回蘇州，我託他和錢小姐聯繫，給我來個電話，看看有什麼地方可以效勞的。

電話接通後，對方已哽咽難言了。我除了安慰她節哀之外，再也沒有話可說，隔了一會我說，不論怎樣，先辦手續再說，隨時準備奔喪。然後留下我香港的電話，請她有需要就通知我。放下電話，我突然想到他們該到耦園憑弔一下。

是的，他們該到耦園設祭招魂。因為那裡是他們兒時和賓四先生共同生活的地方。民國二十八年，賓四先生的《國史大綱》脫稿後，就間道由河內經香港到上海，回到蘇州探母。隱居耦園一年，除敘天倫之樂，並撰成《史記地名考》。勝利後，賓四先生執教無錫江南大學，家還住在蘇州。三十八年，賓四先生隻身南下避難，家人還留在耦園。

那次我到蘇州，特別去訪問偏處蘇州一角的耦園。園裡亭池花木都保持得很好。我登「還讀我書樓」，那是賓四先生讀書著述的地方。雖然現在已是樓空人去，我仍可以遙想當年，賓四先生燈下奮筆的情景，真是低徊留之不能去。後來我又去無錫訪梅園，那是賓四先生在江南大學執教時住的地方。站在湖濱的亭子裡，眺望煙波的太湖，當年賓四先生課餘，常雇小船持《莊子》一卷，盪漾湖中。尤其在民國十九年，到北平燕京大學執教前，賓四先生從志於學到而立之年，在無錫、蘇州教書、讀書、著書，這裡的山河風物，孕育了一顆卓越的中國讀書種子。這顆讀書種子在這裡默默萌芽與茁長。

所謂「讀書種子」，賓四先生說：

> 科學技術可以向外國學，但文史卻要在國內學。雖然，過去大陸三十年對中國固有傳統破壞，但毛澤東思想經過三十年也無法代替中國的文化傳統。可見中國的文化傳統是不易搖動的。祇要有書在，祇要中國的讀書人還沒有死絕，中國文化的根是不會斷的。

雖然這是賓四先生當時的感慨之言，但「祇要有書在，祇要中國的讀書人還沒有死絕，中國文化的根是不會斷的。」卻也是賓四先生終身堅持的信念。

一次我因研究《隋書・經籍志》，請示賓四先生。賓四先生說中國學問是一個整體，分門不別類。經史子集四部，是四個治學的門徑，不論從那個門徑進入，進入之後，都可以觸類旁通的。賓四先生離開常州府學堂後，由於環境的關係，無法繼續升學。民國元年，賓四先生十八歲，應無錫秦家渠三兼小學之聘，開始他的教學生涯。他說：「念自此升學絕望，一意自讀書。」賓四先生「一意自讀書」，受蔣百里譯自日文《修學篇》激勵很大。賓四先生還在果育小學校讀書的時候，由於一篇文章寫得好，國文老師獎賞他這本書，書中網羅西歐英法諸國，不經學校而自修苦讀成名的學者數十人，介紹他們苦學的情況。賓四先生說他「有志苦學不倦，則受此書之影響為大。」

賓四先生「有志苦學不倦」，先從四部的集部起。賓四先生說他「自幼為學，最好唐宋古文，上自韓歐，下迄姚曾，寢饋夢寐」。尤其是韓愈，由於在小學讀書時，國文老師讚他「他日有進，當能學韓愈」。賓四先生自此便存心於韓愈其人。入中學後，一意誦讀《韓昌黎集》，才正式知道有學問。賓四先生有每日散步的習慣，散步時往往默誦韓愈的〈師說〉。雖然，賓四先生正式知道有學問乃自韓昌黎始；但賓四先生自學，卻自民國元年元旦閉門誦《孟子》始。賓四先生說，他以前在私塾，《四書》僅讀至《孟子・滕文公》章句上。他認為自學應先讀《孟子》，再讀《五經》。於是從民國元年元旦，一人在學校閉門讀《孟子》，並自限半日背誦〈梁惠王〉章句上，熟誦之後才回家吃飯。如是者七日，誦畢《孟子》七篇。

同時，賓四先生開始讀他家中的藏書。家中有他父親季臣先生遺下的大字木刻《史記》一部。旁有批點圈注，出自他祖父鞠如公的手筆，日夜攻讀。後來又得到毛大可的《四書改錯》，書中說朱子注《四書》錯誤甚多，使他大為驚異，這是賓四先生接觸乾嘉諸儒的開始。

賓四先生晚年說：「余自幼為學，最好唐宋古文，上自韓歐，下迄姚曾，寢饋夢寐，盡在是。其次則乾嘉考據訓詁。藉是輔攻讀古書之用。所謂辭章考據訓詁。余之盡力者止是矣。」賓四先生進入乾嘉之學的領域，由於孫詒讓《墨子閒詁》的引發。賓四先生買了浙江官書局版本的《二十二子》一套，依次讀之。讀至《墨子》，開卷就發現錯誤。當時他認為書既是官局本，又經畢沅校注，不應不知其中的錯誤。但繼續讀下去，不僅錯誤繼出，而且幾乎篇篇皆有。於是開始逐條舉出其錯誤，並加以改正，取名《讀墨闇解》。

賓四先生心想《墨子》是先秦的古籍，到現在已有兩千多年，為何竟沒有人發現其中的錯誤？學校的同事無人可問，於是翻閱商務印書館的《辭源》，發現《墨子閒詁》一條。恰巧次日航船寄來的書籍一包，其中赫然有孫詒讓的《墨子閒詁》。於是開卷急讀，發現他自己所懷疑的，孫詒讓都已舉出，而且許多孫詒讓指出的，都是賓四先生所不知疑的。至於孫詒讓所改訂的錯誤必有明確的證據，材料淵博，賓四先生說他的《讀墨闇解》和孫氏的著作相較，「乃如初生嬰兒對七八十老人，差距太遠」。自念「余亦自居於讀書人之列，豈不可笑可恥。」於是逐字細讀孫著，不敢有絲毫忽過。賓四先生說他之「遊情於清代乾嘉以來校勘考據訓詁學之藩籬，蓋自孫氏此書始。」所不同的是清儒治學自經學入，賓四先生則轉由子部入。

雖然，賓四先生苦讀自律甚嚴。由於讀范曄《後漢書》，隨意翻閱竟忘了從何卷讀起，於是從此讀書，遵曾文正公家訓教人，必自首至尾通讀全書。因此立意凡遇一書必從頭到尾讀。並且效古人剛日誦經、柔日讀史之例。規定自已清晨讀經子艱讀之書，夜晚讀史籍，中間上下午則讀閒雜書。但這種獨學無友苦讀的情況，是非常艱困辛苦的。他對《墨子》的研究就是個很好的例子。後來賓四先生讀章太炎、梁任公、胡適等人著作，才知道墨學竟是當代一時的顯學。不過，賓四先生說他研究《墨子》，「不知者，亦或疑余為學追隨時髦，譁眾取寵，以搏當前之稱譽。而余之孤搜冥索，所由步入此一條艱險之路者，事有偶然。甘苦之情，又誰知之？」

賓四先生鑽研《墨子》，雖事有偶然。不過，如果他自修苦讀沒有外在的引發，後來許多傳世之作，也無法出現的。最初，商務印書館印行的《東方雜誌》，可能是賓四先生與外面接觸的管道。他不僅喜讀《東方雜誌》所載淒惋的說部《碎琴樓》，並且以〈論民國今後之外交政策〉一文，參加《東方雜誌》的徵文，雖然沒有錄取，卻是賓四先生寄投報章雜誌的第一篇文章。所以，賓四先生雖辟居鄉里，苦學無友，但對外界的事物與新的知識，還是非常留意及吸收的。民國七年，商務印書館出版了賓四先生的《論語文解》，這是他的第一部書，當時賓四先生在無錫梅村縣四小學教書。關於這本書的寫作受了《馬氏文通》的啟發，賓四先生說他在學校「教《論語》課，適讀《馬氏文通》，一字一句按條讀之，不稍疏略。念《馬氏文通》詳論字法，可仿其例論句法，即以《論語》為例，積年遂成《論語文解》一書。」

因秦仲次的關係，賓四先生開始讀嚴復的譯著。首先是嚴復譯斯賓塞的《群學肆言》，然後是穆勒的《名學》。依次遍讀嚴譯。嚴譯穆勒的《名學》，啟發賓四先生對《墨子》的辨誤。他說「前在水渠讀嚴譯穆勒《名學》，於此方面亦略有悟入。乃不禁又奮筆從《讀墨闇解》改寫《墨經闇解》。」在共產主義在中國尚未流行，賓四先生就和他小學的同事朱懷天辯論河上肇的著作與思想。後來賓四先生在無錫第三師範教書的時候，又翻譯過日本學者林輔泰的《周公傳》，蟹江義丸的《孔子研究》。

賓四先生雖然獨學無友、孤搜冥索，但對新的事物及學術發展的潮流，卻掌握得非常確切。後來他的兩部傳世之作：《劉向歆父子年譜》與《先秦諸子繫年》，就是在這種情況下寫成的。賓四先生雖在小學教書，心中卻常以未能入大學讀書為憾。因見報載北京大學招生廣告，投考者須先讀章學誠的《文史通義》，賓四先生說他「亦求其書讀之，至形於夢寐間。一夕，夢登一小樓，所藏皆章氏書，有世所未見者。」後來這個夢境果然實現，他在北京教書時訪得章氏世所未見之書。由於夏曾佑的歷史教科書，是北京大學的教本，於是賓四先生細讀此書，並得益頗大。賓四先生說「如三皇五帝，夏氏備列經學上今古文傳說各別。余之知經學之有今古文之別，始此。」同時讀夏曾佑的書，發現夏氏原文不改，詳鈔《史記》〈十二諸侯年表〉、〈六國年表〉等，當時不明夏氏用意，十年後，賓四先生開始著《先秦諸子繫年》，更改〈六國年表〉，不能不說是受夏曾佑的影響。由於夏曾佑的中國歷史教科書，使賓四先生知道經學上有今古文的存在。後來賓四先生在后宅小學任校長時，為學校圖書館到杭州買書，他自己買了一本康有為的《新學偽經考》，就對康有為的論點發生懷疑。今古之爭不僅是中國學術史上爭論的大問題，更是清末以來討論最激烈的問題。於是賓四先生草寫成《劉向歆父子年譜》，以史學的形式解決了經學爭論不休的問題。

《先秦諸子繫年》是賓四先生在學術界成名之作，這部書從草創到完成，前後經歷了九年的時間。民國十二年秋天，賓四先生從廈門的集美回到無錫，經錢基博介紹，轉入三師教書。三師規定國文教師，除教隨班遞升的國文的正課外，每年還要兼開一課，第一年是文字學，第二年是《論語》，第三年是《孟子》，第四年是國學概論。賓四先生在三師因教學先後完成了《論語要略》、《孟子要略》。由於考證孟子的年代，因而有《先秦諸子繫年》之作。賓四先生說他「草《諸子繫年》，始自民國十三年秋。積四五載，得考辨百六十篇，垂三十萬言。一篇之成，或歷旬月，或終寒暑。少者三四易，多者十餘易，而後稿定，自以創闢之言，則不敢輕於示人也。」

賓四先生所以不將《繫年》稿示人，因為當時上海北平報刊雜誌，都在討論先秦諸子的問題，他的意見與眾不同，恐披露出來，引起爭議，往復論難，浪費時間。這部書前後歷九年才完成。這九年的時間，賓四先生在書後跋文說這部書寫作期間：

其先有齊盧之戰，其後有浙奉之爭，又後而國軍北伐。蘇錫之間，兵車絡繹，一夕數驚。余之著書，自譬如草間之孱兔，獵人與犬，方馳騁其左右前後，彼無可為計，則藏首草際自慰。余書，亦余藏頭之茂草也。

民國十九年，賓四先生因顧頡剛的推薦，到北平燕京大學執教。《先秦諸子繫年》基本上已經完成，於是攜稿北上，這時賓四先生已經三十六歲了。從民國元年到現在二十年了。賓四先生由志學之年，迄今已逾而立。他由孤立無友的苦讀，到隱居離亂著述，的確是一段漫長寂寞又艱困的行程。這段艱困寂寞的日子裡，一顆現代的卓越的中國讀書種子，不僅默默萌芽而且茁壯長成。然後半個多世紀以來，一直堅毅地佇立在學術的江湖之中，現在這顆卓越的中國讀書種子已悄悄凋落。但一顆種子落在地上，會帶來更多的種子。而且賓四先生也曾說過：「祇要有書在，祇要中國的讀書人還沒有死絕，中國文化的根是不會斷的。」

夫子百年

去年（一九九四年）七月三十日，此間郵局發行了一張「錢穆誕生百年紀念郵票」。臺灣很少會想到在這裡過世的學術人物，記憶所及在賓四先生以前，似祇發行過胡適的紀念郵票。這兩張郵票一出，彷彿象徵著一個學術時代已經過去了。那個時代雖已過去，但並未消逝，對現代與未來的中國學術界，仍會發生深遠的影響。

今年五月，香港中文大學的新亞書院，將召開「錢賓四先生百齡紀念會」。據我所藏賓四先生《八十憶雙親》的手稿最後說：「此文寫於梨山賓館、武陵農場、天祥中國旅行社三處，凡經六日。又在花蓮宿兩宵，其第二宵晚九時許，即余七十九年前之生辰也。」當是時賓四先生八十初度，但已是二十年前的事了。賓四先生生於甲午戰爭之年（一八九五年），至今剛好百年。臺灣發行的紀念郵票，算的是中國的虛歲。

新亞書院在香港舉行「賓四先生百齡紀念會」，是非常有意義的。當年賓四先生南來，在流離中創辦新亞書院。最初在佐頓道碼頭附近的炮臺街創校，時間是一九四九年的雙十節。然後歷經桂林街、嘉林邊道、農圃道，最後沙田的不同發展階段。由最初惟恐中國傳統文化在海外花果飄零，到後來在香港桃李滿園。在賓四先生的學術和精神感召下，培育的一批流亡和本地青年，薪火相傳，對香港人文精神和歷史教育所作的貢獻，即使九七以後，也不會磨滅的。

我有幸在新亞研究所讀過五年書，後來又在新亞書院歷史系教過十四年書，以賓四先生一個老學生的身分，而被邀約敬陪末座。不過，學生和門生不同，門生該是登堂入室，傳夫子絕學的。至於學生則是列於門牆，隨侍左右，奉講受業而已。而我不是個好學生，但卻比較幸運，賓四先生晚年在臺灣或來香港，有較多親近的機會。但生性愚魯，不知如何叩學問道，僅做些侍奉起居的瑣事。

也許因為我嘴饞，賓四先生八十歲在臺北的壽宴，九十歲在香港的暖壽宴都是我安排的。八十歲的壽宴雖然祇有一桌，但幾經挑選才定在「萬壽樓」。因其名曰「萬壽」，菜又是江浙菜。江浙菜的甜郁，很合賓四先生的口味。平常我們請賓四先生便飯，多在阿唐主理的復興園。當年的復興園不僅是老字號，而且是標準的江浙菜。一次，飯於復興園，坐定後，錢師母說：「你們請吃飯，他很開心。他昨晚就說想點兩樣菜。」接著又說：「人家請吃飯，怎麼好意思點兩樣，祇能一樣。」我說兩樣都準備了——脆鱔和紅燒下巴。賓四先生聽說後就笑了，笑得非常開心。

尤其脆鱔，是無錫的名餚，因梁溪貫穿無錫，名曰「梁溪脆鱔」。其高下則視過油的次數與時間的拿捏，以及上菜時所澆的滷汁，目前已很難吃到可口的脆鱔了。那次我從南京到蘇州，特別在無錫留了三天，除了拜訪賓四先生抗戰勝利後，「歸隱居無錫」近三年的太湖之濱，並且在市區的聚豐園品嚐到真正的梁溪脆鱔，而且出於特級廚師之手，的確非他處可比。

那年，賓四先生辭去新亞的職務，遊羅星馬，過臺小息，但演講酬酢，日程排得很緊。一日中午無事，我請賓四先生到中華路的「小小松鶴樓」吃麵。松鶴樓是蘇州的老字號，相傳門前那塊金匾，還是乾隆題的。當時「小小松鶴樓」的門面不大，但門口切滷菜，灶上掌勺的師傅，卻出自蘇州的松鶴樓。我點了脆鱔，還有肉骨頭、醬鴨、鹽水蝦和馬蘭頭幾款小菜，酌紹酒數盅後，再來碗蝦腰麵過橋。這些都是蘇錫菜點。賓四先生大樂，一掃香港以來的積鬱，開心笑了，而且談鋒甚健，談到蘇州松鶴樓一味家常菜「一塌糊塗」。「一塌糊塗」，我少年時在蘇州松鶴樓吃過的。將嫩黃芽白加配料煨爛，再上籠蒸透，蒸菜汁溢出沾得滿碗皆是，原件上桌，真是菜如其名「一塌糊塗」。還談到江陰的刀魚，刀魚多刺，拆骨煨麵，乃一美味。這是唯一的一次，我們師徒單獨對酌。這才發現夫子望之儼然，接之溫煦可親。所以，後來賓四先生遷居外雙溪，我才敢多次謁素書樓，陪賓四先生聊天奉煙。賓四先生晚年的煙時戒時抽，我去時總是先備包三五，那是他習慣吸的，邊抽邊聊。

賓四先生八十歲壽辰的時候，我正在編《文復月刊》，闢了一個《拓墾者的畫像》的專欄，介紹當時臺灣人文社會科學的前輩學者，分別由他們的弟子或最接近的人執筆。賓四先生的那篇，由追隨他最久的弟子何佑森寫的，文章雖然不長，卻是介紹賓四先生學術思想最精鍊的一篇。而且也是《拓墾者的畫像》的第一篇。雜誌出版之日，恰逢賓四先生的壽辰，我抱著剛從廠裡取回的雜誌，趕到「萬壽樓」獻給賓四先生。當時屈萬里先生也在座，說這是一份最好的祝壽禮物。

十年後，賓四先生九十壽誕，來香港避壽。壽辰前一天，我們幾個在中文大學教書的學生，在沙田雍雅山房設宴，為賓四先生暖壽。賓四先生的兒女和孫輩，也從大陸趕來拜壽，海天相隔數十年，終於團聚，這是賓四先生最愉快的一次生日宴了。席間，我請教賓四先生，他寫《朱子新學案》，最後在〈朱子格物游藝之學〉裡，特別提到朱子「出則有山水之興，居復有卜築之趣」，是否也是賓四先生自己的生活寫照。賓四先生述意存千古，卻更喜徜徉於山水間，對自己的寫作環境是很留意的。在座的嚴耕望先生說，這是個值得做的題目。回來再讀賓四先生著作及其序跋題記，並參考《八十憶雙親》與《師友雜憶》，寫成〈「素書樓」主人的寫作環境〉。稿成，賓四先生還留在香港與家人團聚，住在新亞書院的會友樓。會友樓面對吐露港，一灣靜靜的海水，在湛藍的天空下輕輕浮盪著。賓四先生著白紡綢短衫，盤坐在沙發上，我坐在旁邊將寫成的稿子讀給他聽。他微笑頷首，並指出兩三個要修改的地方，這又是十年前的事了。

賓四先生在他的《先秦諸子繫年》跋中說：「余之著書，自譬如草間之孱兔，獵人與犬，方馳騁其左右前後，彼無可為計，則藏首草際自慰。余書，亦余藏頭之茂草也。」賓四先生生逢亂世，隱居著述。他的《國史大綱》就是在宜良岩泉下寺寫成的，然後回淪陷區蘇州探母，隱居耦園一年，又完成《史記地名考》。賓四先生說耦園「三面環水，大門惟一路通市區，人跡絕少。園中樓屋甚偉，一屋題『還讀我書樓』，樓窗南對林池之勝，幽靜怡神，幾可駕宜良上下寺數倍有餘。」我訪耦園，在一個六月的早晨，園中竟無一人，蒼蔥的老樹蔽映著樓簷，亭閣池塘寂寂，伴著雀鳥的啁啁。登「還讀我書樓」，樓上空無一物，初夏的陽光照入，室內格外明亮，我在樓上流連甚久。想見當日賓四先生亂世隱居讀書立說的情景，真是低徊留之不能去。

蘇州歸來又去臺北，再上素書樓謁賓四先生，向他報告訪問耦園的情景，賓四先生閉目靜聽。也許他心中正在想，如他在《師友雜憶》中所說：「亂世人生，同如飄梗浮萍。相聚則各為平生事所困，相別則各為塵俗所牽。……儻得在昇平之世，即如典存（汪懋祖，留學美國，曾一度擔任北平師範大學校長，後任蘇州中學校長）、瞿安（吳梅，一代崑曲宗匠，著作斐然）、穎若（沈昌直，喜詩，尤愛東坡詩，賓四先生無錫三師同事，後同時應聘蘇州中學）諸老，同在蘇州城中，渡此一生，縱不能如前清乾嘉時，蘇州諸老之相聚，然生活情趣，亦庶有異於今日。」

對蘇州，賓四先生有濃厚的感情。他的傳世之作《先秦諸子繫年》、《劉向歆父子年譜》與《史記地名考》皆定稿於斯。蘇州是一個充滿詩意的城市，賓四先生說，蘇州「城內外遠近名山勝蹟，林園古剎，美不勝收，到處皆是。」所以，蘇州可能是賓四先生心中最後歸隱的地方。雖然生前不能如願，最後終於歸葬蘇州東山之麓，面對浩瀚煙波的太湖。賓四先生靜臥於湖天之間，和他最後所悟中國文化的天人關係相擁為一了。

賓四先生逝世時，我正被狂風驟雨困於上海旅寓之中，內人從香港電話告知噩訊，窗外大雨滂沱，我繞室而行，口中喃喃說道：「絕了，絕了，四部之學從此絕了！」賓四先生一次對我說，中國治學與西方不同，西方學問分門別類，互不相關，中國學問分門不別類。經史子集四部，是治學的四個門徑，入門之後，觸類通旁，最後融而為一。但今後還有誰能融而為一呢！

有緣無分

歐陽無畏先生過世了。當年他和父親同在嘉義女中教書，相處頗得。當時母親奉養於大哥教書的虎尾，父親和歐陽先生都住在學校的單身宿舍裡。那時我在臺北讀大學，每次回嘉義省親，在父親宿舍裡，就會看到歐陽先生。高高的個子，剃了個光頭，臉上架了副寬邊眼鏡。說起話來聲音宏亮，笑聲很大。說到高興時，手往往會向我肩膀一拍。人風趣隨和，是個很容易親近的人。

父親說歐陽先生是個奇人，他是大喇嘛。大喇嘛是西藏有道高僧。我想歐陽先生這樣的人，怎麼會是和尚。我去過他住的宿舍，房裡的確供了一尊佛，但牆上卻還貼著從月曆牌剪下來的明星照片。歐陽先生言談間常夾些黃話，真的是色也空空了。

父親說歐陽先生因工作的關係，前後兩次進藏，一共十三年。第一次七年，就得了喇嘛。歐陽先生說喇嘛在西藏的地位非常崇高，法駕在那裡打坐，走後那塊泥土，就會被人挖回去供奉。歐陽先生得喇嘛也非易事。他曾三次升壇講經，天剛亮，院子裡坐了黑鴉鴉各地來的千餘高僧。任何一個高僧都可以提出問題，相互論難。幾次論經駁倒，才能得到喇嘛。歐陽先生歡喜說的，抗戰期間，剛得了喇嘛從西藏回到重慶，到峨嵋山訪問一間寺院。知客僧看他年紀輕輕，身著短褲，頭戴斗笠，腳蹬一雙草鞋，不願與他通稟。虧是歐陽先生取出名次，寺中主持率領全寺僧眾，大開中門，盛裝頂禮恭迎。

經過幾次論經辯難，對一個非藏人的漢人而言，除了對佛典有精湛的研究外，藏語藏文應有更高深的造詣。所以，父親希望我畢業後，能隨歐陽先生學習藏文，然後進一步研究西藏史。歐陽先生笑著說：「可以，可以——」大巴掌向我肩上一拍：「你小子還有點慧根，我度你一把。」就這樣說定了。我畢業後受完軍訓，在臺北一個書店裡工作，歐陽先生也遷居臺北，住在大陸設計委員會的宿舍裡，我曾去拜謁歐陽先生，但卻記不起後來為什麼沒有追隨他研習藏文。

最近因為要從香港遷回臺北，整理書籍和一些雜物。從一只封塵已久的牛皮紙袋裡，撿出一束魯實先先生寫給我的信簡。魯先生是我嘉義中學的國文老師，也是個奇人。魯先生說他十三歲有志於學，環顧宇內，學問已被人做盡，唯有曆法一門，尚有發展的餘地，於是就從《史記》〈天官書〉、〈曆書〉入手。十七歲離開湖南家鄉，到杭州看四庫。然後去南京龍蟠里、洛陽博物館觀銅器。再北上入京，在北平圖書館自修讀書，和剛從德國回來的姚從吾先生同一間研究室。二十六歲以一本《史記會注考證駁議》，震驚士林，成為教育部的部聘教授。魯先生說他不僅是民國以來，最年輕的中文系部聘教授，也是唯一沒有一張學校畢業文憑，一步就被聘為教授的人。

三十八年倉皇渡臺，他以復旦大學教授之身，在嘉義中學教我們國文。自此以後，二十多年我們維繫著親若父子的師生情誼。一九七七年我來香港教書，聖誕節返臺渡假，魯先生突然腦溢血逝世，魯先生和他父親相依逃到臺灣，子息都留在大陸，我們學生們披麻帶孝送他上山的。他除了曆法外，甲骨文、金文、文字學都是一流的，徐復觀先生說魯先生的文章，海外第一人。

在魯先生的一封信札裡，談到我跟歐陽先生學習藏文的事。因為書店的工作，隔段時間要到南部去收帳。魯先生已從嘉義轉到臺中農學院，然後因徐復觀先生的力薦，到東海大學中文系教書。我從南部收帳回來，就在臺中他那裡留一宿。一次我告訴他要隨歐陽先生習藏文。回到臺北，就接到寄來的限時信，要我暫緩隨歐陽先生習藏文，先跟他學曆法。

魯先生在信中說我「有志習藏文，固甚佳事。」這也是他「二十年前之素志也」。他以為「習藏文藏語，當以撰西番史為職志。然欲任此役，非博通中國經史，非嫻習英文與佛學，非排除一切塵氛俗見，決不能將事。」他說假令我「果能剔除萬難，勵志於此，則亦千古未有之感業也。喜何如之。」然後突然一轉，「僕弱冠以來，奔走南北，躬遭閔凶，十餘年來，輾轉避地，困於生計，以舌耕餬口，終堅所成。惟以古今曆術一項，自謂有獨得之祕，非時賢所能企望也。惟欲以授人，而環顧週遭，竟無人可以任此役者耳。年來兩鬢顰白，精力大非前比，倏忽就衰，可以日計。」他以為習西藏文與佛典學，我「春秋鼎盛，大可從容將事。惟欲習曆術與經史、文章，恐僕淹謝之後，無人為足下講解者矣。」

魯先生信中要我住在他家，至少三年。並且定下我作息的時間表，他說他一天讀書十二小時，我不能少於八小時。當時我剛結婚，和妻計議，準備暑假辭去書店工作，在東海附近找個初中教書，維持生計。妻仍留臺北工作，我去臺中。沒有想到正在籌劃之際，魯先生竟被東海解聘了。魯先生生性純真，常口不擇言，除了孔子和司馬遷之外，什麼人都罵。所以，他應聘東海之時，曾約法三章，其中之一，就是不在課堂罵人，保證人是屈萬里先生。沒有想到幾年後，他又犯了老毛病，引起系裡的公憤。這真是猴子還沒有爬上樹，樹就倒了。魯先生的絕學，我也無緣繼承了。

魯先生和歐陽先生，都是獨立特行的奇人，身負絕學，卻不願揚名於世，只是默默辛勤地工作著。我和他們都有緣，但卻無分傳他們的絕學，這也是魯先生常常感嘆的「我們有緣無分」。人的際遇是很難逆料的，有誰能想到只因看到一則廣告，申請來到香港，在農圃道的五樓，一窩六年。然後偶然因為這塊山水，再度重來，不知不覺又是十四年，前後算起來竟二十年了。噫！真是段很長的時間，但卻一事無成江湖老了。

逯耀東作品集

出門訪古早

古人也愛吃，但他們吃什麼？文化的衝擊與改變是如何影響傳統小吃？街邊的美食經歷了哪些我們所不知道的變化？中國各地的吃有什麼不同？兩岸三地的飲食環境有哪些相異處？本書以歷史的考證，文學的筆觸，帶領讀者吃遍中國大陸、臺灣與香港，探索過去半個世紀飲食文化，在社會迅速轉變中的衝擊與融合；引領讀者徜徉於經典文獻，從中尋覓失傳的古早飲食。

肚大能容——中國飲食文化散記

吃，在中國人的生活中扮演著重要的角色。但要能吃出學問，可就不是件簡單的事了！逯耀東教授可說是中國飲食文化的開拓者，他將開門七件事：油、鹽、柴、米、醬、醋、茶等瑣事提升到文化的層次。本書透過歷史考察、文學筆觸，與社會文化變遷相銜接，烹調出一篇篇飄香的美文！

抑鬱與超越——司馬遷與漢武帝時代

「究天人之際，通古今之變，成一家之言」是司馬遷撰寫《史記》的終極目標，《史記》與司馬遷在中國史學上的開創地位、價值、貢獻與影響，可說無人能出其右；然而司馬遷是如何做到的？其時代意義、辛酸委曲與隱微深意，對後人實有莫大啟示，值得深入探討。本書為逯耀東教授畢生研治《史記》之心血結晶，透過對〈太史公自序〉與〈報任安書〉的深入解讀，以及尋繹史公在《史記》全書中的架構安排、篇章聯繫、撰寫方式及個別紀傳的背後深意，抽絲剝繭，描繪出司馬遷如何藉由《史記》的傳世，既抒發滿腔抑鬱，又完成自我超越的完整圖像。

窗外有棵相思

本書乃逯耀東教授追憶他在香港求學、教書的心路歷程。那些年他寄跡於市井之中，自逐於紛紜之外，用青白眼觀人論世，以滌盡過往的狂放與激情。全書分四輯，貫穿描繪了一個中國知識分子從漂流到潛沉的過程，值得讀者細思與觀摩。

似是閒雲

逯耀東教授長年致力於歷史的教學與研究工作，並先後在《聯合》與《中時》副刊開闢專欄，從事寫作。本書輯錄了作者不同時期對於時事的感懷與慨歎。在青眼觀世之際，卻於心底浮現出一片閒雲，開始與這喧囂的塵世展開無聲的對話；在深富情感的筆下，蘊含著傳統知識分子向來所堅持的歷史胸襟和人文關懷。

那年初一

逯耀東教授〈又來的時候〉一文，最後一句說：「讓我們一齊把酒瓶擲向藍空」激起了多少青年人的豪情！他在自序說：「雖然過去也曾對家事國事感慨一番，但都是些出自古書生空議論的閒愁。既無補於世，又徒增喧囂。所以，這些年連閒愁也沒有了，祇是避處一隅，默默地生活著。但避處與默默，並不是否定自己的存在。」本書記錄著他個人生活裡的點滴，欣喜悵惘，悲歡離合都融於其中。